U0712375

彭林 嚴佐之 主編

方苞全集

第五册 禮記析疑

復旦大學出版社

禮記析疑

陳士銀　整理
史應勇　審校

整理説明

方苞是桐城派重要奠基人，也是清朝中葉著名的經學家。單就禮學成就而言，方氏著作極多，舉其犖犖大端，即有禮記析疑（康熙五十一年前後，一七一二）、周官辨（康熙五十二年，一七一三）、周官集注（康熙五十九年，一七二〇）、周官析疑（康熙六十年，一七二一）、儀禮析疑（乾隆十一年，一七四六）等。

禮記析疑在方苞禮學著作中處於先發地位，成書過程也頗爲曲折。因爲桐城戴名世南山集文字獄事發，方苞遭受牽連，鋃鐺入獄，而禮記析疑一書正是作於獄中。因爲在獄中，方氏只能看到元儒陳澔的禮記集説，所以在自序中，方苞講：「余之爲是學也，義得於記之本文者十五六，因辨陳説而審詳焉者十三四，是固陳氏之有以發余也。」因此，在禮記析疑中，我們對方苞頻頻臧否陳澔禮記集説就不足爲怪了。當然，出獄之後，方苞即補入了鄭注、孔疏以及其他禮家若朱軾、李光坡等人的觀點。除了經部文獻之外，也引入零星三部著作，如史記、荀子、楚辭等，以證成己説。方苞甚至還引用了一些雜説，如卷三十五問喪篇「惻怛之心」條引醫士楊芳初之論。但是，方氏大體上仍然以經文本身和陳氏解説爲討論核心。

在著作框架上，禮記析疑基本上遵照小戴禮記四十九篇的排序，每卷輒有析疑。考慮到中庸、大學二篇已有朱子章句，故而方苞從省。另外，方苞大膽植入考訂文王世子一篇，於是此書便成了我們今天看到的四十八卷。由於考訂文王世子提倡删經，所以極爲學者詬病。四庫全書總目提要即批評：「夫禮記雜糅，先儒言之者不一。然删定六經，惟聖人能之。孟子疑武成不可信，然未聞奮筆删削也。朱子改大學、刊孝經，後儒且有異同。王柏、吴澄竄亂古經，則至今爲世詬厲矣。苞在近時，號爲學者，此書亦頗有可採。惟此一節，則不效宋儒之所長，而效其所短，殊病乖方。今録存其書，而辨其謬於此，爲後來之炯戒焉。」

其實，四庫館臣避開了方苞的核心要義，僅就所謂删經大加批評，未必允當。方苞之所以植入自己的考訂文王世子一篇，主要意圖在分辨禮記部分篇什存在王莽、劉歆增竄的現象，其中尤以文王世子等爲突出典型。按照方苞自己的説法：「余少讀世子記，怪其語多複嗒枝贅。既長，益辨周公踐祚之誣、武王夢帝與九齡之妄，而未有以黜之。及觀前漢書，王莽居攝，群臣獻議，稱明堂位周公踐祚，以具其儀，然後知劉歆之徒實爲之，而是篇誣妄語亦當時所增竄也。」除了考訂文王世子以外，還有明堂位、大傳、雜記上、祭統等篇章，方苞都表達出對劉歆旨在爲王莽篡漢服務而大量增竄經文的質疑。職是之故，方氏在考訂文王世子中就預言：「後之人或以專罪余，則非余之所敢避也。」四庫館臣不就方苞質疑劉歆竄經的主幹論説加以評議，反而止步於攻訐方苞删經的枝葉之舉，未免顯得避重就輕。

總的來看，方苞此書的價值還是十分重大的，清末民初掀起的疑古、尊古之争，方苞在禮記析疑一書中早已發其先聲，比較系統地舉證劉歆增竄禮經。禮記析疑成書一百五十餘年後，厥有新學僞經考一書。在該書序目中，康有爲大聲疾呼：「劉歆之僞不黜，孔子之道不著，吾雖孤微，烏可以已！竊怪二千年來，通人大儒，肩背相望，而咸爲瞀惑，無一人焉發奸露覆，雪先聖沉冤，出諸儒於雲霧者，豈聖制赫闇有所待邪？」然而，方苞早就大張旗鼓地質疑劉歆竄經。康氏此論不啻對方氏之説充耳不聞，欺二千年來無人。繼康有爲之後，錢穆先生專門撰寫長文劉向歆父子年譜駁斥康説，同時也注意到了方苞辨明堂位等爲劉歆僞造的論據。遺憾的是，錢先生對方苞質疑劉歆竄經的説法關注不足，就譏其可笑，恐怕多少有些武斷。有興趣的讀者不妨找出康、錢二先生書與禮記析疑進行對讀，此不贅言。

是書還有一個重大亮點即是方苞聞道正命之作。下獄之時，方苞已經四十五歲，「同繫者投其書於地曰：『命在須臾矣！』苞應曰：『朝聞道，夕死可也』」[一]。方氏能于生死未卜的關頭，著述自若，通過禮記析疑念述先王精義，這種精神無疑是值得肯定的。

[一] 俞樟華、胡吉省：桐城派編年，人民文學出版社，二〇一五年，頁八十二。

至於缺陷，禮記析疑也表現得非常明顯。林則徐在爲朱彬禮記訓纂寫的序中，就提到方苞此書「每斷以己意」，有些强人從己的意味。在此書中，方苞也多次以「禮以義起」爲由臆測經意。值得注意的是，方苞好臆測的缺陷不宜被放大。在書中，方苞也表現出實事求是的治學精神，對不清楚的地方直接闕疑。如卷一曲禮上「共飯不澤手」條，就對古人吃飯時專用手抓，還是兼用筷子，他就言「未詳何故」，呈現了客觀的析疑態度。除了臆測的缺點之外，方苞在解經方面也展露出厚今薄古的傾向。比如，書中頻言鄭玄、孔穎達、陳澔等人的疏失，却對清儒若朱軾、李光坡等人的論點幾乎全盤肯定。儘管出於爲時賢諱的考慮，但是方苞這種解經路數，未免給人造成清儒後來居上乃至遠邁漢唐的形象。事實上，這種門户之見顯然不能讓人信服。

桐城方苞所著禮記析疑，現存主要有兩個版本：一爲清康熙嘉慶間桐城方氏抗希堂刻抗希堂十六種本（以下簡稱「抗本」），一爲文淵閣四庫全書影印本（以下簡稱「庫本」）。庫本内容有四十八卷，而提要誤作四十六卷，此種失誤當襲自抗本。抗本全書内容實爲四十八卷，而目録自卷四十五之後，四十六、四十七、四十八三卷分脱「六」、「七」、「八」字。在結構上，抗本爲優，多出目録部分。在内容上，以正文而言，庫本字跡清晰可識，而抗本則間有漫漶。但是，就完整性與真實性而言，抗本有其不可替代的優勢，這種優勢尤其體現在自序上。

庫本秉持「爲賢者諱」的原則，將方苞前後入獄、出獄的信息隱去，難免使人對方氏每每臧否陳氏禮記集説不明所以。爲了進一步「爲賢者諱」，庫本將原來抗本卷端的「桐城方苞著」一律改爲「翰林院侍講銜方苞撰」，使此書由處士之作摇身一變，充滿了濃重的官方著作的氣息。爲了如實呈現方苞入獄的寫作背景，我們此次整理所用底本仍爲抗本。雖然庫本幾無發明，且時有抄訛（比如常將「李光坡」誤抄爲「李光地」，事實上，方苞引李光地之説極少，大多徵引李光坡之説），但是鑒於其清晰度的優勢，也是我們不能不重視的。故而，此次點校整理，我們以抗本爲底本，以庫本爲校本。

方苞禮記析疑成書後，經過了後人的修訂，比如卷五王制篇「天子之田方千里」條「詳見周官析疑」就暴露了這種印記，此類補語當屬訂者所加。抗本詳列了三名修訂者的籍貫與姓名，分别是同里劉月三、高淳張彝歎、上元翁蘭友等，庫本則一律予以删抹。修訂者本人基本上没有更動方苞原文，除了個别補語之外，僅有一處明確題爲「高淳張彝歎曰」（卷三十七間傳篇「朝一溢米，莫一溢米」條），這也説明了修訂者對原著的高度尊重。蹊蹺的是，唯獨在考訂文王世子篇篇首訂者自動隱去了籍貫與姓名的信息，僅保留了「桐城方苞著」。由此可見，修訂者對方苞的這篇「删經之作」還是秉持十分謹慎的態度，恐怕也並不認同方苞的做法。

最後，在具體點校上，有幾點需要説明的地方：

（一）方氏徵引經文個别脱誤處，均參照十三經注疏的相關整理本（如禮記正義，鄭玄注，孔穎達疏，龔抗雲整理，北京大學出版社，二〇〇〇年；儀禮注疏，鄭玄注，賈公彦疏，王輝整理，上海古籍出版社，二〇〇八年；周禮注疏，鄭玄注，賈公彦疏，彭林整理，上海古籍出版社，二〇一〇年等）予以辨正；

（二）方氏引文中，如果明顯屬於意引且與原文存在較大差異，一律不加引號，但是意引中如果大部分與原文重合，則加引號；

（三）方著中如果注、疏、記等有明確指代，比如指鄭注、孔疏、戴記，則注、疏、記等均加書名號。如果注、疏、記以及經、傳等爲泛指，則書名號從省；

（四）書中異體字、避諱字、誤排字等逕改。

由於筆者學殖疏淺，整理過程中，罅漏之處再所難免，還蘄方家批評指正。

整理者

目録

〔一〕底本脱「六」字，今補。

〔二〕底本脱「七」字，今補。

〔三〕底本脱「八」字，今補。

自序

自明以來，傳注列於學官者，於禮則陳氏集説，學者弗心饜也。壬辰、癸巳間，余在獄，篋中惟此本，因悉心焉。始視之若皆可通，及切究其義，則多未審者。因就所疑，而辨析焉。蓋禮經之散亡久矣，群儒各記所聞，記者非一時之人，所記非一代之制。必欲會其説於一，其道無由。其言第於所指之事、所措之言，無失焉，斯已矣。然其事多略舉一端，而始末不具，無可稽尋。其言或本不當義，或簡脱而字遺。解者於千百載後，意測而懸衡焉，其焉能以無失乎？注疏之學莫善於三禮，其參伍倫類，彼此互證，用心與力，可謂艱矣。宋元諸儒，因其説而紬繹焉。其於辭義之顯然者，亦既無可疑矣，而隱深者，則多未及焉。用此知古書之藴，非一士之智、一代之學所能盡也。然惟前之人既闢其徑涂，而言有端緒，然後繼事者得由其間而入焉。乃或以己所得瑕疵前人，而忘其用力之艱，過矣。余之爲是學也，義得於記之本文者十五六，因辨陳説而審詳焉者十三四，是固陳氏之有以發余也。既出獄，校以衛正叔集解，去其同於舊説者，而他書則未暇徧檢。蓋治經者，求其義之明而已，豈必説之自己出哉？後之學者，有欲匯衆説而整齊之，則次以時代，而録其先出者可矣。

禮記析疑卷一

曲禮上

毋不敬，儼若思，安定辭，安民哉。

貌肅言乂，敬之徵也。外貌斯須不莊不敬，而慢易之心入之。言不昭則無守氣，又所以制於外而養其中也。○事無不敬，則天理明著應之。不違其則，民所以安之本也。儼若思，則見者莫不敬；安定辭，則聞者莫不信。自修篤謹，非以求民之安，而民自安矣。○安者，言有序而不迫促也；定者，言有物而無游移也。

安安而能遷。

安安者，安其所安也。處境者，每安於所便習而自頹。務學者每安於所已得而自畫，故能遷者鮮。子路終身誦雄雉之末章，安於所已得也。夫子抑之，欲其遷也。

狠毋求勝。

己無以狠接人之禮，而人以狠來，亦不可求勝也。

疑事毋質，直而勿有。

有爲人所疑之事，苟無惡於己志，久將自明，不可急於質辨以求伸也。直雖在己，若據而有之，則形人之曲，君子所不敢。○先儒或謂質爲成言之，或謂決而正之。苟事爲衆人所疑，而己實有見，何妨決正，何妨成言？若己心有疑，又無從決正而成言之矣，此以知爲質辨也。

禮從宜，使從俗。

聖人制禮乃從義之所宜，而使民行禮，則必因其俗而利導之。居山以魚鱉爲禮，居澤以鹿豕爲禮，君子謂之不知禮。義所必革，則因其俗而變通之可也。

禮不踰節。

踰節與踰等異義，或當後者而先之，當緩者而急之，皆踰節也。如婦人職當縫紝，而有女縫裳，則風人刺之。

道德仁義，非禮不成。

道德必以禮實之，然後順於性命；仁義必以禮達之，然後察於倫物。老莊之道德，楊墨之仁義，所以自賊而禍天下者，不知有禮故也。

教訓正俗，非禮不備。

衆不可以偏告，俗不可以相通。先王制禮，事舉其中，物爲之節，故惟是爲能備。

行役以婦人。

疏云「本國巡行役事」，蓋謂四方之事，不宜以婦人從。但地近時暫，尚慮供養有闕，況遠役乎？七十不與賓客之事，則會盟聘弔自不宜使老大夫。其或致女問省姑姊妹，宜用姆傅，則亦可以内御者從與？七十雖喪可處於内，謂篤老無嫌。

自稱曰「老夫」，於其國則稱名。

藍田吕氏謂石碏告陳，自稱「老夫」，得禮；荀罃對荀偃士匄自稱「老夫」，失禮。非也。叔彭生對仲遂「吾子相之，老夫抱之」，彭生賢者，必無越禮之稱。蓋對他國君大夫皆得自稱，己國則於君名於大夫得稱耳。

謀於長者，必操几杖以從之。

謀非講問之比，或長者欲避人而語，不可煩他人代操几杖也。

冬温而夏凊。

冬室嚴密則皆可温，若夏室之涼必寬閒深静，非寠人所能構，故於夏曰凊。如蚊虻咋膚、貍蟲毒物之潛隙、青蠅之污几席，非除室薰灑使潔浄清虚，則寢興不能安靖也。

三賜不及車馬。

不曰「不受」，而曰「不及」，何也？君之命賜，雖固辭終不能不受，特不敢乘耳。内則支子有歸服器、車馬，則必獻其上，而後敢服用其次也。如非所獻，則不敢以入於宗子之家，況父母乎？不言車服，何也？服王事與國事必以命服，惟車可不乘。覲禮侯氏乘墨車，春秋傳魯叔孫婼聘於周，王賜以三命之路，季孫使勿以葬。杜洩曰：「若生不敢服，死又不以，將焉用之？」此受而不乘之明徵也。其兼言馬，何也？卿乘夏縵，則馬之纓勒各有等級明矣。

群居五人，則長者必異席。

公食大夫禮「蒲筵常」、「加萑席尋」，四人共席，必倍尋始可容。然則三尺三寸三分有奇者，蓋獨坐之席也。

祭祀不爲尸。

父主祭，則子不得爲尸也。不然，祭必有尸，安得盡孤子爲之？祭統：「夫祭之道，孫爲王父尸。所使爲尸者，於祭者子行也。」曰「子行」，則知不用主祭者之子矣。其曰「父北面而事之」，謂世父、叔父也。古者，伯叔父統稱父，「文侯之命父義和」是也。祭禮，拜獻者惟主人，加爵者惟長兄弟一人，衆兄弟不與，故爲尸者得避其父。

聽於無聲，視於無形。

父母愛子，委曲周悉，或憫其力之不足，或慮其心之不安。有意所欲而不忍發於言，所不欲而不肯形於色者。子不能曲體而微察之，則父母幽隱中，有不能自適者矣。

孤子當室，冠衣不純采。

古者，三十而後娶。子逾三十而除喪，則父母必以耆老終矣，雖純采可也，故未滿三十，則謂之「孤」。

負劍，辟咡詔之。

佩劍者，斜繫於背。辟咡詔之，則斜俯童子之背形如負劍也。

客至於寢門，則主人請入爲席，然後出迎客。客固辭，主人肅客而入。

客已至門，俟拚除而後出迎，則比於慢矣，故至寢門，然後請入爲席。客固辭，不敢重煩主人出入也。主人必先入，或人有宜避、物有宜徹，必入視，然後無失禮也。主人肅客而入者，肅以爲禮，而自入爲席也。「主人請入爲席」二句連讀，義始可通。

凡爲長者糞之禮，必加帚於箕上，以袂拘而退，其塵不及長者，以箕自鄉而扱之。

按少儀，氾埽曰埽，埽席前曰拚，此曰「爲長者糞」，則席前也。拚席不用帚加於箕上，示不用也。少儀「拚席不以鬛」，即此篇所謂「以袂拘而退」也。「執箕膺擖」，即此篇所謂「以箕自鄉而扱」也。其義相表裏。但據少儀，則凡拚席皆然。據此篇，則專用之長者，所傳微異耳。

○鄭任鑰曰：「加帚於箕上者，始進，兩手奉箕以爲恭也。繼則置箕於地，一手舉帚，一手舉袂，以拘塵。終則弛袂，一手取箕，一手舉帚而扱之。」

奉席如橋衡。

卷席之法，宜與縛幣略同。卷其兩端，而中稍穹，横奉之，則左右如衡之平，而中穹者如橋。

將即席，容毋怍。

不嫺於禮，即席之頃，必有怍容。蓋心不安定，故外若無所措。宋李文靖云「後生新進相見之頃，尚至愧怍失容」是也。下文「執爾顔」，正恐其怍。

兩手摳衣去齊尺。

齊裳，下緝也。摳衣去裳之下齊尺，便坐而整飭以爲儀也。若齊去地尺，則當曰「攝齊去地尺」。玉藻圈豚行不舉足，齊如流，席上亦然，則登席不攝齊明矣。○或疑衣之長若與裳相差，則裳之章恐爲所掩。然甯戚之歌曰：「短布單衣適至骭」，韓退之銘辭曰：「佩玉長裾，不利走趨」，則衣必覆裳而不達其下齊可知矣。古者衣裳之外尚加韠，則不以相掩爲病明矣。

先生書策，琴瑟在前，坐而遷之，戒勿越。

古者席地而坐，故有此戒。

執爾顔。

凡坐暫爲矜莊，久則不能自持，故以執戒之。

長者不及，毋儳言。

周官廛人注：「立而以物求市者曰『儳』。」儳者，急於求市，往往人不與言，而强攙以言，故以爲比。

毋雷同。

雷聲或小或大，或疾或徐，或震或洊，隨地皆然，終古不易，故曰「雷同」。

燭不見跋。

舊説炬將盡則藏其餘，恐客見以夜久辭，非也。易炬不愈見夜久而速客之退乎？此承上燭至起而言，即主人固留亦不見跋，而必退也。詩曰：「厭厭夜飲」，燕禮無算樂後有執燭爲燭之文，故以不見跋爲之節。

遊毋倨，立毋跛，坐毋箕。

嬉遊之時，易至傲慢，其立易跛，其坐易箕。若禮法之地，則不必用此爲戒矣。

斂髮毋髢。

以纚韜髮有定制，無事以垂爲戒也。婦人寡髮，益以髢。若男子則第斂其髮，不得施髢，嫌爲婦飾也。莊子曰「禿而施髢」，亦謂婦人。若男子，雖禿不得施，以禿者不免知之也，施髢則可免矣。

就屨，跪而舉之，屏於側。

長者就屨，則跪而舉之，以適長者。屏於側，待長者著屨也。下節乃鄉長者而屨之儀。

諸母不漱裳。

舊説「敬父之道，亦所以遠别」，非也。曰「諸母」，則非以例父之群妾也，蓋體兄弟之心，而達其敬爾。

姑姊妹、女子子已嫁而反，兄弟弗與同席而坐，弗與同器而食。遠同等之嫌，第曰「女子已嫁而反」可矣，列言「姑姊妹、女子子」者，見逾等及尊卑懸絶者不必嫌也。

故買妾不知其姓，則卜之。

卜之以決其爲同姓與否，非決其吉凶。古者有姓有氏，氏者，庶姓之别於下者也。魯之姬，姓也。季、孟、臧、展，氏也。齊之姜，姓也。崔、慶、欒、高，氏也。周道繫之以姓而不别，雖百世而婚姻不通。若第知其氏，則數世以後有同姓而通婚者矣。惟門祚顯赫，姓與氏始並著。單微轉徙，則氏存而姓失者多矣，故妻之姓氏並著者爲多，而妾或但知其氏其出微也。喪服小記復與書銘，男子稱名，婦人書姓與伯仲。若不知其姓，則書氏，爲氏存而姓失者多，故禮文備此。○或曰「知其氏則知其姓矣」，不知古以王父之字爲氏，最易相混，如晉有欒氏，齊亦有欒氏，齊有國氏，鄭亦有國氏，魯卿同時有二叔氏。若式微轉徙，安知其氏之所從出乎？

主人未辯，客不虚口。

客雖已飽，而主人未辯，必微有所食而不虚口，嫌於憎棄主人之品味也。

共飯不澤手。

與人飯，則先自盥濯，不可使有汗澤，非當食而摩手也。古人於事尊親賓長之禮，無微不達，而坐則以席，飯則以手，非智不若後人也。其體驗於天理者，蓋詳而所以便其口體，則有不暇悉也。○按，「飯黍母以箸」，似餘食皆用箸，「毋摶飯」及此條又似專用手，未詳何故。

毋放飯，毋流歠。

放飯者，餘粒散佈；流歠者，餘瀝沾濺也。

卒食，客自前跪，徹飯齊以授相者。主人興，辭於客，然後客坐。

禮無不報。飯齊，主人所親設，雖敵者亦宜自徹，惟降等乃自前跽以致其恭。主人興辭，辭其跪，非辭自徹也。主人辭而客坐，時相者已受所徹而降也。若敵者則自徹而不跽，主人無所用其辭，故禮無其文，不得據爲不自徹之徵。至公食大夫，乃君臣之禮，故賓自取粱與醬以降，而不敢以授人徹。時亦不踰，乃事之體宜。然注疏重複倫類，舉彼以證此，多所發明。然必各就其事分別觀之，然後輕重之差見焉。

侍飲於長者，酒進則起，拜受於尊所。

疏謂「此記與燕禮合，與士相見、玉藻違，而燕及鄉飲酒禮不聞拜受於尊所，疑文不具」，非也。禮以義起，各緣其事。經所舉，乃國政官司之守。記所傳，乃鄉黨燕私之儀。其事本異，不可比而同。燕者，君飲其臣之典禮也。士相見、玉藻所稱，則偶值君之稍事而賜之飲，非獻酢正禮，故越席以拜，卒爵而俟，其義比於司正舉觶者之導飲、宰夫之先嘗。若燕，則宰夫爲獻主，自宜待君之卒爵而後飲，猶侍食於君，有嘗羞者則俟君之食然後食也。此記乃私家偶然之飲，長者酌於尊所，自宜就其所拜受。若燕及鄉飲酒禮，則賓之受爵有席位，主人酌致有常儀，安得群就尊所樊然淆亂而漫無統紀乎？記特舉卑者之拜受於尊所，則敵者無此儀。侍飲於父兄、師長，異於君臣，不宜有宰夫先嘗、有司導飲之義，則俟長者之釂而後飲宜也。若祭祀旅酬，子弟舉觶於父兄，則有先父兄而飲者，亦取導飲之意。禮之各以義起，而即乎人心，類如此。

○祭禮惟見尊彝與酌數，而五齊、三酒之寒温無文。竊疑尸賓主人，正爵必四五舉。雖春秋仲月不能凍飲，況嚴冬乎？儐尸之俎，猶燅而後進。楚辭挫糟凍飲，惟盛夏爲然。竊意齊酒必經火齊而後以注於尊罍。器大有蓋冪，可久而不寒。及三貳、再貳，則仍以温者益之，其法必已見於天子諸侯祭饗之禮，故卿大夫以下文略耳。循數推理，祭祀饗燕正禮有酌數者，必就尊彝酌獻，其餘卿大夫士相飲，雖陳尊，而未必皆於尊酌之，故韓奕之詩曰「清酒百壺」，必酌於尊，則安用百壺？此記曰「酒進則起，拜受於尊所」，則并非士大夫相飲之正禮也。若正禮，不宜有少者先列坐之事，必偶然會聚，少長皆坐，及時而陳尊，故曰「酒進」。其當受爵者至是始起，敵者則立而待獻，卑者乃趨尊，所以拜受耳。雖祭祀之嚴，主人所獻，不過祝、侑、長賓、長兄弟、衆賓之長，則尋常燕飲，主人酌獻，不過所爲設飲及爲客者。公父文伯飲南宮敬叔酒，以路堵父爲客。至衆賓則獻，敵者宜使人代酌。如冠禮使贊者酌，而後賓受之。降等之客，別有行爵者。如無算爵。其拜受於尊所，必長者加禮而欲親酌，故就拜而辭焉。若衆人皆然，亦不勝其擾矣。或曰：「齊酒理固宜温，而周官食醫職飲齊視冬時，何也？」彼謂六飲食後用以漱演，無妨於寒，非獻酬之飲也。

餕餘不祭。

按饋食禮，餕餘皆祭，此云不祭者，疑朝夕恒食，子婦佐餕，父母、舅姑既祭，則子婦不更祭也。宗廟之祭，尸亦餕鬼神之餘。尸祭，故其下餕者皆祭。若朝夕恒食而餕，是以人之餘事鬼神，先炊雖卑，亦不敢以褻也。

父不祭子，夫不祭妻。

此自爲一節，與上文不相蒙。不祭，謂不親饋獻也。父祭子，則使其子主之，無子則使其兄弟或兄弟之子主之。夫祭妻略同。蓋饋獻必拜，非尊者所宜親也。舊説「妻子所進，不祭而食」，未安。舍賓祭而外，人之恒饌，無非妻子所進者。○祭法「王下祭殤五」，蓋使人舉其事。喪服小記「婦之喪虞卒哭，其夫若子主之」，謂無子、又無兄弟之子者，不得不以夫主，然必無拜而饋獻之義。若有子，則夫雖與事，而不主也。

言不惰。

父母有疾，必志氣明清，乃能虛中以體事。言而惰，是無守氣也，於侍養之節必多疏忽矣。

有憂者，側席而坐。

兄百川有言：「未有禮變於外而内行不變其常節者，豈惟天屬之疾、身家之患哉？凡國邑侵削、師旅撓敗、荒祲札厲，以及三黨閔凶、師友在難，皆宜揆其分誼，寢處飲食以喪禮差之。」

獻田宅者，操書致。

采地，君所賜，不當私獻諸人。或受君之賜久，而復歸諸公。或前人受之，子孫不敢專而歸之。如春秋傳所載「伯石歸邑，子尾多受邑而稍致諸君」、「子産爲豐施歸州田」之類。

尊卑垂帨。

雖尊卑異等，彼此皆垂帨，故特表而出之。舊説「尊卑相等則然」，非也。此主賓授受之禮，雖有尊卑，其儀則同。若尊卑懸絶，君於士大夫之獻，則無親授之禮矣。

飾羔鴈者以繢。

禮所謂執鴈、奠鴈，皆舒鴈也。觀與羔並列，而可覆以繢，則爲家禽可知。雉用死，以難生得也。夏用腒，以死者亦難以時得也。若鴻鴈則必以機弋罻羅致之，豈能生得而聽人之畜擾，且隨地可立具哉？

已受命，君言不宿於家。

出車之詩，至于牧，而曰「自天子所，謂我來矣」，則不宿於家，三代之達禮也。聘禮必待使者告禰載旜而後入朝受命，正以君有命，即不得更至於家耳。

禮曰：「君子抱孫不抱子」，此言孫可以爲王父尸，子不可以爲父尸。疏引春秋傳晉祀夏郊以董伯爲尸，尚書傳帝乃稱王而入唐郊，以丹朱爲尸，謂祭天亦有尸，非也。曰夏郊，曰唐郊，蓋配享者之尸也。董伯，夏之末裔；丹朱，堯之子。即此可知祭天無尸矣。張子謂「周官節服氏郊祀送逆尸從車，不害爲后稷之尸」，得之。

君知所以爲尸者，則自下之。

君致齊，則不出齊宮，尸亦宜然，不宜道遇。此散齊時事也。祫祭，尸非一人，或以家故入齊宮有先後。卿大夫散齊於家，以官政家事不可曠也。尸無他故，散齊皆宜在公宮，有故則未及致齊之前皆可入也。而散齊期内或有朝賓聘客，君亦不容不出，故有與尸相遇之禮。曰知者既卜而知其爲尸，則自此見之必下也。

尸必式，乘必以几。

君自下，以其將爲神像也。尸不下，以其既攝尊位也。惟式而不見君之下爲安。猶聘使見主君迎拜則旋辟。疏謂「廟門之外，尸尊未伸，不敢亢禮」，似未得其義。○舊説「几，尊者所憑以養安，故尸之乘車用之」，似用之車上。車上無用几法。昏禮「婦乘以几，從者二人，坐持几」，謂登車時用之也。凡登車，皆以綏，尸貴安重舒泰，故用几。婦人始嫁用几，恐於壻前失容也。○坐而後憑几，尸式，則立乘可知矣，以是知用以登車也。○周公有事於泰山，以太公爲尸，五嶽視三公，姜姓乃四嶽裔胄也。以是推之，外祀之尸非其苗裔，則疇以爵等。

不勝喪。

喪雖主哀，而視聽少昏則附身附棺之事，悔無可追。筋力既困，則含、襚、賻、贈，君長親賓之，臨禮不能答，皆所謂不勝喪也。

知生者弔，知死者傷。知生而不知死，弔而不傷。知死而不知生，傷而不弔。

弔而不傷，謂與死者不相知，雖弔其子，哀情不可作而致也。傷而不弔，乃禮之變，蓋或與死者相知於異國，同事於異時，其子未之或知而往弔，則嫌於以父之行自居，而使主人心愕焉。故心則傷之，而不行弔禮耳。若親交鄰里，雖不識其子，可不弔乎？注以所致之辭别弔與傷，而所舉弔辭義皆傷死，未足爲據。

送喪不由徑，送葬不辟塗潦。

送喪謂死於他國，而族姻朋友送其柩以歸者，不由徑，不辟塗潦，互相備也。○送葬必執紼，若避塗潦，恐柩因之傾側。

國君撫式，大夫下之。大夫撫式，士下之。

撫問其人，而式以禮之，非「式齊牛」、「入里必式」之類。

刑不上大夫。

刑不上大夫，賈誼所謂「造請室而請罪，聞命而自裁」是也，乃罪之猶可寬假者。至九伐之法，雖國君不免於殘，況卿大夫乎？故周官「有爵者與王之同族，刑殺於甸師氏」，其義並行不悖。

士載言。

周官土訓「掌道地圖以詔地事，道地慝以辨地物」，誦訓「掌道方志，以詔觀事，道方慝以詔辟忌，以知地俗。王巡狩則夾王車」，所謂「載言」，應主此類。其不指名何官之屬，而統之曰士者，如朝覲、會同，太史協禮事，太師抱天時，師有功，大司馬執律以先愷樂，士師掌軍旅會同之誓誥。王巡狩殷國，大行人辨其位、正其等、協其禮，其屬士必皆載，故籍以待事。疏專以盟會之辭釋，恐未安。

前有車騎，則載飛鴻。

趙武靈王變服以習騎射，則要、荒二服之有騎法舊矣。周官四翟之隸於王官者，使各服其服、執其兵，則王巡狩征伐，戎夷君長散處并、雍、河、淮間者，必與庶邦君同會時事，有車有騎，宜也朝會者衆，必各以其班序之，故載飛鴻以示其義。

前有士師，則載虎皮。

士師在前，無警備之理，蓋太師之誤也。注疏皆以士師爲兵衆，或爾時尚未譌。雖天子征巡，或所過之地，正值蒐閱、築城、鑿池，而衆聚焉，或諸侯奉王命討不庭而師屯焉，亦宜舉類以示衆。

招摇在上，急繕其怒。

偏戰必備，三軍有主有輔，決機制勝，挫鋭乘瑕，或先用左右，或先用前軍。招摇所指，則將士奮勇，推鋒而前，或敦陳鏖戰以守，所謂急繕其怒也。

父之讎，弗與共戴天。

周官調人有辟諸海外之法，蓋過誤而殺傷，或在八議，不得已而宥之。以遠者然，正其名曰辟，則孝子必伸其志，亦不復加罪也。

逮事父母則諱王父母，不逮事父母則不諱王父母。

此即子與父同諱之禮，蓋諱王父母所諱也。王父之諸父兄弟、王母之父母兄弟，皆父母所諱，而己所不必諱也，故於父母之前亦不敢舉其名。若王父母則恩隆義重，豈以父母之存没間哉？大功、小功不諱，則旁、期皆諱矣，况王父母乎？

大功、小功不諱。

大功、小功以同等言，如外祖父母之小功則諱矣。與從祖昆弟名同則諱，豈國俗或有異耶？

外事以剛日，内事以柔日。

内外不宜以國中、郊外爲斷，社稷在庫門之内，天子大學在國中，皆不得爲内事，惟王宫之五祀或不得爲外事耳。

卜筮不過三。

陳從王曰：「再三之瀆，易所明戒，記者豈專據春秋傳郊三卜禮、四卜非禮而言與？」

卜筮者，先聖王之所以使民信時日、敬鬼神、畏法令也。

古者，立法施令，必降命於社稷、宗廟、山川、五祀，正祭之後而祭之，時日必決於卜筮，故民知敬鬼神、信時日，則益知法令之可畏。三者合而爲一，其義乃著，離之則畏法令，與卜筮全無交涉。易曰「聖人以神道設教」，亦謂此類耳。

所以使民決嫌疑、定猶與也。

決嫌疑，如「買妾不知其姓」之類。

疑而筮之，則弗非也。

既問於筮，不可復以私意擬議，謂占者所決爲非也。

若僕者降等則受，不然則否。若僕者降等，則撫僕之手。不然，則自下拘之。

僕者降等雖可受，然必撫其手，以示不敢當敵者。雖不可徑受，而僕終不可以不授，故自下拘取之。

乘路馬必朝服，載鞭策不敢授綏，左必式。

曰「乘路馬」，蓋始以馬駕路而閑習之，所以别於乘路車也。必朝服，僕與車左右之所同也。載鞭策不敢授綏，謂御者也。蓋不敢授左右以綏，而使自登。乘君之乘車，不敢曠左，左必式，已前見，而覆舉左必式者，明不獨陪乘。必式，謂駕時亦必式也。右不式者，時視險易而登下無常也。○舊説自馭以行，不敢使車右以綏授己，似據周官有自左馭之文。然惟太僕前王則然，非乘倅車者之常儀也。果自左馭，尚可以式乎？

步路馬，必中道。

曰「步路馬」，所以别於乘也。謂無事時行之，以達其氣。非然，則馬以生疾。

禮記析疑卷二

曲禮下

士不名家相、長妾。

曰「長妾」，則不辨其有子與否，以積勞績，故異其禮。

去國三世，爵禄有列於朝，出入有詔於國。若兄弟宗族猶存，則反告於宗後。去國三世，爵禄無列於朝，出入無詔於國。唯興之日，從新國之法。

陳氏集説謂「去國三世之久，往來出入他國，仍告於本國之君」，亦不勝其擾矣。蓋即出入於本國也，其暫歸入也，旋反出也。爵禄無列於朝，則惟告於宗後，不敢復告君矣。

無田禄者，不設祭器。

注疏「諸侯大夫非四命無田禄，不得造祭器」，非也。諸侯之國，命大夫不常有，皆不得造，又將誰假乎？況士寓祭器於士，則士亦得造矣。孟子曰：「惟士無田，則亦不祭。」又曰：「卿以下必有圭田。」蓋以田之有無爲斷。若下士與庶人在官者，有禄而無田，則第以養器設薦耳。

大夫士去國逾竟，爲壇位，鄉國而哭，素衣、素裳、素冠、徹緣、鞮屨、素篾，乘髦馬，不蚤鬋，不祭食，不説人以無罪，婦人不當御，三月而復服。

注謂「三月一時天氣變，可以遂去」，疏謂「事事反還吉禮而後去」，又云「大夫待放三年，得玦乃去。從郊至竟，三月乃行」，皆非也。經言逾竟，則已出其畿疆矣，於逾竟後始言爲壇而哭，變用喪禮，則哭後即行至所之之國，計數三月而後復常。明矣。

大夫士見於國君，君若勞之，則還辟，再拜稽首。君若迎拜，則還辟，不敢答拜。

注疏並以聘禮詁，但事序既倒，辭意難明。且首節視聘禮又多還辟之節，疑别言見本國君之禮，次節乃聘使初至主君迎拜之禮也。大夫士或始受爵，或承王事，達邦交逾時而反，或以喪疾久不見君，而君勞之，故旋辟，示不敢當，而稽首以拜君之勞。若聘禮主君勞客，則一定儀節，不宜曰「若」。

凡非弔喪，非見國君，無不答拜者。

弔喪不答主人之拜，所以體孝子哀敬之心。痛深事劇，不敢更與爲賓主之禮，以擾混之也。

士飲酒不樂。

國君祭事尚不縣，則士不御琴瑟，不必言矣。士無故不去琴瑟，乃以絃歌肄業及之，未聞禮飲而以琴瑟娱賓也。蓋歲凶爲時久長，或門内嘉慶，族姻招延飲酒，必不可禁，但不得以爲歡樂而遂忘憂恤耳。

臨諸侯，畛於鬼神，曰：「有天王某甫。」

鬼神非獨百辟卿士也。五嶽視三公，四瀆視諸侯，故魯語曰「山川之靈，足以紀綱」。天下其守爲神，社稷之守爲公侯，皆屬於王者。先王制禮，辨等稱物，雖鬼神亦受紀焉。故天地、祖宗、日月，先古聖帝明王，而外王不稱名，曰「某甫」以接之。自唐以後，有天下者自惟德不足以配天地，故於社稷、嶽瀆，並自降抑而稱名，亦不得以非禮相譏也。

天子未除喪，曰「予小子」。生名之，死亦名之。

記多據春秋所書以爲典法，此即據王猛生卒，皆稱名，而與成君異也。

天子建天官，先六大，曰大宰、大宗、大史、大祝、大士、大卜，典司六典。天子之五官曰司徒、司馬、司空、司士、司寇，典司五衆。

五官與周官同，獨無宗伯，蓋大宗以下五職皆周官宗伯之屬也。大士謂大司成，及凡有道有德使教國子者，藍田呂氏以司巫當之。司巫乃大祝之屬，中士也，而尊以大士之稱，與官正同列，則名不當物矣。

五官致貢曰享。

周官惟禮職無賦貢，天官司會以九貢之法致邦國之財用，大司徒令地貢，大司馬施貢分職，秋官大行人掌九服之貢，司空之篇逸，無可考，是侯國之貢必因五官以致之也。

五官之長曰伯，是職方，其擯於天子也，曰「天子之吏」。

尚書康王之誥「太保率西方諸侯入應門左，畢公率東方諸侯入應門右」，注疏未及。

於外曰公。

於外畿内吏民及諸侯之國也。

天子同姓謂之「叔父」，異姓謂之「叔舅」。

外諸侯爲二伯，終周之世無有也。襄王命晉侯稱叔父，時共主之威柄始弛，而王猶有志於謹持之，故仍用舊典。至魯昭公之世，則王室衰微，倚晉以自固，故過禮以求得其歡心，本不可爲典要。疏乃據此謂時，又以晉爲二伯，固矣。

於外曰侯，於其國曰君。

於外曰侯，鄰國稱之也。於其國曰君，臣民稱之也，舊説自稱，恐未安。

庶方小侯入天子之國曰「某人」。

五等諸侯雖國小，亦宜以爵稱，此後儒以春秋書郳人、牟人、葛人來朝，而爲此臆説耳。

諸侯未及期相見曰遇，相見於郤地曰會。

先王盛時，諸侯或因朝覲而道相遇，不應豫有期約。舍天子巡狩會朝於方嶽，亦不應有見於郤地之事，疑皆因春秋所書而立文，非舊典也。

夫人自稱於天子曰「老婦」。

畿内命婦無進見天子親接語言之禮，惟春官宫卿世婦佐王后奉齍在廟、大賓客饗食及獻繭，或問有問答，故禮辭具此。古者合男女必當年德，況佐王后掌内治彰女教爲嬪婦内外宗所儀式者乎？況男子五十始命爲大夫，則婦官之爲下大夫者，年必近五十可知矣。累日積久，以至宫卿，則不惟德優，而年過艾者必矣。其稱老婦，以著事實，兼明凡列職於宫中者，皆不宜少艾也。應氏乃謂「始嫁者則配以卑小之稱」，謬矣。佐王后領大禮事者不過一二人，而宫卿至十二人，視六官之長倍焉。正以年德俱稱，而事皆敏鍊者，於婦人中求之尤難，故廣其員選，以待簡任耳。

自稱於諸侯曰「寡小君」。

「自」字衍。内言不出，外言不入，惡其聲之聞也，況親接語乎？助祭，夫人獻尸，不過薦璋致敬，大饗薦其籩豆、酒醴，無與賓客通言之道也。況寡小君乃臣下所施於君夫人，非夫人所得自稱，如諸侯自稱曰「寡君」，義豈可通乎？○夫人弔於諸臣，視世子而踊。古者男女有别，雖禮之必不可廢者，不過以禮相示，無親接語言者。

列國之大夫入天子之國，曰「某士」。

惟大國之上卿得比於天子之士，而承事於王室，故晉獻齊捷，王使責讓曰：「不使命卿鎮撫王室。」子太叔對晉亦曰「靈王之喪，先大夫印段實往。王吏不討，恤所無也」，可徵周典之舊。

於外曰「子」。

此據春秋書高子來盟而云然，其實諸侯之大夫無於外稱子之禮。春秋書齊高子，仍魯史之譌，而不能正也。

於其國曰「寡君之老」。

於本國而稱「寡君之老」者，或禮賢士，或諭吏民，使者將命之辭然也。

天子不言「出」。

自周無出，傳者之臆説也。春秋不書「出」者，皇狄泉皆畿内也，書「出」者，越在鄭地也。

諸侯不生名。君子不親惡。諸侯失地，名；滅同姓，名。

周公之典禮不宜有此，記者蓋就春秋書名者擬議而爲之説，亦非其本指，辨見春秋通論。○記者之意，謂「諸侯而生名」者，以其行惡，故君子不敢親於其身爲不善耳。注疏似失其意。

支子不祭，祭必告于宗子。

若宗子有疾，庶子代攝，則必受命於宗子，不必復告。若宗子去國，支子爲攝主，則禮有常經，可以不告。且所之國有遠近，豈能遇祭必告？按内則云「若富則具二牲，獻其賢者於宗子，夫婦皆齋而宗敬焉。終事而後敢私祭」，謂適子庶子爲大夫士者。欲致祭於大宗之祖廟，則具牲使宗子代祭，己往助焉，終事乃歸祭其祖禰，正此經所謂。蓋支子不得祭大宗之祖廟，若爲大夫士而願致宗敬，則必告於宗子，而使宗子主之也。

犬曰「羹獻」。

羊豕有豚解體解，皆先薦骨體，而後及膚與腸胃。惟犬則專用其肉，以爲羹餘皆不薦。

水曰「清滌」，酒曰「清酌」。

明水涗齊，以其體至清可用，以滌五齊而得名。酒則去糟而爲清，始可酌以祭饗，非若恒食清糟可並用耳。

祭王父曰「皇祖考」，王母曰「皇祖妣」。

皇，大也。王父、王母，假義也。父母之上復有父母，猶君之上復有君，故假其稱以爲義。

君命大夫與士肄，在官言官，在府言府，在庫在庫，在朝言朝。

君命大夫與士肄其職業，則在官者各言其所司之事，府、庫、朝條舉之，以例其餘也。在朝言朝，如太僕則言燕朝之禮，司士則言治朝之禮，朝士則言外朝之禮。命大夫與士肄者，凡職事，必其官之長與屬共議之也。若别有創作營爲，不宜曰「肄」。

禮記析疑卷三

檀弓上

公儀仲子之喪，檀弓免焉。

聘使至他國，主君賜饔，先薦於祖考，卜一尸，或昭或穆，則子姓未有不從者。而卒於他邦，朋友爲之袒免以從之者，非主喪之子姓耳。仲子舍適孫立庶子，故以子不在之服感動之。○何居，謂義何所處。

昔者，文王舍伯邑考而立武王。

伯邑考疑無子，未可爲舍孫立子之證。設有子而未立武王，周公封建所必先，未有不見於書傳者。

微子舍其孫腯而立衍也。

非獨從殷禮也，作賓定國以成其仁，舍孫立弟以明其義，其事與泰伯不嗣傳國於仲雍略同。泰伯蓋不忍挾商之天下，并不欲受周之封國，皆遭變而止於至善。孔子所以目爲三仁，稱其至德也。

事君有犯而無隱。

疏引晏嬰之事以證注，蓋據左傳既以告於公，故與叔向語而及之，但非記者本義。記謂不隱情以成君之過耳。

左右就養有方。

古者列國分土，君臣甚親，不獨公、孤、卿、大夫及朝廷之士朝夕御於君所，即鄉遂、公邑、都家群吏，凡有事於郊野，亦各承其事，故曰「左右就養」也。視學養老則學校之官，左右供奉。郊、望、類、蜡、師、田、朝會，則所至之地，有司左右供奉，故曰「有方」。

季武子成寢，杜氏之葬在西階之下。

古者萬民族葬，墓大夫掌之。兆域必在郊野，卿大夫居國中，即休沐之居，亦宜在私邑，無緣有成寢而墓在階下之事。蓋周禮久廢，勢家縱侈，作苑囿於郊野，因成寢室以恣淫樂也。觀魯公薨於臺下，則强臣則而象之，苑囿中各有寢室可知矣。吴夫差宿有妃嬙嬪御焉，鄭伯有之臣曰「吾公在壑谷」，則當時列國君臣之淫侈，皆可見矣。

道隆則從而隆，道污則從而污。

疏以父在、父没别隆污，非也。伯魚、子上皆爲父後之子，而遇出母之喪，皆父在之時，則張子謂道隆、道污，就所出之母以定之無疑矣。蓋或見出同，而過有小大也。

「吾聞之，古也墓而不墳。今丘也，東西南北之人也，不可以弗識也。」於是封之，崇四尺。

周官冢人以爵等爲丘封之度，與其樹數，墓大夫掌邦墓之地域，正其位，掌其度數。墓而不墳，蓋殷道，故曰「古也」。惟興之日，從新國之法，自防叔奔魯，未有起家爲大夫者，當從殷禮。孔子封識，蓋以義起，故自白之。

防墓崩。

古者墓而不墳，正爲封土歲久必崩壞也。今始爲封，而甚雨敗之，自不得不更築。遭事之變，惟隱自痛而無可言者，是以不應。及三告，則不得不以其故語之矣。

遂命覆醢。

醢，朝夕必陳之物，而可久留，故命以巾羃覆之。旬日中勿以醢進也，若已陳之醢，則宜命徹，不宜覆之也。

喪，三日而殯。凡附於身者必誠、必信，勿之有悔焉耳矣。三月而葬，凡附於棺者必誠、必信，勿之有悔焉耳矣。

誠者，物必堅良也；信者，用無僭忒也。

喪三年以爲極。亡則弗之忘矣。

亡以人子而言，蓋喪期雖以三年爲極，至於哀慕之心，則至於身亡之後而弗能忘，猶三年問所謂子之於親，至死不窮也。

孔子少孤，不知其墓，殯於五父之衢。

司馬遷野合之誣，鄭康成以注此記，故孔氏子孫輯家語以别白之，備載前母施氏生九女，妾生孟皮，聖父年餘七十，孟皮廢疾，乃求婚於顔父。年齒不倫，故誤傳爲野合。其情甚蹙，穎達奉詔疏鄭注，不敢正言其非，故謂馬鄭之説與家語文義無殊，乃不得已之游辭耳。不知遷以身被宫刑爲百世之垢，乃於自古聖賢皆傳誣妄語以污之。於堯則曰知子丹朱不肖，念以天下授舜則天下得其利，而丹朱病堯曰：「終不以天下之病而利一人。」於湯則曰吾甚武，號曰武王。於文王則曰陰行善，又曰閎夭之徒求有莘氏美女、驪戎文馬、有熊九駟，他奇怪物，因殷嬖臣費仲而獻之，用此脱羑里之囚，而得專征伐。果爾，則是諸臣陷君於不義，而文王之立身，曾魯叔孫婼之不若也。且方是時，伯夷、太公、召公、畢公安在，乃懷姦挾詐而爲此回面污行之舉乎？於武王則曰以輕劍擊紂，以黄鉞斬其頭，懸太白之旗。衛武公則傳爲弑君兄而篡立之賊。孟子則勸齊伐燕，曰：「此文武之時，不可失也。」又傳戰國游言曰：「啓與交黨，攻益而奪之天下。」謂禹名傳天下於益，實令啓自取之。其無忌憚至此，則至聖身無可疵，而重誣其父母，何足怪哉？自漢唐以來，群儒皆欲辨其誣，而未得其要領，故特著之。○穎達謂「非全不知墓之處所，乃不知柩之所在」是也。自殷以前，墓而不墳，鄹大夫雖仕於魯，其官卑，自當守殷禮，不封不樹。古無墓祭，聖母少寡，謹於禮法，無爲數適墓所，故久而失迷，此事理之無足怪者。五父之衢，必聖父平生游處熟習之地。度當年送葬者必多，故殯焉，以發人之疑，而啓問端，卒於此焉得之。陳氏謂必無殯於路衢之理，不知遭事之變，不可以循故常，輿棺入殚而加攢塗，并象西階爲壁，以依殚爲簷，以吐霤而廬於其側，非禮之可以義起者乎？今聖墓之右，有子貢築室舊址，亦古禮所未有。若竟無郰曼父之母，則如之何？孔子無不知父所葬之方所，而宴然終身之理，如知其在防，而終不知柩之所在，則近其地而别葬焉可也。既得之，則身爲司寇不可不從周法而合葬，與郰大夫卒時異矣。

有虞氏瓦棺，夏后氏堲周，殷人棺椁，周人牆置翣。

曰「有虞氏瓦棺」，則夏后氏以木矣。堲周者，殯葬時以堲周於外以護棺也，故殷人因之加槨焉。○疏謂「堲土爲陶冶之形，大小得容棺」，似未安。既有瓦棺，又爲瓦槨，則廣輪有加而陶冶益難，義無所取。蓋即以甓周於棺外耳。殷以後之槨，以衆材攢塗，乃用堲周之意，而以木易堲耳。

古者父在爲母期，故兼言齊。齊斬之情。

末之卜也。

馬驚敗車，御者之過，不應讓卜。國且不名，而姓非稱也。古者軍事御與右皆卜，吉然後用。今賁父敗績，是卜不應，故曰「末之卜也」。古「末」、「莫」通，魯論「末之也已」，記不忍一日末有所歸也。

死而不弔者三：畏、厭、溺。

傷死之禮起於生前之恩義，設周親昵好而死於非命，則痛隱更深，豈反有不弔之禮？蓋奔赴而號泣呼搶，不復置弔辭，以重傷主人之心也。○朱軾曰：「孔氏云非理横死，謂以非理而横死於畏、厭、溺者，非謂畏、厭、溺皆非理横死也。」

先王制禮，行道之人皆弗忍也。

行道之人，猶言塗之人。塗之人寡兄弟者，皆有不忍之心，而不聞有易喪期者，以先王制禮不敢過也。

伯魚之母死，期而猶哭。夫子聞之曰：「誰與哭者？」門人曰：「鯉也。」夫子曰：「嘻，其甚也。」伯魚聞之，遂除之。

爲父後者，爲出母無服，而伯魚得爲期，何也？爲出母無服，喪者不祭故也。父在則父主祭，嗣舉奠之禮輕，雖暫廢可也。此聖人緣情而變禮者，韓愈以兄命服嫂以期，未有非之者，故曰：「禮雖先王未之有，可以義起也。」

曾子謂子思曰：「伋，吾執親之喪也，水漿不入於口者七日。」

曾子至性過人，每疑古禮或失於寡恩。小功不稅，及朋友之墓，有宿草而不哭是也。其問喪於夫子，時親尚存，未知孝子不食之情狀若何。其後身執親喪，自覺三日不食，於哀親之分尚若未盡，故與子思商論。而子思直言其不可過，所以能傳曾子之學，守孔子之道也。注謂「以疾時禮之不如己」，已失之，而疏云「誇己能執親之喪」，益誤矣。

徒使我不誠於伯高。

注宜作忠信，則無禮何傳乎？

喪爾親，使民未有聞焉。

民未有聞，未聞其哀毁之異衆也。韓退之、裴少尹墓誌，居喪必有聞。從鄭注。

非致齊也，非疾也，不晝夜居於内。

經傳中内外所指各異，此内謂正寢，喪祭致齊及有憂居之。文王世子篇素服居外，亦謂正寢，蓋對内宫而爲外也。國君則路寢之外别有小寢，爲夫人嬪婦進御之所。士大夫所宿止，則即其妻之正内，内則「雖及七十，同藏無間」是也。所謂禫而從御，吉祭而復寢，國君則小寢，士大夫則内寢也。所謂「致齊於内，散齊於外」者，内謂路寢之室，外謂路寢之堂也。散齊七日，國君猶出御路寢之堂以聽政，士大夫猶赴公朝治官事。其退還於家，猶得於正寢之堂接親賓家臣，故曰「散齊於外」也。致齊三日，則國君惟居路寢之室，不復聽政於堂，士大夫則入居君之齊宫，而不返其私室，故曰「致齊於内」也。曾子問「卿大夫将爲尸於公，受宿矣，而有齊衰内喪」，則「出舍於公館以待事」，則凡有執於祀事者，必入宿於君之齊宫明矣。

衰，與其不當物也，寧無衰。

升縷不同，親疏、重輕之等也，山陰陸氏謂「尊者服精，卑者服粗」。據雜記大夫爲其父母兄弟之末爲大夫者之喪服如士服而言，不知此數條乃劉歆所增竄，在禮端哀無等。

「小子識之，我未之能行也。」未之能行，非謙言也。聖人明於幽明、死生、鬼神，反不能有如慕如疑之情狀也。

孔子蚤作，負手曳杖，消摇於門。消摇於門，蓋全其所受而歸，故知將死而志氣甚自得也。疏乃云「放蕩以自寬縱，示不能以禮自持」，謬矣。

孔子之喪，二三子皆絰而出，群居則絰，出則否。所傳不一，或以爲群居時則絰，出則否也。孔子没，門人三年然後歸，是以群居則絰與？

主人既祖填池，推柩而反之，降婦人而後行禮。既夕禮朝祖之後載柩而束之，商祝飾柩，一池，設披屬引。所謂填池，即繫魚下垂池中，所謂魚躍拂池也。於是商祝御柩乃祖，而婦人降於階間，蓋曰御柩則已轉柩而鄉南矣。故推柩而反之，降婦人而行受弔之禮。記文辭事本明，注疏未喻其義，乃易「填池」爲「奠徹」，謂曾子来弔，當既徹祖奠之後，設遣奠之時，主人乃徹去，遣奠更設祖奠，又令婦人升堂，至将旦，婦人從堂更降而行遣奠之禮。不惟於記文絶不可通，獨不思祖與遣隔日，若弔當遣奠之時，而又反宿，則葬期且爲之更易矣。況曾子云祖「胡爲其不可以反宿」，則爲葬前一日朝祖後之事顯然，而可憑臆爲無稽之説乎？

謀人之軍師，敗則死之；謀人之邦邑，危則亡之。

軍，偏師也。師，大衆也。危則亡之者，避賢者路，不敢賴寵專謀，以覆人之邦邑也。注謂「非義退」，苟非義，則不當著爲教矣。古者人臣有故而去，非盡負罪出亡也。春秋傳宋、鄭有難，華元、子産皆出奔，國人復之而後入，蓋時勢所宜亡，無害於義也。

哀則哀矣，而難爲繼也。夫禮爲可傳也，爲可繼也，故哭踊有節。

鳥獸失其群匹，鳴號躑躅，亦有如不欲生者，而過時則亡，故君子貴有繼也。○疏謂「使後人難繼學」，非也。爲可傳，謂他人易從。爲可繼，謂本身難繼。

叔孫武叔之母死，既小斂，舉者出户。出户袒，且投其冠，括髮。子游曰：「知禮。」

衛司寇惠子之喪，子游嘗正其舍，適立庶之失矣。叔孫州仇毁仲尼，不可與莊語，故反言以譏之。俾學者喻其意，而州仇聞之，亦無所施其怨怒也。

從母之夫、舅之妻，二夫人相爲服。

二夫人皆對甥而言，母之族三，故甥服從母，而不及其夫。服舅而不及其妻，時有甥依舅以居，而兼服其妻，依從母以居，而兼服其夫者，故習禮者詑之，以爲君子未之言也。疏義甚明，不知陳氏集説何故以臆説易之。

鼎鼎爾則小人。

陶潛詩「鼎鼎百年内」，似以馳騖追逐爲義。此讀書不求甚解之病也。

嫂叔之無服也，蓋推而遠之也。

朱軾曰：「喪服記夫之所爲兄弟服，妻降一等，乃後人杜撰，勉齋經傳通解删之，是也。」

公叔木有同母異父之昆弟死，問於子游，子游曰：「其大功乎？」狄儀有同母異父之昆弟死，問於子夏，子夏曰：「我未之前聞也。魯人則爲之齊衰。」狄儀行齊衰。今之齊衰，狄儀之問也。

同母異父，則途之人也，不宜有兄弟之稱。稱兄弟，俗言之鄙倍也。爲之服，是謂悖德而傷父之志。知禮如子游，不宜有大功之疑。子夏既未之前聞，亦不宜更舉魯人之慝禮。豈魯人亦心知其非，而紿託聖人諸賢之言以自解飾，傳聞既久，記者遂不能辨與？

子思之母死於衛。柳若謂子思曰：「子，聖人之後也，四方於子乎觀禮，子蓋慎諸！」子思曰：「吾何慎哉？吾聞之，有其禮無其財，君子弗行也。有其禮有其財，無其時，君子弗行也。吾何慎哉！」

禮，父没爲父後者，於出母無服，則嫁母亦宜同，無所用其慎也。不忍質言其故，故以「無其時」爲辭，蓋母死於父没之後，而已爲父後，則無禮之可行矣。

小斂之奠。子游曰：「於東方。」曾子曰：「於西方。斂斯席矣。」小斂之奠在西方，魯禮之末失也。

始死，脯醢之奠就尸牀。小斂有斂席，無奠席。大斂加設奠席，在斂席之西。魯禮末失，小斂即設奠席於西。曾子習而未察，故云「斂斯席矣」，謂始死之奠無席，小斂斯設奠席也。疏義似未晰。

子蒲卒，哭者呼「滅」。子皋曰：「若是野哉！」哭者改之。

子蒲名滅，無考，疑滅非考終之辭。哭者呼號，以死爲滅，故子皋正之。

有無惡乎齊？

齊，謂分之所際也。周官食醫職羹齊、飲齊，寒熱之分際也。考工記金有六齊，多少之分際也。月令火齊必得緩急、大小之分際也。此則以貧富之齊爲豐約之齊，凡經傳中言齊者皆可類推。

司徒旅歸四布。

適公卿之喪，曰聽役於司徒。周官州長、黨正、閭師各掌其地之喪紀，乃司徒之屬也。故獻子之喪，得使司徒之下士歸布。

今一日而三斬板〔二〕。

斬板與詩「削屢」之削同義，蓋脱下版而叠於上，砉然開解，有似於斬削。注疏謂「斬束版之繩」，未當事理。

父兄命赴者。

赴於君，則大夫亦宜親命赴者，父兄不得代赴。於族姻，則孝子心絶志摧，匍匐啼號，如不欲生，豈能一一親命？即士亦必委之父兄，不得以士喪禮惟載「赴於君」，而謂凡所赴皆親命，以大夫喪禮既亡，遂强定父兄命赴爲大夫之禮，而赴於君亦不親命也。

既殯旬，而布材與明器。

士喪禮筮宅後有井椁之文，故注謂材爲椁材。此禮惟士則然。若天子諸侯用輴，則菆塗以爲椁於輴上。尚書顧命「伯相命士須材」，乃用爲明器及抗木與折之材也。周官小宗伯葬獻器，不言獻材，以抗木與折亦包於葬器中耳。大夫攢於西序，塗不暨於棺，則椁已在肂，亦不

〔二〕底本「三斬」之後脱「板」字，今據庫本及下文補。

與士禮同。

父母之喪，哭無時，使必知其反也。

朱軾曰：「哭無時，蓋念念不忘哀慕。惟君命不可違，故事畢而反，必祭而哭告。大夫士既葬，公政入於家，既卒哭，金革之事無辟，則事在國中郊野者，必時使之可知矣。文繫於『哭無時』之下，明此爲既葬卒哭後之禮也。」

有殯，聞遠兄弟之喪，雖緦必往。非兄弟，雖鄰不往。

朱軾曰：「雖鄰不往，以未葬也。若卒哭而後弔，生可已哭，死烏容已乎？」

所識，其兄弟不同居者皆弔。

知死而不知生，傷而不弔，子且不弔，況其兄弟不同居者乎？知生者弔，弔所以哀生也，此人吾所識，則其兄弟不同居者死，吾皆往弔。所識在死者之側，則於喪次弔之。若其兄弟死在異國，則弔於所識之家。伯高死於衛，孔子使子貢爲之主，曰：「爲爾哭也，来者拜之。」朋友尚爲主受弔，則兄弟可知。

天子之殯也，菆塗龍輴以椁，加斧于椁上，畢塗屋，天子之禮也。

注疏皆云既塗叢木加斧後更爲屋於上，而盡塗之，如以布帛爲屋，則不可更塗以瓦甓，則輴車重不能勝，而不可引，與設輴之義相左。蓋攢本加之龍輴之上以爲椁，四面畢塗。塗乾，然後加幄。如大夫攢外有幬，士殯外有帷。顔柳曰：「天子龍輴而椁幬，諸侯輴而設幬」，則屋即幬，而加於攢木之外明矣。

魯哀公誄孔丘曰：「天不遺耆老，莫相予位焉。嗚呼哀哉！尼父！」

左傳子貢曰：「君其不没於魯乎？夫子之言曰：『禮失則昏，名失則愆。』失智爲昏，失所爲愆。生不能用，死而誄之，非禮也。稱一人，非名也。君兩失之。」周公制禮，謚以易名，誄以表行，誄不列行，謚不昭德，而以字爲謚，無非失禮失名者。以見聖而不用稱名，而上干其過甚大，故獨舉二者，而無暇及乎其餘耳。

祥而縞，是月禫，徙月樂。

二十四月期盡，以二十五月之初舉大祥之祭，是月之末舉禫祭。過是月，而樂作。如此，則與二十五月而畢及中月而禫皆不相背。魯人既祥而歌，孔子曰：「逾月則其善也。」逾月可歌，則亦可樂矣。記云「禫而内無哭者，樂作矣故也」。蓋禫而樂者，禮之常，故孟獻子縣而不樂，孔子以爲加於人一等也。

君於士有賜帟。

曰「有」者，不盡然。盡然，則有司供之矣。

禮記析疑卷四

檀弓下

公之喪，諸達官之長杖。

疏謂不達於君者，府、史、胥、徒但服齊衰三月，非也。曰官則非庶人在官者明矣。蓋鄉遂之官族師、鄙師、酇長之類，鄉大夫所辟除，其名尚未達於君者是也。曰「達官之長」，則惟宮正、宮伯、膳夫、内宰、内府、外府、司書之長官則然，尚書所謂百尹是也。其屬則服焉，而不杖矣。

及出，命引之。

陳氏集説「孝子攀號不忍，君命引之，奪其情」，非也。送葬必執引，君於臣不親執，故命引以爲禮，即稱言視祝而踊之義也。弔曰「寡君承事」，蓋弔喪以相助執事爲義，雖君於臣亦然。

朝亦如之。

如之，謂命引者三也。出宫哀次，柩已行，故命引。朝廟之日，柩尚不行，不得命引。豈商祝御柩旋車時，命車少進，而記者遂以爲命引與？

季武子寢疾，蟜固不説齊衰而入見，曰：「斯道也，將亡矣。士唯公門説齊衰。」武子曰：「不亦善乎？君子表微。」及其喪也，曾點倚其門而歌。

季氏有無君之心，自宿始。曾點之歌，以其死爲快也。蟜固之言，憤國人視猶君也。記者舉此，亦見宿雖自矯飾，而賢者固得其肺肝，非徒美固之得、譏點之失。

大夫弔，當事而至，則辭焉。

辭以當事不降拜也。喪大記士之喪，於大夫不當斂則出，是當斂則辭也。雜記「當袒，大夫至，雖當踊絶踊而拜之」。注「當袒，蓋斂竟時也」。士喪禮大斂有大夫則告，注後來者則告以方斂。蓋先至者已曾出拜，視斂有定位，後來者斂畢，然後降拜之。據此三條，皆當斂則辭。而疏并言殯者，士喪禮：「主人奉尸斂於棺，踊如初，乃蓋。主人降，拜大夫之後至者。」曰「乃蓋」，則殯後也。雜記當袒絶踊而拜之者，大斂之初，主人西面袒，直至視肂，卒塗置銘，復位後始踊，襲，則既殯，降拜大夫後至者。其時，主人尚袒也。

弔於人，是日不樂。

朱軾曰：「是日，終竟是日也。既弔不樂，哀未忘也。未弔不樂，樂則不弔也。」

喪，公弔之，必有拜者，雖朋友、州里、舍人可也。

主人親往拜謝，於經傳無考，以文義測之，曰「必有拜者」，則非主人也。士喪禮君視大斂，亦無親往拜文。君子不奪人之喪，故許以他人代也。注謂「無主後」，蓋因注士喪禮成服之日拜君命及衆賓，誤謂主人親往拜謝，而援既夕篇「乘惡車」以爲據。不知所謂拜君命者三日之後，君命歠粥也，拜衆賓助執事及來弔者也。又曰「不拜棺中之賜」，蓋大小斂既畢，或有後時而致含襚者，固辭不受，故無拜禮。乘惡車，則以筮宅，主人當往視掘土爲壙耳。古者臣有喪，君三年不呼其門，而忍令成服之日匍匐而如公所乎？答君之禮猶可言也。創鉅痛深，心絶志摧，水漿不入者三日，而使徧拜衆賓之門。先王制禮，乃如是不近於人情乎？以彼注決不可通，知此注亦誤也。舍人，謂其同居之親也。先朋友、州里，而後及舍人，何也？庶人不得與國君爲禮，必使其同僚中之朋友、州里中之姻親爵位與同者代之拜。皆不可得，然後使同居大功之親，則不必其盡有爵位矣。

妻之昆弟爲父後者死，哭之適室。子爲主，袒免、哭踊。夫入門右，使人立於門外。告來者，狎則入哭。父在，哭於妻之室。非爲父後者，哭諸異室。有殯，聞遠兄弟之喪，哭于側室。無側室，哭于門内之右。同國則往哭之。

此謂不同國者。如同國則疾革時，妻當歸視屬纊。至卒哭，然後還。夫及甥當往弔哭，不宜爲位以接來者。蓋此及下「有殯，聞兄弟之喪」，皆不同國者。同國則往哭，乃總結上文。特起夫入門右之文，於袒免哭踊後者，明袒免、哭踊乃甥之爲舅。夫哭妻之兄弟，無袒免也。○朱軾曰：「女主不拜男賓，故使其子主之。若女賓至，則妻自爲主。」

子張死，曾子有母之喪，齊衰而往哭之。

孔子之喪，二三子皆絰而出，三年始治任而歸，皆禮所未有。故子張之喪，曾子齊衰而往哭之，志同道同，情親義重，不異於同氣。他日，又曰「有宿草而不哭焉」，是朋友之心喪不異期之兄弟也。

哭而起，則愛父也。

常禮無哭而起之文，重耳痛不得執喪於殯所，故過禮以明哀，是以秦伯稱其愛父也。

周主重徹焉。

蓋棺之後，父母音容不可再見，故設木以象神，而魄體尚在柩，故名之曰「重」。及既葬，迎精而反，立主以栖神，子姓之心精專注於此，故名之曰「主」。既作主，復懸重，義無所取，不若徹而埋之爲安。

奠以素器，以生者有哀素之心也。唯祭祀之禮，主人自盡焉爾。豈知神之所饗，亦以主人有齊敬之心也。

似因奠而概論其祭祀之禮，皆主人自盡其心，不必分吉凶爲義。

歠主人、主婦、室老，爲其病也，君命食之也。

親喪三日，不舉火，故鄉里爲之糜粥以飲食之，士庶人之禮也。大夫之家，則貴者君，命歠，餘同士庶人。君命食之，即命歠也。若命疏食，則主人、主婦不宜同命。

是日也，以虞易奠，卒哭曰成事。是日也，以吉祭易喪祭。明日祔于祖父。

疏先儒以第三虞與卒哭同是一事，鄭據雜記上大夫虞用少牢，卒哭用太牢破之，以爲三虞後更有卒哭之祭。按士虞禮三虞曰哀薦成事，而别無卒哭之文，則第三虞即卒哭明矣。記多舛駁，恐未可據以破儀禮也。且禮於虞、祔，多連舉之，以卒哭爲虞之一，舉虞可包卒哭也。間有虞、卒哭並舉者，亦不害末虞爲卒哭也。即以鄭所據雜記之文言之，安知非以末虞爲卒哭，而易牲以祭哉？如士遣用少牢之類。此記義本連及言虞，則以祭易奠，卒哭則以吉祭易前二虞之喪祭，而卒哭曰成事，繫以虞易奠後，文亦相承，正因末虞即卒哭，但古文簡徑，未明著三虞卒哭曰成事耳。○嚴陵方氏謂「或祔於祖，或祔於父，各從其昭穆」，非也。祖父猶王父，儀禮稱祖父母、曾祖父母是也。或曰：「祔於祖，則並告於禰，故連及之。」○未殯之前、既啓之後，每遇大節，主人踊無算，則哭亦如之。三虞既畢，則無算之哭踊，至此而終。若廬堊室之中，哀至而哭，情不能止，義亦不宜禁也。别記曰：「父母之喪哭無時使必知其反也。」承君命而使，即未逾練祥，期必近矣。舊説「卒去無時之哭」，似不可通。

其變而之吉祭也，比至於祔，必於是日也接，不忍一日未有所歸也。

據「大夫三月而葬，五月而卒哭。諸侯五月而葬，七月而卒哭」，自葬日虞至卒哭祔，相去尚兩月，不聞有連接其祭之禮，何也？蓋天道三月一變，速葬速虞，苟不接其祭，則三月之内，魂魄已若無依，孝子所不忍也。若大夫五月而卒哭，則所伸之期已在三月之外。諸侯七月而卒哭，更在五月之外。則哀宜漸殺，且爲期遠，必間日接之過於數矣。大夫五月而卒哭，虞亦五。諸侯七月而卒哭，虞亦七。竊意前三虞與士同，其後則大夫每月一虞，諸侯每月再虞，以接於卒哭之祭。舊説大夫五虞八日，諸侯七虞十二日，於葬後則過於數，於祔前則過於疏，非義所安也。

「爲舊君反服，古與？」

儀禮仕焉而已者，齊衰止三月，非薄於舊君也。既奪其爵，則與齊民等，而不敢逾越耳。

「吾三臣者之不能居公室也，四方莫不聞矣。」

古者大夫次於公館以終喪，士練而歸。喪大記大夫練而歸，士卒哭而歸，或衰周禮壞而後有此。然其居公館則一也。自季宿不臣，先公之喪皆即安於私室，而不能復居公館久矣，故曰「四方莫不聞」。然用此見三桓之外，魯臣猶秉周禮，四方之臣尚未若三桓之無君也。

「昔者，吾有斯子也，吾以將爲賢人也，吾未嘗以就公室。」

祭則命婦、卿大夫皆與，若宫中婦女之事，不應得與其子俱。且母觀子之所行，豈在與就公室之頃乎？古者小學在公宮南之左，周官師氏居虎門之左，國之貴游子弟學焉。侯國制應同。文伯少孤，豈敬姜未使就學於公宮南，而至是始悔之，與家語姜戒諸婦曰「吾聞好外者，士死之。好内者，女死之。今吾子早夭，吾懼其以好内聞也」。蓋始以其質美，獨學於家，自能爲賢人。未嘗使就公室，薰習於師友。不料其不好外而好内，以致隕生耳。

「禮有微情者，有以故興物者。」

孺子求索於親而不得，戀慕谿勃，必哭且踊。先王制哭踊之節，實緣於此，蓋恐至性篤厚者，常如孺子哀情中迫則後不可繼，即能繼，力亦難勝，故即以哭踊之節洩其哀情，而使之漸殺。又使人要其節，而必哭必踊，則中人之性必感物而有動於中。即頑薄者要其節而强爲哭踊，亦自覺其中情不應而愧怍難安。以故興物，莫切於此。衰絰之制，其淺焉者耳，以杖闢轂而髁輪者，豈不衰絰乎？

「夫子疾，莫養，於下請以殉葬。」

謂方疾時，所以養疾者未備，故請使人殉，以致其厚也。曰「下」，對尊者之辭，猶云在下之人。集説誤。

衛有太史曰柳莊，寢疾。公曰：「若疾革，雖當祭必告。」公再拜稽首，請於尸曰：「有臣柳莊也者，非寡人之臣，社稷之臣也。聞之死，請往。」不釋服而往，遂以襚之。

先儒多美衛獻公能親賢。廬陵胡氏謂獻公與弑，未必能親賢。如此皆未得其實。衛獻之親柳莊，以從出之私耳。諸侯祭服，豈得私襚其臣以干王章？且莊已死，何妨終祭？往弔若欲請其遺言，當於寢疾時，不當於疾革也。時君驕汰，故記禮者以爲盛德之事而録之。其實皆遠於禮，未可以訓。

仲遂卒于垂，壬午猶繹，萬入去籥。

陳氏駁呂氏説尚未安，魯頌「萬舞洋洋」，宗廟之樂，未有不兼文舞者。春秋傳所稱以習戎備，疑楚之先世未嘗賜樂，至熊貲始作萬舞，亦文武二舞皆具，而其爲此之意，則主於習戎備耳。

則豈不得以？其母以嘗巧者乎？則病者乎？

疏以「母」爲「無」，陳氏集説以「其母」爲「己之母」，皆不可通。其母即謂康子之母也，記文本平易明白，解者乃以艱深，失之。

子路去魯，謂顔淵曰：「何以贈我？」曰：「吾聞之也，去國則哭于墓而後行。反其國不哭，展墓而入。」

子路好勇，顔子必見其有輕身犯難之道，故動以祖宗丘墓之重，而望其復返也，與孔子以大昏之禮告哀公同意。

襄公朝于荆，康王卒。

見于記者，楚皆稱荆，蓋七十子所私記。觀此則春秋始稱荆，繼稱荆人，繼稱楚，繼君爵大夫氏，皆舊史之文，而非孔子所損益明矣。然春秋於國號及辭之詳略，從史文以見時事，而君仍稱子，以遵周制。記則號舉，而仍其淫名，此春秋之辭，游、夏所以不能贊也。

天子龍輴而椁幬，諸侯輴而設幬，爲榆沈，故設撥。

注以「撥」爲「紼」，似未安。雖士庶人喪車必有執紼者，疑撥以去彼而易此爲義。蓋設數撥，使執紼者番代也，屬棺大棺及椁並載於輴，以其過於沉重，故設撥，使引車者更相代。若播榆皮之汁以澆地，則車且溓土，而不利於行矣。

季子皋葬其妻，犯人之禾。申祥以告，曰：「請庚之。」子皋曰：「孟氏不以是罪予，朋友不以是弃予，以吾爲邑長於斯也。買道而葬，後難繼也。」

子皋不買道而葬，所謂不違道以干百姓之譽也。蓋途次犯禾無多，使民以爲當買，則傷忠敬之俗。若大有毁於人，君子必不爲也。宓子治單父，齊師將至，父老請曰：「麥已熟矣，請使邑人出自刈傅郭者。」三請，宓子不許，曰：「寧使齊人刈之。使吾民有自取之心，其創必數年不息。」凡此類，皆仲尼之徒深明於先王以道立民之意也。

仕而未有禄者，君有饋焉曰「獻」，使焉曰「寡君」，違而君薨，弗爲服也。

此謂賢者託於異國，如孔子在衛、孟子在齊，君以客禮待之，故有餽曰「獻」，而不曰「賜」。使人存問，使者將命稱「寡君」。舊説「初試爲士而未賦廩禄」，誤矣。既正君臣之禮與辭，徒以無禄而不反服，是重禄而輕君臣之義，非禮意也。○春秋傳晉荀寅奔齊，陳恒與之言，稱「寡君」，蓋當時之禮辭如此。

天子崩三日，祝先服。

疏祝先服爲服杖，恐未然。未殯，主人免，括髮，祝佐含斂，必先易服，將事與免括髮之禮，稱特制無所考耳。○先祝，次官長，次國中，次天下，各服其服，一直遞下。截分上二服作服杖，下二服作服衰，亦決無此文義。

三月，天下服。

康成以喪服齊衰三月章曰「庶人爲國君」，遂謂圻外之民爲天子無服，不知曰「國君」者，以明大夫君，則其臣有服，而民無服耳。又據緦衰七月章謂「諸侯之大夫以時接見於天子，故有服，而士則無服」，不知緦衰在大功之下、小功之上，大夫服此，則士正服小功無疑矣。二注既誤，遂謂「三月天下服」，專指侯國大夫緦衰者而言，獨不思此記文承「五日官長服，七日國中男女服」之下，則謂天下之民明矣。周官太宰職「以九兩繫邦國之民」，一曰牧以地得民」，則雖諸侯不過爲天子繫屬，此民與師長主友等耳。元后作民父母，天崩地坼，而天下之民賴以生成，仰其怙冒者，無一日之服，於義安，於心忍乎？掌客職「凡作事，王之大事諸侯，次事卿，次事大夫，次事上士，下事庶子」。則侯國之士庶子，固有時接見於王，且使從君朝覲，適遇大喪，卿大夫皆緦衰，圻内之民皆縞素，而侯國之士庶子及府史胥徒之承事者，獨以吉服間厠其間。可乎，不可乎？喪期之變，自漢文帝始詔曰「令到，出臨三日，皆釋服。毋禁娶婦、嫁女、祠祀、飲酒、食肉」。則文帝以前，天下之民皆齊衰三月，不得嫁娶、祠祀、飲酒、食肉甚明。群儒惑於康成之説者，特未之思耳。

虞人致百祀之木，可以爲棺椁者斬之。不至者，廢其祀，刎其人。

致百祀之木者，令守者各以材告，然後擇可用者斬之。陳氏集説「悉斬畿内百縣祀木」，非也。○不致之罪在人，不應廢神祀，且人之罪亦不至於死，必記者之誤。

晉大夫發焉。

左傳「茅戎入，王發幣於公卿，凡伯弗賓」，注云「發禮以往」，本此。

魯莊公之喪，既葬而絰，不入庫門。士大夫既卒哭，麻不入。

此慶父夫人主之也，淫逆之人所深忌者，群臣百姓有先君之恩，故亟廢喪紀，以變易人之耳目耳。

夫子助之沐椁。

鄭任鑰曰：「非身助之沐，如敦匠事之類耳。」

「自吾母而不得吾情，吾惡乎用吾情？」曾子水漿不入口七日，不自悔，非情者出於自然而不自知也。子春自謂「不得吾情者，過三日已」，若能食而勉爲之也，不及禮，不可不自强也。過禮而强焉，則疑於爲名，而非心之本然矣。

禮記析疑卷五

王制

諸侯之上大夫、卿，下大夫、上士、中士、下士。

侯國不設中大夫，何也？王朝六官之貳及官中要職皆中大夫，故侯國小司徒、小司寇之類，必爵以下大夫，乃與王朝有别。舊説「五大夫」，於經傳無徵。疑三卿之貳以次分攝治典、禮典、刑典之事，而治職之司會、禮職之大司樂，體大事殷，故别設一大夫而爲五也。既不立中大夫，而下記大國乃别有上大夫，何也？於下大夫之中又分上下也。其諸貳三卿者爲上，而别設者爲下，與既曰「上大夫卿」，又曰「下當其上大夫」，而不慮稱名之混者，文承「次國之中卿當大國之下卿」後，則於五大夫中别分上下明矣。春秋時，更有嬖大夫，則庶邦之亂制耳。

天子之田方千里，公侯田方百里，伯七十里，子男五十里。不能五十里者，不合於天子。附於諸侯曰附庸。

周官與孟子封國之數懸殊，而按其實，則不甚相遠。蓋孟子言班禄之制故惟計穀土，周官言封國之度，故并計山川、藪牧、疆潦、附庸以定邦域。見於春秋者，公惟宋，男惟許。其始封疆域，於傳無徵。至於分土惟三，以諸侯之國方四百里計之，爲方百里者十六。山川、城郭、塗巷三分去一，爲方百里者十有一，方十里者六有奇。又以一易、再易之數，除其半爲方百里者五，方十里者八有奇。又以藪澤、汎流五而當一、十而當一者計之。又以附庸在邦域者除之，其歲耕口授之穀土，亦不過百里有奇耳。伯三百里，子二百里，略同，猶今壯縣四封常數百里，而編賦籍者不過數十里。群儒特未之察耳。詳見周官析疑。

次國之上卿位當大國之中，中當其下，下當其上大夫。小國之上卿位當大國之下卿，中當其上大夫，下當其下大夫。

鄭任鑰曰：「小國之二卿命於君者，若繫上卿，則當大國之下卿。若繫中卿，則當大國之上大夫。若繫下卿，則當大國之下大夫。」

天子百里之内以共官，千里之内以爲御。

凡祭祀、賓客、師田，皆天子所御，不獨服用也。與周官大府頒財式法微異者，記所述，不獨周制也。

三十國以爲卒，卒有正。二百一十國以爲，州州有伯。

疏「卒是卒伍」，「州猶聚也」，俱未安。「卒」疑「萃」字，傳寫之誤，或簡剥也。分州以建國，故總所建之國而曰「州」，不必别爲之義。

大國三卿，皆命於天子，下大夫五人，上士二十七人。

篇首諸侯之上大夫、卿、下大夫、上士、中士、下士凡五等，則五人皆下大夫也。馬氏謂有上、中、下，似據左傳鄭子産謂公孫楚「子皙，上大夫。女，嬖大夫」，然春秋時，列國多僭制，鄭伯，男也，而具六卿，有冢宰，未可據以言禮。○疏謂士統稱上，對府史而言。府史非士，不得與士差分上下。蓋國中之中士、下士皆命於君，故對鄉遂之士，其長所自辟除者而稱上耳。

其有中士、下士者，數各居其上之三分。

此簡原繫「下當其下大夫」，後移置此，蓋篇首已分上、中、下爲三等，而又云上士二十七人，若不明著其數，則不知二十七人中包三等之士，故特表而出之，示中士、下士與上士各居三分之一，而無多少之差也。若如注疏爲聘會之相當，則當云其中士、上士位各當其上之中下，其義始明，不宜言數、言居。且曰「其有」者，正承上文上士二十七人而言。其中又有中士、下士之別者，爵等雖異，而設官之數則與上士同也。然則二十七人何以通稱上士也？此爲朝廷之士對鄉遂、公邑、都家之士而爲上也。然則三等之國，士介之相當，何以不言也？觀於卿大夫之相當，而可得其差也。

小國二卿，皆命於其君。

注謂「小國亦三卿，一卿命於天子」是也。周官太宰施典於邦國，統曰「設其參」。蓋國雖小，而六職無一可闕，非立三卿不能兼攝。又以次國二卿，命於天子差之，則小國宜一卿得命也。左傳晉使鞏朔獻齊捷於周，王讓之曰：「不使命卿鎮撫王室。」設小國無命卿，則節春秋以承王事，將孰使任之？疏乃以鄭注周官三命受位，謂列國之卿三命，始有列位於王朝，與此記相糾挐。不知康成注諸經不過望文爲義，各據一方，非聖經賢傳，安能義無不貫哉？

天子使其大夫爲三監，監於方伯之國，國三人。

漢儒以三叔監殷，周官太宰職「施典於邦國，而建其牧，立其監」，尚書又云「王啓監，厥亂爲民」，故臆爲此説，非先王之制也。命爲一州之伯，必忠誠素著，威德衆孚，而復遣大夫三人以監之。漢唐英主，當艱難倉卒之際，且不肯爲，而先王乃定此爲國典乎？周官所謂牧五等國君也。尚書以倡九牧，史記武王徵九牧之君，登豳阜以望商邑，則非八州州牧可知。所謂監，即屬長監，五國連帥監十國，層累而上，以至州伯是也。梓材「王啓監」，亦謂此。至於三叔，各有國號，則非大夫明矣。殷地廣大，故建周親之國，參錯其間。武庚亂萌，周公必預見之，故使監察，不得爲大夫監於方伯國内之徵。

天子之縣，内諸侯禄也，外諸侯嗣也。

仕者世禄，蓋一世二世之世，非世世子以田禄也。三十年爲一世，父爲公卿大夫，則禄及其子而止。若世世予以田禄，則無田可給，而不得不世官矣。詩稱曾孫，蓋王子弟，或公卿有大勳勞而賜以采邑，非凡仕者皆得世有其田。且變雅多宣平以後之詩，或周制之末失也。觀此記「内諸侯禄，外諸侯嗣」，則知公卿大夫之不世矣。若世其田，是嗣也。○天子縣内之諸侯則禄也。俗讀縣字，斷句誤。○注疏以稱縣内決此爲夏制，非也。縣之名，肇自周官六遂中大邑也，畿内與侯國皆有之。吕不韋作月令，始云「合諸侯制百縣」，以百縣與諸侯相對，則秦以百縣爲畿内明矣。曰「制」，始爲此制也。康成時猶近古，故凡言古法，後儒不敢輕易，然經傳爲所蔽蝕者，亦不少矣。

大國之卿不過三命，下卿再命，小國之卿與下大夫一命。

漢儒作王制者，各述所聞，或參以己意。注疏必以周官之法求之，其不合者，則推而屬之夏殷，皆無益之辯也。但學者宜知，先儒於經傳内一字一句必徧考群書，以求盡其義類，亦可以破學而不思之習。

爵人於朝，與士共之。刑人於市，與衆棄之。

疏謂二者皆殷法，引洛誥「祭統甸師」之文以證之，皆近之而非也。記者蓋舉其大略，謂司士論辨官材，必與同進之群士共定其議於朝。士師協日刑殺，各陳尸於鄉遂、縣方之治所，是爲與衆棄之耳。若洛邑初成，告周公留後，乃成周時最大之事，即祭統所云「祭之日，君降立於阼階下而命之」者，亦必貴臣要職。若始進序遷之士一一待大祭而命於廟，勢不能行。至殺於甸師氏，惟王族及有爵者，其事甚稀，故略焉。若謂殷法，貴賤皆刑於市，則舜初命官即云五服、三就，殷先王何故必易之？

示弗故生也。

「故」，家語作「欲」。聖人心如天地，而有不欲其生者，何也？先王之世，生養遂，教化明，而淫用非彝，是皆生有害於人，死實無可惜者也。故不蓄、不養，而屏之遠方，使惡無可逞。求生不得，而少自斂輯，則裔荒之人必用其所能而役使之，使爲患於鄉里而未罹於法者，知上不欲其生，與求生於遠方之苦，必怵然於邪惡之害，身而不敢犯。是即先王好生之心，拯民於陷溺之道也。

命大師陳詩以觀民風，命市納賈以觀民之所好惡。

命庶邦之大師陳詩，司市納價，而王朝之大師、司市以白於王，使王知民風之不淳、好惡之不類，非民之過，乃庶邦君臣之失其職。而庶邦之失職，由於王德之不型也。

山川神祇有不舉者爲不敬，不敬者君削以地。宗廟有不順者爲不孝，不孝者君絀以爵。變禮易樂者爲不從，不從者君流。革制度衣服者爲畔，畔者君討。

不孝、不敬之罪重，而罰轉輕者，繼世之君怠玩無志者往往有此，如魯文公是也。以削地絀爵警之足矣。變禮易樂、革制度衣服之罪似輕，而罰轉重者，作聰明、亂舊章，則桀驁難馴，末流之禍將有不可測者。革制度衣服，其迹尤顯故正，其名曰畔。○陳從王曰：「不敬不孝，罪止其身，故削地絀爵以懲惡。變禮易樂、革制度衣服，則包藏禍心，非流討不足以弭禍也。」

歸假于祖禰。

伊尹訓太甲即云「七世之廟，可以觀德」，則殷已前天子七廟舊矣。疏云「唐虞五廟，殷六廟」，特據緯書，不足信也。

考禮、正刑、一德，以尊于天子。

躬行不敦，則禮雖考，下不能化。懷惡而討，則刑雖正，令不能從。故必一其德，然後禮與刑之本立，能安其國，以崇天子。觀此則知亮采有邦者，必日嚴六德，而皇建其有極，宜先慎德以作之型矣。不曰「一心」，惟曰「一德」，何也？欲民之循禮畏刑。凡爲人君者，有同心而德則多，至於二三，故記曰「后王命冢宰，降德於衆兆民」，內則所言，齊之以禮也。不曰「布教」，而曰「降德」者，必后王能明明德以爲天下先，而庶邦君臣罔不惟德之勤，然後群黎百姓式於禮而不入於刑，詩所謂「徧爲爾德」也。天子之尊，莫過於是矣。

諸侯賜弓矢，然後征；賜鈇鉞，然後殺。

戎狄内侵，臣子簒弑，必待天子之九伐，則恐失機會之宜，而後或難制。故使方伯專征，六服遼廓，獄訟放紛，三刺三宥，必與國民共之，非王官遥制所能得其實情也，故使諸侯專殺。此三代常法。至周官，則又設訝士，掌侯國之獄訟，四方之有治於士者得造焉。蓋慮本國司政典獄聽斷或失其平，而民窮於無告也。其有亂獄，則訝士往而成之，以獄有疑，必訊於介衆也。此又朱子所稱周公運用天理爛熟處。○凡命爲方伯，必賜弓矢，建爲五等之君，必賜鈇鉞，非有賜有否也。

未賜圭瓚，則資鬯於天子。

成國賜圭，必并賜瓚。子男執璧，無以爲瓚柄，故不賜也。五等之君得專刑殺，而不賜弓矢，則非方伯有命不敢擅興。國雖小，刑殺當使得專，而圭瓚不輕賜，又所以使庶方小侯勤思其職，以冀加地進律得圭瓚之賜，以致孝享於先君也。

小學在公宫南之左，大學在郊。

古者，王太子學在虎門，貴游子弟亦學焉，故侯國之小學亦在公宫南之左，制與王朝同也。公卿、大夫、元士之適子不學於公宫者，則入太學，少長同之，其衆子則庶子之官掌之。幼者學於家塾，漸進於黨庠。及成人，然後升於州序，以待鄉大夫之賓興，或隸於宫正，以備宿衛。

天子将出征，類乎上帝，宜乎社，造乎禰，禡於所征之地。受命於祖，受成於學，出征執有罪。反，釋奠于學，以訊馘告。

古者天子出征，受成於學，以授律合謀必與有道有德者同其議也。周官大司樂職凡有道有德者，使教於成均。反，釋奠於學，以訊馘告，禁暴正亂，質諸先師先聖，而無所疑也，是之謂王者之師。

天子諸侯無事，則歲三田。

周官四時皆田，此或夏殷之制，陳氏集説似指下「乾豆」、「賓客」、「君庖」爲三田，於辭事皆不可通。注疏夏不田，亦無以見其然。

喪三年不祭，唯祭天地、社稷，爲越紼而行事。

喪三年不祭，蓋主孤不親即事，而攝主代之。商書「伊尹祀于先王」，周官量人職「凡宰祭，與鬱人受斝歷」，宗伯職「王不與祭，則攝位」，則宗廟之祭可攝明矣。曾子問「天子崩，諸侯薨，祝取群廟之主，藏之祖廟。卒哭成事，而後主各反其廟」。未卒哭，藏群廟之主，爲不祭也。主既反其廟，則時祭安可廢乎？既殯，五祀行於宫中，况五廟七廟之祭而可廢至三年之久乎？蓋惟祭天地、社稷，主孤越紼而往。若宗廟之祭，則攝主代之，五祀則祝史薦之，山川百祀則有司舉之。宗廟之祭重大，與天地、社稷等，而可代者，主孤之痛，先祖鑒照，非外事比也。外事而可代者，卑小也。宰我云「三年不爲禮」，據主喪者之身而言，未可爲不祭之證。且如天地、社稷越紼而行事，即主喪者，亦何嘗不身爲禮？特他禮則皆廢不舉耳。張子曰：「父在爲母喪，則不敢見其父，不敢以非禮見也。天子以父之喪見上帝，是以非禮見上帝也。」按父之喪，非時見乎母，不入門。母喪不見父，未知何據。即或有之，恐爲不敢以哀容感動尊者，與「父在不杖，堂上不杖」同意，非謂無禮也。天子承兆民於天地，與士庶人不同，如康王以冕服受顧命見諸侯，必成王即位時周公所用之禮，未可輕議。

庶人縣封葬，不爲雨止。

庶人無雨具，疑或爲雨止，故特明之。貴者不必言也。○鄭任鑰曰：「庶人分微禮簡，縣繩下棺，雖雨可以集事。貴者禮事重大，不嫌更舉。」

喪不貳事。

大夫士既葬，公政入於家，而庶人三年不從政者，非獨遂其哀情，亦寬其財力，使得自營其生，以更喪之所費也。

祭從生者。

鄭、孔辨盧植「奠從死者」之非，皆未得其要領。試思子爲大夫，父母在時，既以大夫之牲鼎養，而死後忽以士庶人之禮奠，其義何居？且士之遺奠且加隆，而用少牢，則其謬不攻而自破矣。

天子七廟，三昭三穆，與大祖之廟而七。諸侯五廟，二昭二穆，與大祖之廟而五。大夫三廟，一昭一穆，與大祖之廟而三。士一廟。庶人祭於寢。

自適士至庶人，皆得祭祖禰。知然者，殤與無後者從祖祔食，若庶人不得祭祖，尚何祔食之有？楚語：「士庶人不過其祖。」

五嶽視三公，四瀆視諸侯。

疏云「牲器之異，非謂尊卑」，非也。惟尊卑不同，故牲器不得不異耳。所引周官大行人「惟饗獻之數可視」，若牢禮則饔餼弘多，以非一人一日之用也，祭安得視之？

天子社稷皆太牢，諸侯社稷皆少牢。

天子社稷皆太牢，舉其下，則上焉者不必言也。諸侯社稷皆少牢，著其殺，知宗廟必加隆也。

大夫士宗廟之祭，有田則祭，無田則薦。

疏據晏子春秋謂「祭以首時，薦以仲月」，强汩經傳本義以成其説。謂周官四仲祭者，因田獵而獻禽，非正祭。經曰「獻禽以享礿，獻禽以享烝」，而謂非正祭，可乎？春秋亂世之事，固不足憑，而烝、嘗、禘不用孟月，或乃以不棄周禮而用仲月也。月令薦以孟月、季月，正祭用仲月之徵，而又以人君人臣用月不同自掩飾，不亦謬乎？

庶人春薦韭，夏薦麥，秋薦黍，冬薦稻。

薦必用新，方春穀皆陳，故獨舉蔬也。

司空執度度地，居民山川沮澤，時四時，量地遠近，興事任力。

興事任力，興民事，以任其力也。周官「以九職任萬民」，皆所以盡其力。山川、沮澤限隔寒燠，四時之氣，所行各有先後。程子以食韭知地氣之異，如今皖桐稻熟以季夏，金陵則在季秋，故必量地遠近，以候驗四時之氣，然後可以興事任力也。注謂「力役之征」，方言「度地居民」，不應舍民事而遽及力役之征。

凡居民量地以制邑，度地以居民。地邑民居，必參相得也。

地，耕地也。邑，四井之民所聚處也。故必量四井地形以制之，度地以居民中田之廬也。邑既與四井之地相得，中田之廬又與一井之地相得，故曰「參相得」。

司徒修六禮以節民性，明七教以興民德，齊八政以防淫，一道德以同俗。

冠禮修，然後童嬉之性可節。昏禮修，然後嗜欲之性可節。喪禮修，然後哀樂之性可節。邪薄者節其樂，篤厚者節其哀。祭禮修，然後敬怠之性可節。怠者不敢不勉，敬者各有其差。鄉飲鄉射之禮修，然後敖惰之性可節。相見之禮修，然後高亢之性可節。卑幼者必致其恭，尊貴者亦不敢汰。明君臣之教，所以興其仁敬之德也。明父子之教，所以興其孝慈之德也。明夫婦之教，所以興其和正之德也。明兄弟之教，所以興其友恭之德也。明朋友之教，所以興其信義之德也。明長幼之教，所以興其遜悌之德也。明賓客之教，所以興其敦睦之德也。淫者，過也。有政以齊飲食，則豐凶有限，貴賤有等，老者黎民有制，所以防其貪饕之過也。有政以齊衣服，則吉凶有差，上下有經，製作有法，所以防其淫侈之過也。有政以齊事爲則，百工技術毋敢自作聰明，所以防其淫巧、詭異之過也。有政以齊别異，則五方器械毋敢變其故常，所以防其喜新改作之過也。有政以齊度量數制，則工不敢妄作，賈不敢濫收，市不敢雜陳，所以防其姦僞靡害之過也。然道德不一，則六禮、七教、八政皆虚器，而下視爲具文。民俗豈可得而同哉？必自家塾、黨庠、州序、國學皆崇四術，明先王之道，以正人倫，而無異見異聞以溷其耳目，惑其心志，則自王太子、王子、群后之世子，公卿大夫士之子，以及田野之秀民，惟道之知而由王朝以達六服。朝無不信道之君子，則道可一矣。天子議道自己，自昭明德，以正朝廷百官，則而象之，乃布德於衆庶兆民，則觀感興起，莫不遵王之道，遵王之路，而德可一矣。自周衰，幽厲變道，宣平失德，然後老、莊、楊、墨之説横，而道不一。王臣内亂，諸侯放恣，强家僭逼，姦豪百出，而德皆悖，所以大敗天下之俗，至於抵冒殊捍，熟爛而不可振救也。

命鄉論秀士，升之司徒，曰「選士」。司徒論選士之秀者而升之學，曰「俊士」。

周官「使民興賢，出使長之。使民興能，入使治之」。所謂出者，進而爲王朝之官，即司徒所升是也。所謂入者，退而爲鄉遂之吏，即司徒所不升者是也。蓋興其才德之大者，而升於太學，則將爲公卿、大夫，以臨長之。興其行能之小者，爲鄉遂之吏，則遂治其比、閭、族、黨之事。三王之世，所以不患選舉之不公，而百官得其宜，萬事得其序，用此道也。

升於司徒者，不征於鄉，升於學者，不征於司徒，曰「造士」。

鄉所升士曰「選」者，選於儕輩而得之也。司徒所升曰「俊」者，非才俊不足以語大人之學也。既升於學，又名曰「造士」者，以樂正所造之士，不獨俊士也。凡公卿、大夫、元士之適子，十五以上並入大學，曰「造士」，始足以包之。詩曰「肆成人有德，小子有造」。才德未成，而方有造之時，亦不可以征役慁之。

樂正崇四術，立四教，順先王詩、書、禮、樂以造士，春秋教以禮樂，冬夏教以詩書。

崇四術，標詩、書、禮、樂爲四術也。立四教，立爲四時之教，即春秋教以禮樂，冬夏教以詩書也。詩書絃誦而已，禮樂則執其器，習其容，有進反、趨走、袒踊、舞蹈之事，非盛暑嚴寒所宜也。文王世子「春夏學干戈，秋冬學羽籥」者，統舉二時，則不必於盛暑嚴寒之月。

王太子、王子、群后之大子、卿大夫元士之適子、國之俊選，皆造焉。

群后，諸侯入承王官者。

不變，王三日不舉，屏之遠方。西方曰棘，東方曰寄，終身不齒。

三日不舉，俾王惕然於躬行之不足以化民，而自責也。

大樂正論造士之秀者，以告于王，而升諸司馬，曰「進士」。

學所升士曰「進」者，造之而德成，始可進而用之也。不曰「論俊士之秀者」而曰「造士」，何也？升諸司馬者，國子爲多，不獨司徒所升俊士也。總而言之，則皆大樂正所造之士耳。

司馬辨論官材，論進士之賢者，以告于王，而定其論。

論定於司馬者，司徒、樂正所教，以德行爲主。及入官，則天資之材，剛柔敏鈍各有所宜，必使司馬論之，然後内外文武各得其任。

有發，則命大司徒教士以車甲。

軍旅，司馬之事也。而有發，則司徒教之者，非徒作其武勇，亦聲以禮義，使知親上死長也。教田獵以習五戎，司徒搢扑，北面誓之，義亦如此。扑作教刑，軍旅而用教刑，使秉禮向方之意。

郵罰麗於事。

「郵」如字。置郵傳命遞相歷也。罰之輕重，上下必遞考之，如郵之徧歷，使與所犯之事相附麗而後可斷也。

凡聽五刑之訟，必原父子之親、立君臣之義以權之，意論輕重之序、慎測淺深之量以別之，悉其聰明、致其忠愛以盡之。疑獄，氾與衆共之，衆疑赦之。必察小大之比以成之。

輕重曰序，制刑之差也。淺深曰量，犯法之情也。比如呂刑上下比罪之比，法無明條，則或上或下，比附而成之。○先王議事以制，不爲刑辟，所以輕重、淺深事與罰得相麗也。自晉鄭制刑，秦漢造律，意論慎測，無所用之，而吏胥假律例以售其姦，典獄者莫能正矣。○朱軾曰：「五刑之屬三千，皆爲無恩無義者設。恩莫親於父子，義莫大於君臣，以是二者權衡所聽之訟，而定其刑，刑無不平矣。」

史以獄成告於正，正聽之。

疏云「鄉師不掌獄」是也，然合鄉士、士師而曰「鄉師」，則辭不當律，疑注本「鄉士」而傳寫誤「師」耳。蓋正掌鄉獄者，鄉士正掌遂獄者，遂士也。士師則與大司寇共聽者，本文云「正聽之，正以獄成告於大司寇」，則不得以士師爲正，故獨以鄉士、遂士等當之。

凡執禁以齊衆，不赦過。

既曰「凡作刑罰，輕無赦」，又別出此條，其事各異也。周官大司寇「以五刑糾萬民」，刑也。圜土、嘉石所收罷民，及書所稱「五刑不簡正于五罰」者，罰也。士師以五禁左右刑罰：一曰宮禁，二曰官禁，三曰國禁，四曰野禁，五曰軍禁，皆以木鐸徇于朝，書而縣於門閭，則此記所謂「執禁以齊衆」也。過者怠慢，而違禁尚未麗於刑罰也。各隨其輕重而懲之。無赦，則習而陷於大惡者必漸少矣。

有圭璧、金璋，不粥於市。命服、命車，不粥於市。宗廟之器，不粥於市。犧牲，不粥於市。戎器，不粥於市。

此數條不粥同，而所以不粥則異。圭璧、金璋，天子所以命諸侯也。粥於市，則委王命於草莽矣。寄公之子孫無所用之，則以獻所寓國君，或遺兄弟婚姻之邦，俾以共聘享，亦所不禁，但不可粥於市耳。車服，君所命也。宗廟之器，君所以隆其祖考也。粥之，則辱國與親莫大焉。即終見廢退，不敢復用，亦使子孫守藏之可也。大夫雖用索牛，不得如天子，諸侯有養獸之官，然必前期求索毛體完善者，異其牢棧，豐其芻豢，旬日而後用之。若旋取於市，是儕神饗於生人之膳羞也。且祭以犧牲，必有田禄者也。牲不夙具，得非苟簡於追養乎？故禁其粥，所以使用牲而不預備者，知所恥也。戎器非弓矢之比，故戈戟必出師而後授。漫陳於市，近於不祥。士大夫休老而無賦於軍行，則以假其同官，卒伍則與比閭交易可也。○戎器不粥，而兵車得粥者，古者家不藏甲，而大夫皆有賦乘。周官士大夫之兵器，司兵、司戈盾臨事授之。卒伍之兵器，小司徒率其屬，以歲時簡稽，故不得私粥。若大夫中廢，或既没所有兵車，不聽其粥，則棄於無用，故無禁也。

衣服飲食不粥於市。

防民之惰也。

大史典禮，執簡記，奉諱惡，天子齊戒受諫。

受諫，即受簡。記中所列之儀法，所避之諱惡也。郊特牲云「卜之日，王親立於澤，以聽誓命，受教諫」之義也。春秋傳申之會，楚子使椒舉侍以規過，猶古之遺法。

大司徒、大司馬、大司空齊戒受質，百官各以其成質於三官。大司徒、大司馬、大司空以百官之成質於天子，百官齊戒受質，然後休老勞農，成歲事，制國用。

司會以歲之成，質於天子。冢宰齊戒受質，大樂正大司寇市三官，以其成從質於天子。

陳氏集説「司會質一歲之計要於天子，而先之冢宰」，非也。觀下文司徒、司馬、司空以百官之成質於天子，則司會所質，乃徑達於天子明矣。冢宰齊戒受質者，天子省之，而復下於冢宰使聽決也。三官以其成從質於天子者，繼司會而質，非因司會而達也。司徒、司馬、司空齊戒受質者，亦復下使聽決也。又謂「六官獨不言宗伯，爲無可歲會」，亦非也。司會曰歲成計要也，周官司會職所謂「以歲會考歲成」也。三官及百官第曰成，乃治狀，非財用之計也，周官小司徒所謂「考屬官之治成」也。冢宰歲終令百官府各正其治，受其會，所謂受其會，即司會所考之歲成也。所謂正其治，乃百官之治成也。謂「宗伯無可歲會，是以百官三官所質爲財用之計也」，誤矣。大樂正、大司寇市三官，特以其成質於天子者，人材之成敗，刑獄之多寡，百物之豐耗，尤天子所當留聽也。百官各以其成質於三官，大司徒、大司馬、大司空以百官之成質於天子者，百官所治，各有定式，或其事細微，故先之三卿。三卿先自聽決，而後總質於天子，不每事以煩天子之聽也。此三官即大司徒、大司馬、大司空也。大司寇以六官之長而與樂正、司市同質其成，天子受之。以下於司徒、司馬、司空，而不使參決者，刑獄至重，司寇所聽，不復使自決之。欲參伍出入，以得其情實，慎之至也。司寇以獄之成獻於王，王命三公參聽之意亦如此。宗伯無所質，亦不受百官之質者，國子之進退，則樂正主之。其餘所涖禮樂之事，無可質者。又秩宗之職，惟寅惟清，不宜以他事紛擾其心，故百官之成，亦不使聽也。百官之成不關於冢宰者，冢宰統衆職，不能一一致詳，故先之三卿使聽決，而後冢宰正焉。小宰職所謂「歲終令群吏致事」，冢宰職所謂「令百官府各正其治，受其會，聽其致事，而詔王廢置」是也。

五十養於鄉，六十養於國，七十養於學，達於諸侯。

五十養於鄉，乃鄉遂、都家、公邑、庶士之老也。知非庶民之老者，鄉飲酒義：「六十者坐，五十者立侍，以聽政役。」黨正、縣正之類，屬而飲食之，故曰「養於鄉」也。六十養於國，七十養於學，則朝士大夫之老也，黨正、縣正以上之老宜附焉。其庶士雖至六十、七十，仍宜鄉之大吏、州長、遂大夫主養之。不言者，五十且養，則過此不待言矣。朝士之五十者無文，何也？祭祀賓射，凡士之與執事者皆賜爵，有薦俎，至於煇、胞、翟、閽無遺焉，又何事特聚而飲食之哉？庶民之老，則引年者是也。○萬二千五百家爲鄉，州有序，所謂鄉學也。五十者家一人，亦萬二千五百，州序能容之乎？即置遠縣邑國中及郊外六十者，亦不可以數，計國中小學，能容之乎？此於經傳雖無明文，而以理測之，決知不然也。

有虞氏養國老於上庠，養庶老於下庠。夏后氏養國老於東序，養庶老於西序。殷人養國老於右學，養庶老於左學。周人養國老於東膠，養庶老於虞庠。虞庠在國之西郊。

國老，卿大夫之老也。庶老，庶士之老也。庶人之老及死事者父祖，則有司各就其地養之，引年之政是也。若並養於學，則無地以容其席位。先王制禮，以辨上下，定民志，故士爵卑，則朝不坐，燕不與。五十養於鄉，六十養於國，七十養於學，皆謂士大夫於學校設興臺席位，而天子諸侯親與爲禮，非所以示民也。

凡三王養老，皆引年。

注謂「庶人之老衆多，當校其年以行復除」。疑復除之外，尚有恩賜，如漢法「百户牛酒」之類。至死事者之老孤，其有爵者，君親饗食之，周官外饔職「邦饗耆老孤子」是也。庶人則有司各就其地饗食之。記「春饗孤子，秋食耆老」是也。庶民之老之有德行者，則當附鄉遂庶士之老，而地有司饗食之。

自恒山至於南河，千里而近。自南河至於江，千里而近。自江至於衡山，千里而遥。自東河至於東海，千里而遥。自東河至於西河，千里而近。自西河至於流沙，千里而遥。

此舉南北東西大界，故青、兖、揚、梁之域無及焉。蓋自東河至於東海，徐州之域也。舉此，而徐北之青，徐南之兖，東西之界視此矣。自江至於衡山，荆州之域也。舉此，而荆東之揚，荆西之梁，南北之界視此矣。

古者百畝，當今東田百四十六畝三十步。

東田，疑秦人語也。春秋傳晉人使齊盡東其畝，齊人曰：「惟吾子戎車是利。」秦開阡陌，必多東畝，以利戎車，故漢初儒者猶相承而曰「東田」。

七教：父子、兄弟、夫婦、君臣、長幼、朋友、賓客。

五倫獨朋友列而爲三，蓋其道非一。長幼者，以齒相次，泛交也。朋友者，以義相合，深交也。賓客者，以政事相接，邦國之交也。

禮記析疑卷六

月令

天子居青陽左个。

陳氏據孔氏曲禮疏謂王有正寢一在前，小寢五在後。正寢聽政，小寢燕息。小寢一居中，四居四角。春居東北，夏居東南，秋居西南，冬居西北。或據以釋此記，非也。小寢五，不宜用明堂之制，且與此記分左右个不合。周官「閏月，大史詔王居門終月」，則此記謂居明堂以聽政明矣。門中可居以終月，且與嬪御同居乎？

「某日立春，盛德在木。」

易大傳曰「帝出乎震」，則元氣發動，實有主宰，以鼓其出入者。迎春當祭，位東方，而主春氣之天神，配以太皞、勾芒從祀。康成專主緯書，固爲蔽惑，賈逵、馬融、蔡邕謂獨祭人帝及其臣，亦偏而不該。盛德，即帝之神所以妙萬物者。

還反，賞公卿大夫於朝。

賞不及諸侯者，諸侯來朝，錫予有常典也。

命相布德和令，行慶施惠。

注「德謂善教」，内則「后王命冢宰降德於衆兆民」是也。教典故曰「布」。歲有豐凶，事有變遷，則政令當革易以從宜，故於歲始調劑而播之。慶行於有位者，惠則施於庶民。

乃命太史守典奉法，司天日月星辰之行，宿離不貸，毋失經紀，以初爲常。

典，曆象舊籍也。法，推步候驗之成法。皆治曆之事。注作「六典、八法」，非也。離，麗也。陳氏集説以「宿」爲「止」、「離」爲「行」，非也。日月星辰之行，晝夜不息，不可以行止相對而言。詩云「月離於畢」，亦謂所經曆耳。

天子親載耒耜，措之于參保介之御間。

參保介者，參乘之保介也。加參者，明保介即與天子同車之車右也。如曰「措之于保介之御間」，則似别有保介之官乘副車以從，而無以顯其即天子之車右矣。天子居左，御者居中，舉車右則知不措於天子之旁矣，蓋恐尊者動作偪仄也。○朱軾曰：「御，侍也。謂置於保介所侍處也。又，吕氏春秋『參』字在『于』字上，更覺直截。」

命田舍東郊，皆修封疆，審端徑術。

後世郡縣獄訟出於争田界、水道、墓地者十六七，曠日相持，吏疲於聽斷，民失其作業，蓋由此疆彼界，乃郡縣吏所不習，一旦有争，即親履其地，無由别其真僞。周官司徒之屬有遂人以掌田萊、溝洫，宗伯之屬有墓大夫居墓中之室以巡墓厲。民有争質，即時可決。且耳目素習，姦人無所施其變詐，此吏治所以不煩，而民安其業也。此記命田舍東郊，審端徑術，猶有周官遺意。然詳考篇中所載諸地政，乃秦開阡陌後所用爲補苴之法。若遂人之職不廢，又安用此紛綸哉？

善相丘陵、阪險、原隰土地所宜，五穀所殖，以教道民。

同曰「丘陵」，而其土地又各有所宜，阪險、原隰亦然。

存諸孤。

春饗孤子，并存恤其家也。

去桎梏。

周官掌囚上罪梏拲，而桎拲既在手，安得更以梏加？易曰「童牛之牿，防其觸也」，則梏在脰，拲在手，桎在足明矣。所謂關三木也。易又曰「何校滅耳」。則校與梏其一物而二名與？

以太牢祠于高禖，天子親往。

此秦人妄舉之慝禮，或吕不韋欲立而未立之祀也。周官宗伯之屬，凡國之典祀，細大畢具，參以儀禮、春秋三傳、國語，無一語及禖祀者，内宰專掌王后之禮事，以下五職，無一及焉。佐后共祀事者，九嬪以下五職，春官、世婦、内外宗三職，無一及焉。女祝所掌王后之内祭祀，至於禱祠，招梗禬禳。女巫所掌，至於歲時袚除釁沐，以及弔事，無一闕遺。内宰佐后立市，設次特著祭以陰禮。若果祀天，而配以高禖，天子親往，六宫嬪御盡從，王后則宜如宗廟、賓客之事，大書特書。且散見於各職，而竟没其文，則三代以前絶無此典禮，斷可識矣。且先王制禮，養廉遠恥，莫嚴於男女，故妻將生子，夫出居側室，使人日一問之，乃於稠人廣衆中，别其孰爲天子所已御，使帶弓韣，受弓矢於高禖之前，瀆亂不經甚矣。王莽篡漢，娶史氏女爲后，依古備嬪御之數同日入宫，皆使帶弓韣，正與此記相合。或亦莽、歆所增竄也。周官惟九嬪有數，以應九卿，世婦、女御本無數，以三相加，而定其數，自莽始。先儒不察，乃據月令之數以訓周官，據此記爲詩箋傳，誤矣。詳見大雅生民詩辨。〇六國僭王，秦欲稱帝，而衆不從，至不韋時，并兼之勢已成，故篇中皆稱天子，而王后亦稱后妃，蓋以稱王及王后，則儕於六國也。

是月也，日夜分，雷乃發聲，始電，蟄蟲咸動，啓户始出。

凡再記物候，後所記必是月之末也。雷電蟄出，必仲春之末。麥秋至，必孟夏之末。蟬始鳴，必仲夏之末。雷始收聲、水始涸，必仲秋之末。草木黄落、蟄蟲墐户，必季秋之末。芸生泉動，皆感陽氣，必仲冬之末。餘可類推。

日夜分，則同度量、鈞衡石、角斗甬、正權概。

量既同，而又曰「角斗甬」者，量之器多，斗正則升合，以下皆正矣。甬正，則鍾籔以上皆正矣。蓋舉其中，以括上下也。

乃修闔扇，寢廟畢備。

周官比長爵下士，即耦耕之農也。故耕者或得有廟。周官閭胥、比長通計爲中士、下士者，十餘萬人豈能徧禄？必於百畝之外，量增其田，而以禮數寵厲之，非朝廷之士之比，惜古籍湮滅無可考耳。

天子乃鮮羔開冰，先薦寢廟。

卯月尚寒而開冰者，歲或早燠，則祭祀、賓客殽羞夙具者，宜用冰鑑，喪浴亦不可無冰也。

寇戎來征。

令違於時，其應寇兵者凡十。蓋春秋、戰國時，列國分争，姦宄攘奪，無時無之。若一統承平之世，則其應又當在别事。

天子乃薦鞠衣于先帝。

非聖人不能創物，先帝宜爲始教民以蠶桑者，但經傳别無可稽，恐亦秦人所創立。

句者畢出，萌者盡達。

草木始生必屈，既出土，然後直上，萌即句之出者。鄭注「句，屈生者。芒而直曰萌」，詞義本明，陳氏易之以直生、屈生對列，若種類有二，失之矣。

天子布德行惠。

「發倉廩」以下行惠也，「開府庫」以下布德也。

下水上騰。

近夏江河之流浸長而騰起，非雨潦所積，故以下水別之。

田獵罝、罘、羅、網、畢、翳、餧獸之藥，毋出九門。

匠人營國方九里，旁三門，則王畿通十有二門。春秋新作南門，以非禮書，而内、外傳無言侯國之南門者，則降殺可知。此記所稱九門，或舉侯國之制，或秦變周禮，皆未可知，而其爲國門無疑也。路門、應門内不宜有田獵罝、罘、羅、網、畢、翳、餧獸之藥，疏、集説並誤。

禁婦女毋觀。

觀，遊觀也。婦容宜修，若艷冶之飾，雖無蠶事，宜有常禁。

分繭稱絲效功，以共郊廟之服，毋有敢惰。

分繭之多寡、稱絲之輕重，則蠶者之勤惰、巧拙可辨，所以效其功也。或曰：「辨其良苦之物，以授嬪婦，使效其功，以共郊廟之服。」

命工師令百工審五庫之量，金鐵、皮革、筋角、齒羽、箭榦、脂膠、丹漆，毋或不良。

金鐵、皮革、箭榦宜爲三庫，其物多也。筋角、齒羽爲一庫，脂膠、丹漆爲一庫，其質細也。

乃合累牛、騰馬，遊牝于牧。

於牛曰累，則馬亦繫綱可知。於馬曰騰，則牛亦求牝可知。牛馬在欄廄，並維婁之，不得通淫。及宜乘匹，先解縱其牡之累者，騰者於牧，然後使牝遊而就合焉，所以防塗中風逸之患也。

天子親帥三公、九卿、大夫，以迎夏於南郊。

周官大司馬時田，春秋具列，王暨諸侯之旗鼓，而冬夏第舉群吏，蓋盛暑隆冬所以優尊者。又軍禮繁重，雖有宗遇之諸侯，不以與苗狩也。詳見周官析疑。若首夏初冬迎氣之祭，諸侯宜與，而月令於夏冬亦第舉公卿大夫，蓋朝覲者既歸，而宗遇者未至爾。

封諸侯。

冬夏不合諸侯而封國，何也？朝覲跋涉山川，蒙犯霜露，不宜於冬夏。此始封之國，策勳錫命，宜於盛夏。若加地進律，由附庸而賜國，由子男而晉階，則宜於嶽狩命之。

命大尉贊傑俊、遂賢良、舉長大，行爵出禄，必當其位。

周官司馬論辨官材，司士、諸子皆屬焉，故秦仍其法，亦使大尉掌之。

是月也，繼長增高，毋有壞墮，毋起土功，毋發大衆，毋伐大樹。

繼長增高，即動植之物，以驗天地之氣也。天地之氣暢達，故不宜有所壞墮。馬氏乃以繼增爲人事，不識所謂。

命野虞出行田原，爲天子勞農、勸民，毋或失時。命司徒循行縣鄙，命農勉作，毋休于都。

嚴陵方氏以内外官爲别，臨川吴氏謂「由卑而尊」，皆近似而非也。周官山林川澤各分三等，虞衡之設，隨地偏布。秦之四監，即山虞、澤虞、林衡、川衡。各巡其境内，故能周視田原。見農夫則勞之，遇園圃藪牧之民及百工商賈，則勸之。大小司徒不過三人，庶政繁殷，故惟躬臨縣鄙申戒有司，命農勉作，毋休於都，使震動恪恭於穡事而已。必不能偏歷田原，與農民相勞勸，乃分職命事之理勢如此，不以内外而分，亦無所爲先後也。統之曰司徒，或正或貳，不可預定也。曰縣鄙，則至六遂而止。其公邑、家稍、小都、大都，則各有其長，皆以司徒之命命之。○周官「以九職任萬民，一曰三農生九穀」，其餘八職，俱不可失時，故勞農、勸民並列也。野虞司之，以不專於農事。

斷薄刑，決小罪，出輕繫。

於此月斷之、決之、出之者，非極惡大罪，不忍使盛暑之月困於囹圄也。

蠶事畢，后妃獻繭，乃收繭税，以桑爲均，貴賤、長幼如一。

舊說「内命婦獻繭於后妃，乃收外命婦繭稅」，非也。季春之月，分繭稱絲效功，則内命婦之蠶事畢矣。無緣孟夏復獻繭，蓋外命婦獻之也。收繭稅，則並士庶人妻女，故曰「貴賤、長幼如一」。季春專言王宫之繭事，故曰「既登」。孟夏兼言國中之蠶事，故曰「畢」。蓋事蠶者衆，成有早晚，至是始畢也。○周官閭師職「任嬪以女事，貢布帛」，則非匹婦不稅其繭。貴賤、長幼如一，秦法也。周官人達其情，物有餘裕，考課劑量，而教化行於其間。秦則一斷以法，以取必於下，而待上用，凡事類然。

農乃登黍。

下文曰「以雛嘗黍」，則不得爲舊黍明矣，蔡邕云「今蟬鳴黍」是也，乃目見耳聞之辭。管子亦云「河、汝之間，四種而五穫」，則黍必有登之最早者，故繼麥而薦之。

毋燒灰。

灰燼無更燒之理，蓋燒石爲灰也。燕地暑月不燒石爲灰窰者，曰地氣上蒸，窰内濕，强燒即粗礦不可用。推此則艾藍暴布，亦爲非時不能爲，良非，恐傷時氣、干盛陽也。○後漢書禮儀志：「日夏至，禁舉大火，止炭鼓鑄，消石冶皆絶止。至立秋，如故事。」

挺重囚，益其食。

陳氏集説「輕囚則不如是」，非也。輕者已月已出矣，其未出之重囚，至此亦稍寬假也。

止聲色，毋或進。

祭祀，賓客所奏雅樂自不可廢。此聲與色並舉，則必燕私之樂，所謂「繁手、淫聲、慆心、堙耳」者也。聽之而有動於中，必揺其精，齊戒静定之時，不宜以此亂其心曲。

命漁師伐蛟取鼉，登龜取黿。

吴楚山澤間時有蛟起，則水湧、山崩、沙徙，損民田宅動數百千家。相傳卵如石，其未起時，恒埋藏山谷中，有能辨其土壤物色者，先期掘發而戕敗之，則不能爲害，惜乎能傳古法者鮮也！取他物但以網罟，惟蛟必掘以鋤鏄，會其既成形而將起，則必以戈矛、斧鉞斷之，故曰「伐」。

命四監大合百縣之秩芻，以養犧牲。

季秋之令，以制百縣與合諸侯對舉，則百縣爲畿内，無可疑者。仲夏雩祀，疏謂百縣兼内外諸侯，至秩芻不可通，復還就以合鄭注曰：「止於鄉遂，不兼公卿大夫之采邑。」注云之屬，正兼采邑。不思周分稍縣疆之地以處公卿、大夫、王子弟，雖頒秩祀，而祭祀必致福於國，禱祠必反命於王。況秦制郡縣，畿内并無所謂内諸侯開阡陌、廢井田，豈尚如周之鄉遂而乃憑臆以決之乎？且下曰「以共皇天上帝、名山大川、四方之神」，則通乎畿内甚明，毋庸别爲異義也。

命婦官染采，黼黻、文章必以法，故毋或差貸。黑、黄、倉、赤，莫不質良，毋敢詐僞。

染采雖用法故，然使黑、黄、倉、赤之料或不質良，則所染亦漫漶不鮮。料有精粗、美惡，其産之地、取之時皆有辨焉，故以詐僞爲戒也。

命虞人入山行木，毋有斬伐。

周官山虞職「仲夏斬陰木」，故季月則止之。入山行木，行視其已斬、未斬，而稽其數也。古者山澤官守之，而不頒於民。山虞之法，萬民斬材有期日，則取者不敢濫。以時計林麓而賞罰之，則守者不敢怠。凡竊木者有刑罰，則耗敗之塗閉，此材木所以不可勝用也。後世山澤賦於民，則非時妄取竭用無餘，官司不能禁，而盜竊者無所忌，是以山則彌望而童，道無列樹，暫遇水旱，薪芻不屬，黎民重困，然後知先王之慮民遠也。

鷹乃祭鳥，用始行戮。

始戮鳥也。季秋豺乃祭獸、戮禽。

專任有功，以征不義。詰誅暴慢，以明好惡，順彼遠方。

罪大者征之，其次詰誅之。古稱誅戮，有重有輕。周官司烜職「邦若屋誅，則爲明竁」，謂刑辟也。宰夫職「治不以時舉者，以告而誅之」。曲禮「齒路馬有誅」，則責讓也。以九伐之法言之，如馮弱犯寡、野荒民散、犯令陵政，必責讓，不改而後加罰焉。餘六者，非征罰，則勢不行。

命理瞻傷、察創、視折、審斷。決獄訟，必端平。戮有罪，嚴斷刑。

傷謂傷於疾病者，創謂瘡痏者，斷謂當大辟及宫刵者。仲秋百刑皆決，故先於此月，察其傷者、創者、折者，或應放流，或當宫刵，必少寬其期，恐以重傷致死也。而斷者不可以復屬，尤宜審定，既曰「審斷」，而又曰「嚴斷刑」者，前則獄已成，而將致刑於仲月者，故更審之。後乃獄訟之將決者，故戒以嚴慎也。

完隄坊，謹壅塞，以備水潦。

古者井田之溝洫，所以備水潦，非如東南下濕可蓄水以溉田。小雅「滮池北流，浸彼稻田」，蓋豐、鎬之間，偶或有此。周官稻人掌稼下地，蓋必積水之區始可用溉，其餘平原廣陸，惟望雨澤，故旱則雩祀，未聞有蓄水溉田之法。季春之令曰「修利隄坊，道達溝瀆，毋有障塞」，此月完隄坊，謹壅塞，以備水潦。修完隄坊者，近川之地，以防汎濫，如齊、趙沿河爲隄也。導溝瀆，去壅塞者，使壠間之水順達於川，而不害稼也。尚書曰：「濬畎澮距川。」孟子曰：「七八月之間雨集，溝澮皆盈。其涸也，可立而待也。」則主於宣洩，而非蓄以灌溉明矣。井田既廢，齊、魯、周、鄭之間往往困於水災，無溝洫，而積潦不得達於川也。春秋書魯雩旱甚多，而大水僅一見於宋，蓋非常之災，始害於粢盛，其餘水潦俱不能爲敗。○季春修利隄防，毋有障塞，孟秋則完隄防，謹壅塞，何也？修利者，溝澮間之小隄防也。自四月至六月，雨之大小，久暫無常，惟開通其障塞，使田隴之水得達於川而已。季秋所完，則近江河之大隄防也。伏秋之汛，期日有定，雖水潦盛昌，但隄防完固，於水勢衝激土性墳壚之所，壅塞惟謹，則汛期一過，即終歲無虞矣。

養衰老，授几杖，行麋粥、飲食。

王制「春饗孤子，秋食耆老」。此篇仲春存諸孤，仲秋養衰老，即其事也。曰「存」，則不獨饗之，而又存恤其家。曰「授几杖，行麋粥、飲食」，則不獨食之，而又有賜予也。○授几杖，行麋粥、飲食，必各就其地行之，始能周徧，而無煩擾。天子諸侯所養於學中者，非庶人之老，於此益可信矣。

乃命司服具飭衣裳。文繡有恒，制有小大，度有長短，衣服有量，必循其故，冠帶有常。

「文繡有恒」者，毋亂以姦色也。「制有小大，度有長短」者，制作必以法也。「衣服有量，必循其故」者，貴賤各有等也。「冠帶有常」，則文從省，而兼此數義。

五者備當，上帝其饗。

五者以全具肥瘠，物色小大、長短，言芻豢因肥瘠而及之，不得爲五者之一也。○五者指牲體言，故曰「備當」。

易關市，來商旅。

周官聯門市譏不物，所徵甚薄，而爲之符節以通達之，皆所以便商旅，無所爲難易也。孟子曰：「今之爲關也，將以爲暴。」蓋戰國分争，凡轉貨鬻財經其境内者，必阨之於關市，以奪其利，所謂難也。而秦法於百貨皆成之俟，易關市以來商旅，尤争利之巧者，蓋不惟便己國之民、豐己國之財，又所以窘鄰國之用，而乏其事也。

凡舉大事，毋逆大數，必順其時，慎因其類。

孟秋之令，選士厲民，以征不義，則舉兵衆、合諸侯之事，正在此月。完隄防，修宫室、墻垣、城郭，則土功徭役之事，正在此月。然有大數焉，如車馬、將卒之有缺，資糧、扉屨之無因，則兵衆不可輕舉也。適當凶饑、厲疫之作，或承軍旅、喪荒之餘，則功役不可輕舉也。而事又有其類焉，如征討不能驟舉，則先之以文告威讓。或授意於方伯大邦以震懾之，凶札之方隄防不能自築，則移用其民以救之。寇戎之後，城郭不能自完，則藉力於兄弟、婚姻之國以圖之，皆所謂「慎因其類」也。

大饗帝，嘗，犧牲告備於天子。

注謂「嘗群神」，以月令圜丘、方澤、宗廟之典祀皆不載。又宗廟時祭，周以仲月，後世以孟月，不宜用季。且亥月曰飲烝，非烝祭之正，則戍月之嘗，亦非宗廟之嘗也。但謂大饗，不問卜，即此記所云，則恐未然。周官大宗伯職「國有大故，則旅上帝及四望」，有故而饗，無一定之期，理宜卜日，曲禮所謂不問卜者，惟圜丘、方澤耳。若大饗，則或以爲宗廟之祭。禮器：「大饗，其王事與三牲魚腊，四海九州之美味也。」或以爲賓客之事。雜記：「子不見大饗乎。」卷三牲之俎歸於賓館。群儒各記所聞，不可以單辭片言之合，而强爲傅會也。

合諸侯制，百縣爲來歲受朔日，與諸侯所税於民輕重之法、貢職之數，以遠近土地所宜爲度，以給郊廟之事，無有所私。

受朔，外諸侯内百縣之所同也。税民之法、貢職之數，獨舉諸侯，何也？税民無異法，外諸侯皆有貢職以給郊廟之事，則縣内公、卿、大夫之采地不待言矣。六服遼廓，豐凶不齊，而來歲民賦之重輕可預定，何也？若此年其國有寇戎、荒札，則來歲税宜從輕。至本年則或上、或中、或下，税法自有常經，不待言也。○舊説「秦建亥，此月爲歲終」，非也。亥月祈來年于天宗，丑月之令「日窮於次，月窮於紀，星回於天，數將幾終，歲且更始」，又曰「飭國典論，時令，以待來歲之宜」，則非以此月爲歲終明矣。所以飭頒朔及税法貢職之數者，以此月合諸侯，故預敕之也。吕氏此書，蓋雜採古法，參以己意，欲待秦并天下而行之，所以合諸侯、議貢職於此月者。春朝秋覲，而夏與冬不合諸侯也。立夏立冬之日，皆曰天子親率三公、九卿、大夫，而不及諸侯。

司徒搢扑，北面誓之。

扑作教刑，軍旅之事，而掌以教官，誓以教刑，教以親上、死長之義也。

收禄秩之不當、供養之不宜者。

陳氏集説「供養之不宜，謂膳服僭侈逾制者」，果爾，則有常禁，不當曰「收」。注所云「貪耆熊膰之屬」，亦未盡。蓋凡嬪御及王子姓服膳之過靡者，古者位定而禄，安得有不當？羞服有式，安得有不宜？凡此皆戰國之亂政也，姦回如不韋尚思立法以止時君之欲，唐宋而下，雖大臣忠直者，亦以爲難矣。

是察阿黨，則罪無有掩蔽。

周官司寇之屬，所以求獄訟之情者，至詳至悉矣。而無一語及官司之枉法者，蓋道教彰明，忠質之風未遠也。不數世而吕刑之命遂列五過之疵，世教之難持，人心之可畏如此。凡罪有掩蔽，皆由有司之阿黨。阿者或怵迫於威權，或承迎乎長吏，即吕刑所謂「惟官」也。黨者挾私偏徇，所謂「惟反、惟内、惟貨、惟來」。總於是矣，故是察不可廢。然使能守周公之舊典，鄉士、遂士、縣士、方士分掌之獄訟，司寇聽斷於外朝，群士、司刑咸在，各獻其議，以麗其法，而又詢之群臣，詢之群吏，詢之萬民，則阿黨者皆知公道難違、人言可畏，而姦心自不藴矣。

功有不當，必行其罪，以窮其情。

不當者，或不能密緻，或傷於淫巧也。

天子乃祈來年於天宗。

祈來年不於歲終，而於此月者，陰極於此，過此則一陽復生，爲生育長養之始，所謂「天地盛德之氣，始於東北，而盛於東南」也。

乃命水虞、漁師收水泉、池澤之賦，毋或敢侵削衆庶兆民，以爲天子取怨於下。

周官澤虞「使其地之人守其財物，以時入之於玉府，頒其餘於萬民」，𢽾人「凡𢽾徵入於玉府」。曰「入於玉府」者，明所徵即角人、羽人、掌葛所徵齒角、骨物、羽翮、葛材、草貢，以當邦賦者，而别無他賦也。秦法乃别收其賦，而并及於水泉，其以侵削取怨爲戒，蓋由始立苛政，故用此自塗飾耳。

土事毋作，慎毋發蓋，毋發室屋及起大衆，以固而閉。

起大衆，謂興師征伐之類。大閲於境内，行之且一日而罷，不可云起。

命奄尹申宫令。

周官小宰治王宫之政令，内宰申之，宫中之事無細大，皆掌於外臣，此則一歸於奄尹，蓋列國不用周禮久矣。故群儒述所習見，而不知其非耳。○秦變周法，自襄公立國之初，已廢太僕、群僕之職，並屬寺人。始皇卒於沙丘，受遺者惟丞相斯、中車府令高，則奄尹即以宦者爲之必矣。

省婦事，毋得淫。

省，察也。

可以罷官之無事，去器之無用者。

此亦戰國之亂政也。蓋必遊士馳説要幸希恩，而後有無事之官，必放意聲色，恣情遊讌，而後作無用之器。當道揆法守盡失之後，而欲求罷之、去之也，難矣。

命農計耦耕事。

此秦所未盡變之周制也。周官里宰以歲時合耦於耡，蓋以共井之家，或有疾病死亡，耦非更合力不可齊。故歲合之，又以時合之。秦法惟於歲終一命農民，而無官司以董之，則是時鄉遂之法已久變矣。

專而農民，毋有所使。

農民不惟三時勤動，即孟冬，尚坏城郭、完要塞、塞蹊徑，公旬三日，必於是給焉。將帥講武、習射、御角力，則卒伍必預習焉。古之卒伍即農民也。仲冬取疏食，田獵禽獸，伐木取竹箭，塗闕廷門閭，築囹圄，舍農民無使也。惟季冬歲宴，公私之事皆畢，可以休其餘閒，爲父母、妻子、兄弟、族姻、閭黨之歡，故不得復有所使，所以體其情、弛其力而蓄之，以勤東作也。古者四民之中，士與商賈自宿其業，而無役於公家。百工官作，霜始降則休之，使得自營其私。惟弓人「寒定體，冰析瀝」，事極輕簡，日力無費。惟農則必待歲之將終，而後得暫息焉，是以先王畏敬戚農，以其爲四民之根柢、萬事所總會也。可不戚哉？可不敬且畏哉？

命宰歷卿大夫，至於庶民土田之數，而賦犧牲，以共山林、名川之祀。凡在天下九州之民者，無不咸獻其力，以共皇天上帝、社稷、寢廟、山林、名川之祀。所以養生送死，周官九式之用，待以九賦，農夫自合作公田，及公旬三日而外，百役不與焉。綽有餘地，而寬然自樂其生也。古惟社事，民咸與焉，然用其力，而不斂其財。秦法乃歷卿大夫，至于庶民，土田之數而賦犧牲以共皇天上帝、社稷、寢廟、山林、名川之祀。又大合百縣之秩芻以養之，其於民悉矣。不韋作月令，田賦徵輸之法，無一見焉，獨因祭祀而附見者，其科條煩細若此，足徵其取民之術多端，而不勝其擾矣。又收池澤之賦，并及水泉，則知依山濵河通流之地田賦之外，别以水泉之賦，故曰「秦人收泰半之賦」。蓋總計歲收私家衣食之數，尚不及所入於公之半也。此書乃呂氏集諸儒爲之，將以繼周而維世者，乃於養君德、求民隱、教民育士之大政，無一及焉，所舉皆粗迹耳。而李斯相秦，所建立又不能及此。漢興，多仍秦制，此世教所由大變也。

禮記析疑卷七

曾子問

卿大夫、士從攝主北面於西階南，大祝裨冕，執束帛，升自西階，盡等，不升堂，命毋哭。

不曰「冢宰」，而曰「攝主」者，或冢宰喪疾，亦得以他卿攝也。告子生，攝主莅之，子見則就群臣之列。以執事而不稱攝主，別嫌也。子未生，朝夕之奠，宰爲攝主，宜升堂。聞子生，則與卿大夫同位於階下，而不與祝同。告三日，子見，然後從子以升，示既有嗣君，則致攝主之事，而共宰臣之職也。○尚書顧命太保、太宗與太史俱，此記子見，宰宗人從祝，以是知先君在殯，太宰、宗伯有大事，必偕而四卿，皆無堂事。大司徒掌屬引，大司馬平士大夫，大司寇前王，皆無堂上之事。有司必專司其事，然後得與。故顧命無祝以無告神之事。子見無史，以無册命之事也。告嬪而不升堂，以別於子見而前導也。

反位遂朝奠。

曰「遂朝奠」，則知告必以朝。如既朝奠而生，則以次日之朝告也。

三日，衆主人、卿、大夫、士，如初位。

生時三月而見，薨則三日而見者，重嗣續急，欲慰先君魂魄也。

少師奉子以衰。

世子始生，見於君，卜士負之。君薨，則奉子以少師[一]。以生即嗣國，故視猶君也。

宰、宗人從。

前曰「太宰、太宗」，後曰「宰、宗人」，省文也。

入門哭者止。

〔一〕「奉」，底本涂抹不清，今以庫本補。

告子生，祝升盡階，始命毋哭。子見，則有列於殯宫者，已前知之，故入門而哭者，自止也。

禮〔二〕，行必以朝，故並當朝哭之期。

子拜稽顙哭，祝、宰、宗人、衆主人、卿、大夫、士哭，踊三者三，降，東反位，皆袒。子踊，房中亦踊〔三〕。

始哭而不踊者，象始死之啼也。後乃踊者，象斂時之踊也。問喪篇三日小斂，而後有踊之文。士喪禮未斂，君使弔則踊，大夫弔則不踊，是常禮斂而後踊也。皆袒者，子袒，則衆從之，象始死之禮也。疏謂堂上堂下之哭，非正位，故不袒，今反朝夕哭位故袒，非也。袒止於三，天子諸侯即致隆，恐亦以五與七爲度，不聞朝夕哭皆袒也。堂上堂下不袒者，子未袒也。子未袒者，象始死將飯含而後袒也。知子袒者，以後稱襲也。子在抱，所謂袒者，特弛其外服，非及體也。○奔喪哭踊，時位亦異，序祝於宰宗人之上，以奉子者哭，則祝繼之以倡踊也。

〔二〕「也」、「禮」二字，底本涂抹不清，今以庫本補。
〔三〕「房」，底本涂抹不清，今以庫本補。

奠，出。

世子之生，急欲聞於先君，故既告而後朝奠。子見之後曰「奠出」，則奠已先陳矣。蓋世子生三日見於君，接以太牢，必朝食而後行禮。内則冢子未食而見，乃三月名子。故朝奠亦設於子見之前也。祝既稱子之名以見，則宰宗人必前期預定其名，而記無文，蓋一時問答，非如記禮之書儀節具詳。既稱名，則知名已預定，猶云「奠出」，則奠已前設可知也。

大宰命祝、史以名徧告于五祀、山川。

徧告於五祀、山川。「于」當作「及」。下以名徧告及社稷宗廟山川，「及」當作「于」，蓋互譌也。未葬子生，無不告於宗廟、社稷之理。云「徧告及五祀、山川」，則宗廟、社稷不必言矣。既備舉宗廟、社稷、山川，而曰「及」，則贅矣，故知當作「于」也。

三月，乃名于禰。

疏云「告殯宮中主」，以斯時尚未有禰廟也，但虞而作主，諸侯五月而葬，設始殯，而子生三月，殯宮安得有主？蓋即以殯宮爲禰也。始生即云告于禰，則爲假禰之稱，而非有廟有主明矣。經傳多稱殯宮爲廟，與此同義。○陳從王曰：「君之魄體尚在殯宮，子三日而見，故早名之。既葬而告於禰，則遲之三月，以安養孺子，宜也。」

以名徧告及社稷、宗廟、山川。

序社稷於宗廟之上者，國君主社稷，既名於禰，則先社稷而後群廟宜矣。

乃命國家五官而後行。

不言卿而舉五大夫，卿數不一，而大夫必五也。命及大夫，則卿不必言矣。

諸侯相見，必告于禰，朝服而出視。朝命祝、史告于五廟。所過山川，亦命國家五官道而出。反必親告于祖禰，乃命祝、史告至于前所告者，而後聽朝而入。

諸侯見天子，則慶賞黜陟行焉，故告於社稷、宗廟、山川，以致其震動恪恭之意也。諸侯相見，非社稷之役，故不告於祖，而境内山川亦不徧告也。反必親告於祖禰者，自禰以上，出未親告也。見天子不言者，不必言也。

自啓及葬，不奠，行葬不哀次。反葬奠，而後辭於殯，遂修葬事。其虞也，先重而後輕，禮也。

禮以義起，事死如生。母殯啓，則父不奠，原父之情而輟之也。父未葬，則母不虞，原母之情而俟之也。或曰：「啓以後柩車爲重，主人不敢擅離，而父奠又非他人可攝，故不奠也。」○既夕禮「夙興」，則夜過中即興，而至祖廟，滅燭則已質明矣。以陳饌設器、啓殯載柩，事充時迫，故無暇更設奠於在殯者。蓋下室之饋饌具如常，雖缺殯宮一日之奠，情可安也。

曾子問曰：「將冠子，冠者至，揖讓而入，聞齊衰、大功之喪，如之何？」孔子曰：「内喪則廢，外喪則冠而不醴。徹饌而埽，即位而哭。如冠者未至，則廢。」

外喪謂喪家在國外也。蓋伯叔父、兄弟仕於異國，或被放，聞喪不得奔，或奔而未得遂行，故即冠所徹饌而埽，爲位而哭。若死者不同居，或客死，而妻子在本國，則宜奔哭於其家，不宜爲位於己之廟矣。至王臣於后，侯國之臣於夫人，雖當祭，聞喪而廢，不宜於冠，乃不廢也。舊説「大門内外」，誤矣。

「如將冠子，而未及期日，而有齊衰、大功、小功之喪，則因喪服而冠。」「除喪不改冠乎？」

陳氏集説謂：「齊衰以下，可因喪服而冠，斬衰則不可。」蓋因曾子所問自齊衰而下，求其義而不得，遂意爲之説，非也。將以冠爲嘉禮，不可加於凶服，則小功之輕且因喪服而冠矣。將謂斬衰痛深，不可以舉嘉禮，則齊衰之服，兼父没爲母三年，與祖父母之期，其痛不爲淺矣。曾子所問，自齊衰以下，正爲斬衰，因喪服而冠，至除喪之日，去冠期已遠，而服又極重，自不得改冠，故以齊衰以下，或尚可改冠爲疑耳。

天子賜諸侯大夫冕弁服於大廟。

大夫而有未冠者，亦謂内諸侯，世有采地，如周、召之支子耳。卿、大夫、士之子未冠，皆無爵者也，故可因喪服而冠。若繼世之諸侯與畿内公卿之適子，則爵列甚尊，將以冕弁冠，則天子未命，不敢私服也。而又不可以無爵者之服冠，故諸侯之嗣，必因類見，卿大夫之子，必待終喪而後請命於天子。天子假於太廟以賜之。所以無冠醴者，醴乃加冠之賓，所以禮冠者，天子既賜以冕服，不敢更加冠，故惟設奠以告祖禰，因使人酌酒而自卒爵焉。自醮以榮君之賜，而無加冠之賓，則亦無饗賓之禮，故云「酌而無酬酢曰醮」耳。○儀禮「不醴而醮」者，亦有賓，謂國俗不同，用醮而不用醴者，若此篇所謂冠醮則無賓。知然者，既已加冠，則奠後有司執事者進醮爵。而無賓，猶女子未許嫁而笄，則婦人執其禮而無女賓也。禮以義起，加冠重禮，故以屬賓。賓親加，因親醮冠者，若專以醮屬賓，則褻矣，故知有司進之也。歸奠而補醮者，以受服於公朝無醮也。

已祭而見伯父、叔父，而後饗冠者。

古者期之親即異宫，必同都宫，故可見伯叔父而後饗冠者。舉伯叔父，則同室之兄弟、姊妹、姑見於内寢者，不待言矣。

天子諸侯之喪，斬衰者奠，大夫齊衰者奠，士則朋友奠，不足則取於大功以下者，不足則反之。

天子諸侯斬衰者奠，皆異姓之臣，同姓不與，所謂衆主人是也。大夫齊衰者奠，其臣斬衰者皆與。不足，然後取於齊衰也。士則朋友奠，不足，始取於小功。蓋親者不使執事以間其哀，上下所同也。知大夫齊衰者奠，以補斬衰之不足者，禮盛於士，而專取齊衰之兄弟，則事不給也。下文「天子諸侯之喪祭，不斬衰者不與，大夫，齊衰者與」，則以補斬衰之不足明矣。士取於疏者，而大夫取於親者，何也？執事者皆斬衰，而以輕服間焉，則不稱也。士取於兄弟大功以下者，明從祖父、從伯叔父之小功不與也。

緦不祭。

「緦不祭」屢見於經，然似不可通行。如鄭、宋諸大族緦功之喪無時無之，宗廟之祭必曠絶矣。爲父後者爲出母無服，喪者不祭故也。於母之恩，尚以承祭斷之，乃以功緦廢祭，不亦舛乎？假令大夫之子爲士，乃以四世兄弟之服而廢高曾之祭，先王之禮，必無是也。詳見「大夫之祭」條。

「昏禮既納幣，有吉日，女之父母死，則如之何？」孔子曰：「壻使人弔，如壻之父母死，則女之家亦使人弔。父喪稱父，母喪稱母。父母不在，則稱伯父、世母。壻已葬，壻之伯父致命女氏曰：『某之子有父母之喪，不得嗣爲兄弟，使某致命。』女氏許諾，而弗敢嫁，禮也。壻免喪，女之父母使人請，壻弗取而後嫁之，禮也。女之父母死，壻亦如之。」

女不嫁以待壻，壻免喪而別娶，已非人情。壻不娶以待女，女免喪而別嫁，尤害義傷教。此注家之誤也。其禮與辭乃爲有吉日而設。「不得嗣爲兄弟」者，謂不得繼嗣前所擇日而成婚禮也。吉事先近日，必在旬之內，而致命在既葬之後，故曰嗣謂繼續前期，而更擇日也。女氏許諾，許以改期也。免喪而請，請其日也。壻弗取，餘哀未忘，不忍速受室也。而後嫁之，强而後可，即嫁於免喪之壻也。若既納幣而未請期，則無此禮與辭矣。○設彼家父亡，此家母在，又無伯父、叔父，將不弔、不致命乎？禮窮則變，稱母以致命可也。無女主，則男主拜女賓於寢門內。無男主，則女主拜男賓於阼階下。面拜猶可，況致命乎？設父母皆亡，又無伯叔父母，則壻自稱名，使人致命可也。女則兄弟稱名、致命可也。

男不入，改服於外次。女入，改服於内次。然後即位而哭。

熊氏謂「若婦已揖讓入門，内喪則廢，外喪則行昏禮」，非也。齊衰之輕者，亦伯叔父、兄弟、姑姊妹也，大功九月不御内之期同於齊衰，而忍以初喪成昏禮乎？女宜入居内次，男則赴喪家，三月後成婚，一同於舊爲夫婦者。若女有齊衰、大功之喪，則在塗可不反，禮與壻有喪同。

「除喪，則不復昏禮乎？」

朱軾曰：「竊意既殯當擇日，婦以深衣見舅姑。除喪合卺，無陳設拜贄之禮。厥明即廟見，不俟三月。」

三月而廟見，稱來婦也。擇日而祭於禰，成婦之義也。

舅姑以婦見於祖廟，則祝辭稱來婦，蓋舅姑稱之。無舅姑，則三月後夫婦擇日而祭於禰，然後徧見於祖廟。○庾氏曰「若舅姑偏存，則厥明盥饋如常，不復廟見」，非也。存者致養，而不禮於亡者，可乎？若舅没姑存，則春秋時享，子婦宜承之。即姑没舅存，鉶、簋、豆、籩，亦舍婦無供也。如時祭適當廟見之期，則先擇日廟見，而後共祀事。如廟見期遠，則宜供具，而使室老或佐食攝薦焉，王后有故，大宗伯攝祼、攝薦，而不使宫卿世婦攝。以俟廟見。蓋未有不廟見而遽承祀事者也。○朱軾曰：「廟見則祖禰皆見矣。又擇日奠菜於禰，猶舅姑存，婦見訖，以特豚盥饋。如是，而後婦道完備也。」

壻不杖，不菲，不次。

未婚而女死，尚爲之齊衰，既葬而後除，則未廟見，齊衰以終喪可知也。

夫死亦如之。

女宜斬衰而不弔，期而後除，泣而無聲。

作僞主以行。

木主而曰僞，何也？送形而往，迎精而反，作虞主以莅几筵，及練，易栗主以依先祖。孝子之精誠結聚於是，則亡者之靈爽亦憑焉。祀於廟而藏於祏，多歷年所，而更作一主，非僞而何？

喪之二孤，則昔者衛靈公適魯，遭季桓子之喪。衛君請弔，哀公辭，不得命。公爲主，客入弔，康子立於門右，北面。公揖讓，升自東階，西鄉。客升自西階弔。公拜，興，哭。康子拜稽顙於位，有司弗辯也。今之二孤，自季康子之過也。

注未明有司宜辯者何事，唐宋諸儒皆謂哀公爲主，禮也。公既拜賓，季孫不宜更拜。誤矣。古者國君雖有親弔士大夫之禮，然不過始至升階而哭，既斂當心而馮，奠設要節而踊，未聞有拜禮也。弔與燕饗義異。燕禮，臣拜稽首，而君答焉可也。弔則尸柩偃然於堂而受君之拜，死者之心安乎？衛侯之弔，即固辭不獲命，有司宜陳君臨臣喪之禮，有哭踊而無拜。俾公與衛侯立於堂上，而季孫拜於階下。季孫雖横，亦無以奪之也。衛侯屈體於鄰國之權臣，哀公不能自强，而下同於季氏之孤。天澤易位，乃人紀莫大之變。當時有司畏季氏而不敢正。後之儒者亦懵然不知其非，轉以公之答拜爲禮，甚不可解也。衛輒不能自定於衛，而求親於魯，故不惜辱身以媚季氏。拒父之人，何足深責？所惜者，哀公之昏懦耳。蒙之會，齊侯稽首，公能據禮不答，而衛輒之拜季斯，轉不敢不答，非倨於齊而恭於衛也，怒齊之禍小而憾於季氏之禍深也。然終不免適越之辱，不能以禮持國，而徒屈志於强臣，豈紓禍之道哉？○曾子以喪有二孤問，而孔子曰「今之二孤」，則一時尤而效之者衆矣。蓋政在大夫，自是列國强臣，皆受鄰君之弔拜，而其君亦以答臣喪之拜爲當然矣。

天子巡狩，以遷廟主行。載于齊車，言必有尊也。今也取七廟之主以行，則失之矣。

遷廟之主無時祭，故可載以行。巡狩而載主於齊車，舍於諸侯之祖廟，皆所以止邪於未形、起教於微渺也。

君去其國，太宰取群廟之主以從，禮也。

此非周公典禮。蓋周衰國滅，而君奔者有此，記禮者因及之。若爲天子所放流，則宗祏不患無主，即以内難出奔，國中亦當改立君，不應取主以行也。

喪慈母，自魯昭公始也。

左傳載魯昭公失禮事，多季氏誣辭。公於慈母尚不忍，而齊歸之喪三易衰如故衰，時公年又非甚少，誣可知矣。蓋緣民不知君，而惟季氏是德，故其誣辭，衆皆信之，久而不能辨也。

如諸侯皆在而日食，則從天子救日，各以其方色，與其兵。

如非朝覲之期，諸侯不皆在，則方色不備，雖從救，止常服，不以方色與兵也。

天子崩，未殯，五祀之祭不行，既殯而祭。其祭也，尸入，三飯不侑，酳不酢而已矣。

周官冢宰、宗伯皆攝王祭，亮陰則宰攝，有疾則宗伯攝，惟祭天地、社稷，越紼而行事。天地者，大命之所承。社稷者，蒸民之所依也。然曰「天地」，而不曰「上帝」，則圜丘、方澤而外，四郊迎氣之祀，亦不親也。天地之外，但言社稷，則四類、四望、畿内山川、因國帝王先聖之祭，亦不親也。乃於始殯之後，躬親五祀，頗其類矣。注疏自護其説，乃云天地、社稷去殯處遠，故越紼五祀，去殯近，暫往則還，不爲越紼。獨不思社稷在庫門之内，與五祀在宮中等耳。不權以義之重輕，而較其地之遠近，何其蔽也！

「大夫之祭，鼎俎既陳，籩豆既設，不得成禮，廢者幾？」孔子曰：「九。」「請問之。」曰：「天子崩，后之喪，君薨，夫人之喪，君之大廟火，日食，三年之喪，齊衰，大功，皆廢。外喪自齊衰以下行也。」

緦不祭，觀此條義乃明。蓋必同宮，然後廢祭也。知然者，以外喪自齊衰以下行也。諸侯之大夫服夫人期，天王七月皆廢祭，則外喪齊衰謂世父母、叔父母、兄弟不同宮者可知。以同宮爲斷，則祭之廢者寡矣。雜記「如同宮，雖臣妾葬而後祭」，況緦服乎？所祭於死者無服則祭，亦謂母妻之族，或有故而與己同居者。非然，則既曰「外喪自齊衰以下行」，而復立此文，亦贅甚矣。門内大功廢祭者，大夫之大功皆期之降也。

君之喪服除，而后殷祭，禮也。

注不得追祭，惟適子爲庶人庶子仕則然。若並仕，則追祭二祥，庶子亦與。無適，庶子亦得自追二祥。

「宗子爲士、庶子爲大夫，其祭也如之何？」孔子曰：「以上牲祭於宗子之家。祝曰：『孝子某，爲介子某薦其常事。』」

周人貴貴，祖廟以大夫得立。恐於禮有變，故特明其祭於宗子之家也。禮至大夫每有變，而不得自立廟，則庶子爲士、宗子爲庶人者，無變可知矣。所問不及庶人者，古者卿、大夫、元士之適子並入國學，舍不帥教而屏之遠方，鮮不爲士者。官族、士族之適子，降爲庶人者，至少也。古者命士以上，父子必異宮，蓋有僚友、有屬吏。若與父同宮，則己之事難展，而父之事亦多礙。然父子宮不可同，而廟則可立於宗子之家，何也？廟中之事，春秋有期，而宮中之事，朝夕無間也。○宗子得爲介子主祭，而無父爲子有爵者主祭之禮，何也？古者三十而娶，四十而仕，子爲命士，則父必老而傳矣。經傳内無庶人爲宗子得爲大夫士主祭之文，然義起於祖禰，則宗子雖庶人，義不可奪。諸侯之禮，祖廟未毀，公族爲庶人，恩禮一與貴者同。罪在大辟，君爲之變，如其倫之喪，況臣下乎？○聘使之副曰介，正使有故，則介攝其事，故子婦亦以是爲稱，曰「爲介子某薦其常事」，以禮儀、牲器皆介子之邀君賜也。詩曰：「于以奠之，宗室牖下。誰其尸之，有齊季女。」尸者，主其事也。豈大夫割牲，而宗子爲之薦，大夫之妻治具，而宗婦爲之薦與？

攝主不厭祭，不旅，不假，不綏祭，不配。

注但言薦歲事於皇祖伯某，不言以某妃配，非也。五者皆攝主自損抑之義，非所以施於神也。不隋祭，亦不敢爲主也。故尸則隋祭如常矣。不假，不敢受其福也。不旅，不敢尸其惠也。不厭祭，示主人不在，未能必神之厭飫也。事死如事生，以主祭者不在，而屏先妣不得受祭，何義乎？設宗子終不反國，先妣之祭遂自是而絶乎？舊説以攝主即庶子爲大夫者，更非也。按，公羊傳大夫聞君之喪，攝主而往，蓋凡以國政出子皆攝祭。無子則兄弟，或兄弟之子，此記攝主，正公羊傳所云蓋暫攝也。惟暫攝，則使主婦與之同薦徹，不可也。主婦在，而使攝主之妻代主婦，更不可也。故使有司代之，周官大宗伯：凡大祭祀，王后不與則攝，而薦豆籩徹等而下之可知。而不必夫婦相比以供祀事，所謂不配也。如宗子得罪居他國，而庶子承祀，則庶子之妻宜爲主婦，而禮無減損。蓋祭必夫婦親之，宗子無歸期，主婦之事，有司可暫攝而不可常也。且記特以攝主别之，正恐與上義相蒙。若五者即庶子主祭之禮，則語直相承，攝主之文爲贅設矣。

下文所謂「宗兄、宗弟、宗子在他國」者，即攝主告賓之辭也。惟朝聘暫寄他國，故以不得親祭告賓。若被放、出奔，而失守宗祊，尚何告之有？○祭莫重於陰厭，僾見愾聞，所以思成而爲合漠之本也。必不可廢，故知攝主所損，乃堂事既畢後之陽厭耳。

宗子死，告於墓，而後祭於家。

注疏云容宗子之家無廟，非也。義起於己之無爵，不關廟之有無。宗子去在他國，不敢就其家之廟以祭，而望墓爲壇以廟，乃君所以優有爵者，而非庶人所得干也。既以罪去，而其身又死，即其子亦當毁廟而祭於寢，況庶弟之無爵者乎？如死於官，則廟可存，得用其牲禮，於子祭，於孫止。

宗子死稱名，不言孝，身没而已。

公羊氏謂「小宗無後當絶」；蓋據儀禮喪服傳云「後大宗」及此記「身没則已」，但喪服傳乃謂百世不遷之大宗，決不可無後，非謂繼禰繼祖之小宗，不宜立後也。小宗無後者，蓋遭事之變，間一有之，或庶子僅一子尚幼而身没。其子長，不忍父無主後，不肯嗣。世父在，禮，長子不爲人後，則無兄弟，而獨承父重，亦義所不得禁也。若庶子有子二人，凡有人心者，皆知當以一嗣其兄，而先王制禮，乃謂宜絶以教民，忍乎？吾友北平王源僅一子以嗣兄，遺令他年若有孫二人，則以少者承己後，後之君子所宜取法也。

今之祭者，不首其義，故誣於祭也。

「首」當作「省」。

「殤不祔祭，何謂陰厭、陽厭？」

曾子意謂成人祔祭於廟而有尸，故緣尸之未入而有陰厭，既起而有陽厭。殤既無尸，何以有此名？故夫子舉其禮以示之也。

宗子爲殤而死，庶子弗爲後也。

庶子即代宗子者。弗爲後，謂庶子以其倫代，而不得爲殤子之後也。對宗子言，則代者無問適庶，皆稱庶子。

凡殤與無後者，祭於宗子之家。

以是知自適士至庶人，皆得祭祖禰也。適士二廟，則分祭之；官師一廟，則合祭之。庶人祭於寢，亦得兼祖禰。然後祖以下殤與無後者，乃得祭於其家。○注云「凡殤，惟死祭之，過此以往，不祭」，又云「凡庶殤不祭」，未知何據。齊衰、大功皆親者也，殤與無後者從祖祔食，則宜以祖之祭爲準。祖祧則止其祔食，宜於祭之明日，簡其儀節而合饗之。○儀禮喪服傳乃儒者釋經之文，其精者必承授於先賢，而粗者或參以臆説，不皆中於理也。如「爲人後者爲其父母報」，傳「禽獸知母而不知父，野人曰：『父母何算焉』，都邑之士則知尊禰矣，大夫及學士則知尊祖矣」，俱鄙倍而不確。

且君子行禮，不以人之親痁患。

「痁」當作「阽」，楚辭「阽余身而危死」，漢文帝詔「阽於死亡」，蓋邊近之義。

「下殤土周，葬于園，遂輿機而往，塗邇故也。今墓遠，則其葬也如之何？」孔子曰：「吾聞諸老聃曰：昔者，史佚有子而死，下殤也，墓遠。召公謂之曰：『何以不棺斂於宫中？』史佚曰：『吾敢乎哉？』召公言於周公。周公曰：『豈不可？』史佚行之。下殤用棺衣棺，自史佚始也。」

陳氏集説：曾子問不用輿機，則當用人舉棺，或用車載，非也。果爾，則當以人車所宜示之矣。蓋曾子所疑者，以機載尸輿而往斂於葬，所以在園也。若墓遠，則尸不宜暴於道路，故孔子答以自史佚以来，已有棺斂於宫中之禮也。曰「棺斂者輿機」，則棺在園，以尸就之。斂於宫中，則入棺而後行葬也。棺衣，「衣」字當作平聲。周人以夏后氏之塈周葬中殤、下殤。塈周者，以甎周於棺之坎，非不用棺，特不以棺斂於宫中耳。

「三年之喪，卒哭，金革之事無辟也者。禮與？」

喪大記：「君既葬，王事入於國，既卒哭而服王事，大夫士既葬，公政入於家。既卒哭，弁絰帶，金革之事無辟也。」春秋傳閔子要絰而即事，曰：「若此乎，古之道不即人心。」則此爲周制明矣。孔子惟舉夏、殷之禮而證以古記，與子路問魯大夫練而牀，答以「吾不知」同義。及子夏再問，則舉魯公有爲爲之，而惟病時人之以喪從利。大義耿著，終不言周制之非，聖人之語言氣象如此。

夏后氏三年之喪，既殯而致事。殷人既葬而致事。

朱軾曰：「初喪，哀痛不暇及此，故待殯葬畢，然後告君而致其職事也。」

禮記析疑卷八

文王世子

命膳宰曰：「末有原。」

玉藻「夕祭牢肉」，則夕膳所進亦朝牲膚體，但已徹之俎實則不可再用耳。

胥鼓南。

謂二南也。詩曰「以雅以南，四裔之樂」，先王不廢，以示聲教之四訖耳。教世子及國子，而首以南蠻之樂，何義哉？前儒既知舊説之非，又謂象箾南籥，或謂南亦雅樂名。蓋以春誦夏弦已包二南，不知正始之風，尤切於修身齊家，故始學者於四詩中，又時習之也。

春誦夏弦，大師詔之。瞽宗秋學禮，執禮者詔之。冬讀書，典書者詔之。

詔書與禮者不目其人，何也？周官大司樂掌成均之法，凡有道者、有德者使教焉，不必其有職司也。詩樂弦誦有音聲度數，必樂師始可教。禮與書專明義理，則深於禮者，皆使執禮；深於書者，皆使典書。於職未有列，其人亦無定，故不可指名。

大樂正學舞干戚，語説，命乞言，皆大樂正授數。大司成論説，在東序。

舞干與乞言合語，皆小樂正所詔，而大樂正復教之，何也？小樂正詔以儀法，及將成熟，大樂正復教之，而使進質於大司成，以講明其義理也。凡侍坐於大司成者，遠近間三席，可以問，則大司成論説，乃以義理開示學者。後語於郊，始及才能優劣，疏義未安。○舞干戚，則有進反、周折、疏密、疾徐之數，語説則有辭讓、坐興、先後、久暫之數，乞言則有瞻視、俯仰、應唯、趨走之數。必有授之者，乃不違其節。三者有禮儀，而無所爲篇數。注似誤。○注疏以大樂正爲大司樂，大司成爲地官之師氏，似未安。師氏掌教太子及貴遊子弟從學於虎門者，且王舉必從，朝夕聽治，必在左右，詔美諫惡，安能更與成均之國子講問？故其職並無一語及於大學者。大司樂二人爵皆中大夫，與師氏等，其職掌成均之法，建治國之學政，凡有道有德者皆屬焉，則大司成即大司樂明矣。注疏蓋以記有小樂正，而周官惟有樂師，故遷就而爲此説。不知樂師下大夫四人，即記所謂大樂正也，上士八人，即所謂小樂正也。且周官別無籥師、丞記者，蓋以籥師上士四人教舞羽籥，而籥章中士四人外，別有下士四人，故以下士爲丞，正與樂師之上士稱小樂正同耳。

凡始立學者，必釋奠于先聖先師。及行事，必以幣。釋奠、釋菜，皆祭也。釋幣，則告也。或釋奠，或釋菜，將教士，而禮於先聖先師也。行事，則特行於學中之事，如出師受成，歸告訊馘語於郊，而取賢斂才。王親視學，以簡不帥教者，則惟以幣告，而無釋奠、釋菜之禮，蓋義無取於祭也。

凡語于郊者，必取賢斂才焉。或以德進，或以事舉，或以言揚，曲藝皆誓之，以待又語。三而一有焉，乃進其等，以其序謂之郊人，遠之，於成均以及取爵於上尊也。曲藝皆誓以待又語者，仍望其能自進於德事言也。三而一有謂於德事，言大段不能成就，而微有一端之合也。蓋非粗明於理法，雖小職不可使治，故雖擅曲藝，必於三者微有合，然後可因能任使。及當作次，蓋以次第取爵於其長官，不得達於君也。如醫則繫籍於醫師，卜則繫籍於卜師，俾試以所能程其功，而授之爵。凡官中下士，皆其長所假之爵。凡選士不升於學者，仍歸之鄉遂，使其長，量能而授事焉，義與此同。○司徒所升選俊，皆德行道藝出於倫輩者。不宜於德事，言一無所成，而僅通於曲藝。蓋卿大夫元士之適子，並入於成均，則其中宜有質不逮於中人者矣。故使習曲藝，亦可以收束其身心，而藝之成，亦可假微職以食於上耳。

始立學者，既興器用幣，然後釋菜。不舞不授器，乃退儐于東序，一獻無介語可也。

東序即所立學中之東廂。蓋釋奠於堂上，而禮賓於東廂，非與虞庠相對之夏學也。使先有東序，則虞庠之立不可云始。若虞庠與東序並立，又不應虞庠不禮賓東序不釋菜，以此知爲注家之誤也。○舊説不惟與「始立學」相背，即兩學並立後，亦不應釋菜於此，又徹俎、豆、几、筵，而禮賓於彼，況「一獻無介語」，禮既甚略，何故復多此煩擾乎？顧命東序、西序，特牲饋食設庶羞於西序，皆謂廂。○熊氏謂「秋頒學合聲，不釋菜」，非也。承春入學，釋菜、合舞之後，則合聲禮同，不待言，故文略耳。春官釋奠於其先師，秋冬亦如之。舊説謂「夏不釋奠」，其誤亦類此。

太傅審父子、君臣之道以示之。

世子之於君，兼有父子、君臣之道，而體勢與臣庶異，處之難得其宜，故必審察以示所當行。

其在外朝，則以官，司士爲之。

外朝惟有職司者乃與，故惟以官序之。

其在宗廟之中，則如外朝之位。宗人授事，以爵以官。

官謂有職司者，爵謂無職司而有爵命者。無職司而有爵命，亦或授以事，無爵者序立而已。蓋宗廟之中與外朝異，雖無爵者得與，而事則不及焉，故特文以著之也。

其登餕、獻、受爵，則以上嗣。

注以特牲嗣舉奠禮爲獻受爵之序，非也。舉奠，主人之嗣子也。此記所謂上嗣公族也。所謂獻，即長兄弟之加爵也。所謂受爵，即受尸酢爵也。獻受爵，惟長兄弟一人，餕則與者稍多。然皆以上嗣，而餘子不得與焉。餕者有常數，故不能徧也。

其在軍，則守於公禰。公若有出疆之政，庶子以公族之無事者守於公宫。

疏云朝覲會同，則庶子留守不從行，非也。周官大會同大司馬帥國子而掌其政令，諸子作群士從。春秋傳同盟於戲，鄭六卿門子皆從。故官中、下大夫二人，中士四人，正分掌公出及留守之政令也。公族之無事者，謂學於虎門、太學及諸子所存游倅使之修德學道者。蓋公族爲六官之屬者，或從公，或治官中之事。其名在宫伯之版者，則有八次八舍之常職。惟君行出疆而守宫廟，則諸子職所謂「國有大事，則帥國子而致於太子，惟所用之」者也。國子且致，則游倅不待言矣。卿、大夫、士之子，則掌固頒其守政。蓋以公族守宫廟，則衛士作其義心。以卿、大夫、士之子守邊圉，則衆庶咸有固志矣。○諸侯朝覲會同，必載遷主，則庶子亦宜守齊車，宫廟亦宜警守，不獨征伐，故以出疆之政包之。

其刑罪，則纖剸，亦告於甸人。

周官掌囚職「士加明梏以適市，而刑殺之。有爵者及王之同族，奉而適甸師氏」，據此，「告」當作「梏」。舊讀曰「鞠」，非也。鞠者，獄未成之辭也，既成而致刑於甸人，不宜曰「鞠」。

外朝以官，體異姓也。

以德詔爵，以功詔禄，皆與異姓一體，有罪則體百姓。「雖親不以犯有司」，亦此義也。

正室守大廟，尊宗室，而君臣之道著矣。

繼世之君臣、諸父昆弟，以承祖之正體也，公族之適子猶守太廟，而其父兄不敢先焉，況君之繼序者乎？此所謂君臣之道著也。

天子視學，大昕鼓徵，所以警衆也。衆至，然後天子至，乃命有司行事。興秩節，祭先師先聖焉，有司卒事反命。

先聖先師使有司祭，而先老親釋奠焉，非義所安也。蓋天子非有事不視學，五年視學，則有比校群士德藝之事。簡不帥教者，則有習射習鄉之事，皆有司掌之。天子親臨，特用以興起震動之，故至即命有司行此，而天子自舉常典，祭先聖先師也。天子視學，當在太學中堂，祭先聖先師，亦當在此。設有司就此行釋奠事，則天子親見之，無庸卒事反命矣。○如出征有受成之事，則必主兵者受之。反，有訊馘之事，必典獄者訊之。詩曰：「淑問如皋陶，在泮獻囚」，則君不親訊審矣。推之春秋視學，亦必有教國子之事，有司掌之，而君不親焉者。

始之養也，適東序。

東序，即太學東廂。

適饌省醴，養老之珍具，遂發咏焉退，修之以孝養也。

「遂發咏焉退」爲句，蓋適饌省醴，樂聲既發，則天子遂退。樂記「天子執醬而饋，執爵而酳，冕而總干」，正與此篇義相發明。蓋醬者，食之本，執醬示欲親饋也。爵者，飲之具，執爵示欲親酳也。干者，舞之器，冕而總干，示欲親舞也。皆用以爲禮，而不親執其事。此篇云「適饌」，則不親饋可知矣。曰「省醴」，則不親酌可知矣。發咏而退，則不親舞可知矣。蓋養老於東序，而天子位在太學中堂，樂聲甫作，即退反其位，故樂闋，有司復以告，乃發命而歸也。使天子親饋獻，則老更當拜親舞。老更當立而待，非所以安養之也。先儒論燕禮宰夫爲獻主，義亦如此。

反登歌清廟，既歌而語，以成之也。

天子將退時，老更必離位致敬，既退，然後各反其位也。

言父子、君臣、長幼之道，合德音之致。

文王之德，所以播諸樂歌者，不過父子、君臣、長幼之道，止於至善而已。清廟之詩曰：「濟濟多士，秉文之德」，故既歌而語。凡爲父子，爲君臣，爲長幼者，必合於文王之德音，而後爲人倫之極則也。

王乃命公、侯、伯、子、男及群吏曰：「反養老幼於東序。」

王制「五十養於鄉，六十養於國，七十養於學」，鄉遂之老有進養於天子之學者，故鄉遂之吏偕焉。命反養老，謂當養於鄉者。觀此則庶人之老各就其地，而行引年之政也審矣。并及幼者，周官養耆老孤子事每相連。天子視學，雖專養耆老，而命公、侯、伯、子男及群吏，不可遺孤子，故連類而及之。

朝夕至于大寢之門外。

惟朝夕至寢門者，正晝君與百官圖事，世子亦修業於虎門也。惟至寢門外者，或嬪御在側，必君召乃敢入也。

禮記析疑卷九

考定文王世子

文王之爲世子，朝於王季日三。雞初鳴，而衣服，至於寢門外，問内豎之御者曰：「今日安否？何如？」内豎曰：「安。」文王乃喜。及日中又至，亦如之。及莫，又至，亦如之。其有不安節，則内豎以告文王，文王色憂，行不能正履。王季復膳，然後亦復初。食上必在，視寒煖之節。食下問所膳，命膳宰曰：「末有原。」應曰：「諾。」然後退。武王帥而行之，不敢有加焉。

文王有疾，武王不説，冠帶而養。文王一飯，亦一飯，文王再飯，亦再飯。旬有二日，乃間。文王謂武王曰：「女何夢矣？」武王對曰：「夢帝與我九齡。」文王曰：「女以爲何也？」武王曰：「西方有九國焉，君王其終撫諸？」文王曰：「非也。古者謂年齡，齒亦齡也。我百，爾九十。吾與爾三焉。」文王九十七乃終，武王九十三而終。刪。

九齡夢錫，先儒皆識其妄，而未知誰實爲之。以王莽事及當日所僞亂經語證之，蓋亦劉歆所增竄也。蓋莽稱宰衡受九錫，居攝踐阼，南面朝群臣，稱假皇帝，皆託於周公。唯即真，於公無可託，故特起符命，而興昌亭長首言夢天公使者，告以攝皇帝當爲真，哀章繼稱漢高帝降金策書傳位於莽。其稱武王養疾，亦爲莽而設也。故歆增竄此記，以示周之興，文武嘗見此異徵，以爲莽事之證驗。其孤貧時，以孝母著聞，則一飯亦一飯，再飯亦再飯，必莽之飾行。莽侍王鳳疾，不解衣帶連月。故增竄此記，以見莽天性合道，凡事皆與古聖同符。以義裁之，武王必無是也。莽革漢命，亦三夜不御寢，三日不御食。父母有疾當時，己之飢飽而飯每減焉。或偶輟一飯，亦順其自然，必以父母之一飯再飯爲準，是僞也。設旬月不入勺飲，子亦如之，可乎？

成王幼，周公相，抗世子法於伯禽，欲令成王之知父子、君臣、長幼之道也。成王有過，則撻伯禽，所以示成王世子之道也。

不能莅阼。刪。踐阼而治。刪。文王之爲世子也。刪。去「不能莅阼，踐阼而治」八字，辭意始相承。仍之，則義悖而辭意亦梗。蓋周公抗世子之法於伯禽，爲成王不逮事武王，非爲其不能踐阼也。且公於伯禽，何待踐阼而後法可抗？其爲歆所增竄無疑。〇末綴文王之爲世子也，義無所處，故先儒以爲衍，然非衍也，蓋歆於世子之謂也。下綴周公踐阼，以示古有周公踐阼之禮，故於此節綴此句於「一獻無介語可也」下，綴教世子以示三語，乃記禮者各標其名目，使人疑古記所傳或有同異。蓋故亂其緒，以揜飾其所增竄，正公孫禄所謂「顛倒五經，使學士疑惑」也。

凡三王教世子，必以禮樂。樂所以修内也，禮所以修外也。禮樂交錯於中，發形於外，是故其成也懌，恭敬而温文。立大傅、少傅以養之，欲其知父子、君臣之道也。大傅審父子、君臣之道以示之，少傅奉世子以觀太傅之德行而審喻之。大傅在前，少傅在後。入則有保，出則有師，是以教喻而德成也。師也者，教之以事，而喻諸德者也。保也者，慎其身以輔翼之，而歸諸道者也。

記曰：「虞、夏、商、周有師保，有疑丞，設四輔及三公，不必備，唯其人。語使能也。」删。仲尼曰：「昔者周公攝政，踐阼而治，抗世子法於伯禽，所以善成王也。聞之曰：『爲人臣者，殺其身，有益於君，則爲之。況于其身，以善其君乎？周公優爲之。』」删。

古書言師保者多矣，未有言疑丞者。言三公者多矣，未有言四輔者。莽置四輔，以配三公。又爲其子置師疑、傅丞、阿輔、保拂，故歆增竄此記。或謂莊子有「舜問於丞」語，疑古或有此官。不知莊子皆寓言，與湯之問棘等耳。果虞、夏、商、周之舊典，胡他書更無及此者？○先儒謂前言周公相踐阼而治，此闕「相」字，下文又有周公踐阼，皆記者之失。不知此歆之微意也。記之本文乃成王幼，周公相，歆竄入「不能莅阼」、「踐阼而治」二語，欲并削「相」字，則辭意不安，故仍之。然恐解者謂相成王踐阼而治，故覆出此文，以見踐阼而治者乃周公。而下文又特綴周公踐阼，以見當時即有此名目也。其特稱仲尼，見不獨事爲周公之事，而美其事者，復有仲尼之言，即莽下書稱康誥王若曰：「朕其弟，小子封」，春秋隱公不言即位，此二經，周公、孔子所定，蓋爲後法之意也。于其身以善其君，亦陰爲莽解也。周官師氏、保氏教王世子於虎門，凡國子弟及國之貴遊子弟學焉。祭祀、賓客、會同、喪紀、軍旅，王舉則從。伯禽乃諸侯世子，本當抗世子法以教之，以親屬爲國子在學在朝，本朝夕王所。王甚幼，而有過，爲師傅者，法當督責左右親近衛翼之人，以警王心，即伯禽之撻禮，亦宜然，無所謂迂其身也。莽自居攝踐阼，以至稱假皇帝，皆曰將以隆就孺子，此歆所謂迂其身以善其君與？

是故知爲人子，然後可以爲人父，知爲人臣，然後可以爲人君，知事人，然後能使人。成王幼不能莅阼，以爲世子，則無爲也。是故抗世子法於伯禽，使之與成王居，欲令成王之知父子、君臣、長幼之義也。君之於世子也，親則父也，尊則君也，有父之親，有君之尊，然後兼天下而有之，是故養世子不可不慎也。删。

以義求之，宜曰「武王崩，成王幼，以爲世子，則無爲也」，與「不能莅阼」何與？其稱此至再至三，不過爲周公踐阼證耳。「君之於世子也」數語，亦無謂，且辭意蒙混，與莽傳內制詔書疏相似，疑亦竄入。

君子曰：「德，德成而教尊，教尊而官正，官正而國治，君之謂也。」

數語本在「語使能也」下，今移置於此，蓋承上文能爲父，能爲君，能使人而言，養成世子之德，所以如是其重者，以此日之德成，則他日之教尊而官正國治，然後可以爲人君也。德成而教尊，則可以爲人君，而又可以爲人父矣。官正而國治，則能使人之效也。

行一物而三善皆得者，唯世子而已。其齒於學之謂也。故世子齒於學，國人觀之曰：「將君我，而與我齒讓，何也？」曰：「有父在，則禮然。」然而衆知父子之道矣。其二曰：「將君我，而與我齒讓，何也？」曰：「有君在，則禮然。」然而衆著於君臣之義也。其三曰：「將君我，而與我齒讓，何也？」曰：「長長也。」然而衆知長幼之節矣。故父在斯爲子，君在斯謂之臣，居子與臣之節，所以尊君親親也。故學之爲父子焉，學之爲君臣焉，學之爲長幼焉，父子、君臣、長幼之道得而國治。語曰：「樂正司業，父師司成。一有元良，萬國以貞」，世子之謂也。

周公踐阼。刪。

凡學，世子及學士必時，春夏學干戈，秋冬學羽籥，皆於東序。小樂正學干，大胥贊之。籥師學戈，籥師丞贊之。胥鼓南，春誦夏弦，大師詔之。瞽宗秋學禮，執禮者詔之。冬讀書，典書者詔之。禮在瞽宗，書在上庠。凡祭與養老、乞言、合語之禮，皆小樂正詔之於東序。大樂正學舞干戚、語説、命乞言，皆大樂正授數，大司成論説在東序。凡侍坐於大司成者，遠近間三席，可以問，終則負牆。列事未盡，不問。凡學，春官釋奠于其先師，秋冬亦如之。凡始立學者，必釋奠於先聖先師。及行事，必以幣。凡釋奠者，必有合也，有國故則否。凡大合樂，必遂養老。凡語於郊者，必取賢斂才焉。或以德進，或以事舉，或以言揚。曲藝皆誓之，以待又語。三而一有焉，乃進其等，以其序謂之郊人，遠之於成均，以及取爵於上尊也。始立學者，既興器用幣，然後釋菜，不舞不授器，乃退儐于東序，一獻無介語可也。

教世子。刪。

此篇首言文王之爲世子，武王帥而行之，繼言成王幼、周公抗世子法於伯禽，文武履常，而盡其道。周公遭變，而制其宜。皆可以法後王、立人極者。若夫教世子之法，崇禮樂、擇師保、興齒讓，則三代之所同也。古今無異教，上下無異學，故列序學，世子及學士之通禮，而釋奠之禮次之，始立學之禮又次之，釋奠而合樂、養老又次之，語於郊而斂賢取才又次之，始立學而器未備、禮未成者又次之。學既立，禮既成，教既備，而後天子視學焉，故次之。庶子之官爲世子，領國子及其倅，王舉則從，以觀禮而聽事者也。而其教尤詳於公族，皆所以輔成世子之德也，故以是終焉。篇末世子之記，則古所傳世子之疏節，而述禮者因以附焉爾。

天子視學，大昕鼓徵，所以警衆也。衆至，然後天子至，乃命有司行事。興秩節，祭先師先聖焉。有司卒事反命。始之養也，適東序，釋奠於先老，遂設三老、五更、群老之席位焉。適饌省醴，養老之珍具，遂發咏焉，退，修之以孝養也。反，登歌清廟，既歌而語以成之也。言父子、君臣、長幼之道，合德音之致，禮之大者也。下管象，舞大武，大合衆以事達有神、興有德也。正君臣之位、貴賤之等焉，而上下之義行矣。有司告以樂闋，王乃命公、侯、伯、子、男及群吏曰：「反養老幼于東序」，終之以仁也。是故聖人之記事也，慮之以大，愛之以敬，行之以禮，脩之以孝養，紀之以義，終之以仁。是故古之人一舉事，而衆皆知其德之備也。古之君子舉大事，必慎其終始，而衆安得不喻焉？兑命曰：「念終始，典於學。」庶子之正於公族者，教之以孝弟、睦友、子愛，明父子之義、長幼之序。其朝于公，内朝則東面北上，臣有貴者以齒，其在外朝，則以官司士爲之。其在宗廟之中，則如外朝之位。宗人授事，以爵以官，其登餕、獻、受爵，則以上嗣庶子治之。雖有三命，不逾父兄。其公大事，則以其喪服之精麤爲序。雖於公族之喪，亦如之，以次主人。若公與族燕，則異姓爲賓，膳宰爲主人。公與父兄齒，族食，世降一等。其在軍，則守於公禰。公若有出疆之政，庶子以公族之無事者守於公宮。正室守太廟，諸父守貴宮貴室，諸子諸孫守下宮下室。五廟之孫，祖廟未毁，雖爲庶人冠、取妻，必告，死必赴，練祥則告。族之相爲也，宜弔不弔，宜免不免，有司罰之。至於賵、賻、承、含，皆有正焉。公族其有死罪，則磬于甸人。其刑罪，則纖剸，亦告于甸人。公族無宮刑，獄成，有司讞于公。其死罪則曰：「某之罪在大辟。」其刑罪則曰：「某之罪在小辟。」公曰：「宥之。」有司又曰：「在辟。」公又曰：「宥之。」有司又曰：「在辟。」及三宥，不對，走出，致刑于甸人。公又使人追之，曰：「雖然，必赦之。」有司對曰：「無及也。」反命于公。公素服不舉，爲之變，如其倫之喪，無服，親哭之。公族朝於内，朝内親也，雖有貴者，以齒，明父子也。外朝以官，體異姓也。宗廟之中，以爵爲位，崇德也。宗人授事以官，尊賢也。登餕受爵以上嗣，尊祖之道也。喪紀以服之輕重爲序，不奪人親也。公與族燕，則以齒，而孝弟之道達矣。其族食世降一等，親親之殺也。戰則守於公禰，孝愛之深也。正室守大廟，尊宗室而君臣之道著矣。諸父諸兄守貴室，子弟守下室，而讓道達矣。五廟之孫，祖廟未毁，雖及庶人，冠、取妻必告，死必赴，不忘親也。親未絶，而列於庶人，賤無能也。敬弔、臨、賻、賵，睦友之道也。古者庶子之官治而邦國有倫，邦國有倫而衆鄉方矣。公族之罪雖親不以犯有司，正術也，所以體百姓也。刑于隱者，不與國人慮兄弟也。弗弔，弗爲服，哭于異姓之廟，爲忝祖遠之也。素服居外，不聽樂，私喪之也。骨肉之親，無絶也。公族無宮刑，不翦其類也。

世子之記曰：朝夕至於大寢之門外，問於内豎曰：「今日安否？何如？」内豎曰：「今日安。」世子乃有喜色。其有不安節，則内豎以告世子，世子色憂，不滿容。内豎言復初，然後亦復初。朝夕之食上，世子必在，視寒煖之節。食下，問所膳羞，必知所進，以命膳宰，然後退。若内豎言疾，則世子親齊玄而養。膳宰之饌必敬視之，疾之藥必親嘗之，嘗饌善，則世子亦能食。嘗饌寡，世子亦不能飽，以至于復初，然後亦復初。

余少讀世子記，怪其語多複喈枝贅。既長，益辨周公踐阼之誣、武王夢帝與九齡之妄，而未有以黜之。及觀前漢書，王莽居攝，群臣獻議，稱明堂位周公踐阼，以具其儀，然後知劉歆之徒實爲之，而是篇誣妄語亦當時所增竄也。是篇所記，教世子之禮也，而稱成王不能莅阼者再，周公踐阼者三。成王幼而孤，無由習世子之禮，非關不能莅阼也。周公抗世子之法於伯禽，豈必踐阼而後法可抗哉？其强而附之，增竄之迹，隱然可尋。莽將即真，稱天公使者見夢於亭長，故僞附此記，以示年齒命於天，而夢中得以相與，則亭長之夢，信乎其有徵矣。嘗考周官顯悖於聖道者，實有數端，而察之莫不與莽事相應。故公孫禄謂歆「顛倒五經，使學士疑惑，其罪當誅」，意當其時，老師宿儒必具見周官、禮記本文，而憤其僞亂，故禄亦疾焉。余於周官之不類者，既辨而削之，乃并芟薙是篇，稍移其節次，而發其所以然之義。孟子曰：「予豈好辨哉？予不得已也。」之數者，乃禮義之大閑。自前世或疑而未決，或習而不知其非，故不自揆刊而正之，以俟後之君子。莽之亂政，皆託於周官，而僭端逆節一徵，以禮記其引他經，特遷其説，謬其指，而未敢易其本文。其受九錫奏稱謹以六藝通義，經文所見周官、禮記，宜於今者爲九命之錫。蓋他經則遷就其義，而周官、禮記則增竄其文之徵也。蓋武帝時，五經雖並列於學官，而易、詩、書、春秋傳，誦者多，故説可遷，指可謬，其本文不可得而易也。儀禮孤學，自高堂生而外，學者徒習其容，而不能通其義，故於喪服微竄經文，附以傳語，至戴記，則後出而未顯。周官自莽與歆發，故恣爲僞亂。然恐海内學士或間見周官之書，而傳儀禮、戴記者能辨其所增竄，故特徵天下有逸禮、古書、毛詩、周官、爾雅、天文、圖讖、鐘律、月令、史篇文字者，並詣公車。至者以千數，皆令記説廷中，而又使歆卒父業，典校群書，而頒布之。使前見周官、戴記之本文者，亦謂歆所增竄，雜出於廷中記説，而疑古書所傳，或有同異，其巧自蓋者，可謂曲備矣。自班固志藝文，壹以歆所定七略爲宗。雖好古之士，無所據以別其真僞，而每至歆所增竄，則鮮不以爲疑。蓋書可僞亂，而此理之在人心者，不可蔽也。戴氏所述禮記，無明堂位。至東漢之初，馬融始入焉，其爲歆所僞作，無可疑者。而此記所稱周公踐阼，及他誣妄語，莫不與莽事相應，一如莽之亂政，分竄於諸官，先聖之經、古賢之記，爲歆所僞亂者，轉賴其自蓋之迹，以參互而得之，豈惟人心之不可蔽哉？蓋若天所牖焉，後之人或以專罪余，則非余之所敢避也。

莽之求書，先逸禮，以戴氏所傳無明堂位，及此記所增竄也。次古書以稱周書逸嘉禾篇，假王莅政也。次毛詩，以毛氏後出未顯，俾衆疑其引詩而遷其説，謬其指者，或出於毛氏也。如謂「普天之下，莫非王土」，爲以天下養之類。次周官，其亂政皆分竄於諸官也。並及爾雅、雜家，使衆莫測也。易、春秋無求焉，以莽事無所託。雖有稱引，而於本文無增竄也。昔朱子謂戴記所傳，或雜以衰世之禮。然相提而論，其誣枉未有若周公踐阼居天子之位者，其妖妄未有若武王夢帝與九齡、而文王復與以三者，其悖謬未有若大夫爲其父母、兄弟之未爲大夫者之喪服，如士服，及士之子爲大夫，則其父母不能主者。凡此皆先儒所深病，蒙士所心非也。莽爲其母功顯君服天子之弔服，而不主其喪，則雜記之文，毋亦歆所增竄，以示大夫士相去一間耳。而古者子爲大夫於父母之服，即有變，況踐阼居天子之位乎？子爲大夫，父母之爲士者，尚不敢主其喪，況居天子之位，與尊者爲體，而可私屈爲母喪主乎？歆既邪惡，而文學乃足以濟其姦。凡所增竄，辭氣頗與戴記、周官爲近，故歷世以來，群儒雖究察其非，終懷疑而未敢決焉。班史謂自書傳所載亂臣賊子無道之人，考其禍敗，未有如莽之甚者。余考自古承學之士，通經習禮，而爲妖爲孽，亦未有如歆之甚者也。然莽以六藝文姦言，當其時即交訕焉。而歆蠹蝕經傳，以誣聖人，亂先王之政，至於千七百餘年，而莫敢薙芟。則歆之罪，其更浮於莽也與！

禮記析疑卷十

禮運

如有不由此者，在埶者去，衆以爲殃，是謂小康。

在埶者去，謂有國有家者而不由禮，必致傾覆也。衆以爲殃，謂齊民而不由禮，必以致殃咎也。舊説與上下辭意不相承接。

故失之者死，得之者生。

古人威儀言動，毫末不在於禮，而觀者決其有死亡之釁。後世人猖狂偷惰，無毫末之在於禮，而未見所爲禍變者，以其身心原未嘗習於禮也。然悖禮之甚，亦未有不招殃致凶者。

列於鬼神。

即下命降於社云云之義，注甚確，不可易也。

故聖人以禮示之，故天下國家可得而正也。幽厲以後，諸侯大夫僭逼，天下國家不可得而正矣。然究其源，則由天子壞法亂紀，而後諸侯僭於天子，諸侯君臣爲謔，而後大夫逼於諸侯。其致亂之由，因不能示之以禮，則撥亂之道，亦惟禮可以已之，要綰前後乃一篇之樞紐也。

坤乾之義，夏時之等，吾以是觀之。

孔子不言之意，蓋謂夏殷禮既無徵，周禮雖存，而諸侯放恣，大夫僭横，亦不過如坤乾、夏時，僅留其書册。吾雖學周禮，亦不過以觀二書者，觀之而已。因推原上古、中古，皆本仁敬、誠孝，制喪祭之禮，以正天下國家，至周而大備。聖人創制如此其艱難，而今已掃地無遺，是以不能不痛惜於幽厲之傷周道也。

然後飯腥而苴孰。

飯腥苴孰，恐繫上古之禮，於周無考。舊説以生米爲含，非也。生米不得謂腥。

故天子祭天地，諸侯祭社稷，祝嘏莫敢易其常古，是謂大假。

天子諸侯各有典祀，所謂常古也。常古不易，乃得大嘏。下所列皆易其常，古以生禍亂者，故以是起之。

祝嘏辭説藏於宗祝、巫史，非禮也，是謂幽國。

禮者，聖人所以正天下國家，而莫重於祭。君人者，明於郊社之禮、禘嘗之義，而身體力行之，然後仁義有所推事物、反其本，今乃視爲具文，及時臨事，惟視宗祝、巫史執其事，薦其辭，君臣昏暗至此，則萬事皆冥行矣，是以謂之幽國也。

醆斝及尸君。

杞宋尸象前王，他國尸象國君，故曰「尸君」。

冕弁、兵革藏于私家，非禮也，是謂脅君。

孤希冕，大夫玄冕，禮也。而不得藏於家，何也？冕弁皆助祭於君之服也。周官司服「凡大祭祀、大賓客，共其衣服而奉之」，其文繫孤、卿、大夫、士之後，則大夫、士之上服皆臨事而官授之。其家不得私製，所以大爲之防也。内司服嬪婦及凡命婦共其衣服，追師爲内外命婦之首服，以待祭祀賓客。弁師職「凡諸侯及孤卿大夫之冕弁，各以其等爲之而掌其禁令」，凡諸侯朝覲歸國，天子必賜車服，則亦不得自爲，但可藏於國耳。大夫而藏於家，是自爲且私用之也，必料君之不能詰而後敢擅藏私用，非脅君而何？周公制禮，以冕服優卿大夫，而臨事授於有司，不得私爲。以軍事任卿大夫，而兵具藏於卒伍，不得私作。聖人之法，所以萬世而無弊也。

大夫具官，祭器不假，聲樂皆具，非禮也，是謂亂國。

記曰「大夫無故不徹樂」，又「問大夫之富曰祭器、衣服不假」，周官大夫有判縣之樂，豈皆王朝大夫之事，而在侯國大夫則爲非禮與？春秋傳晏子曰「惟卿爲大夫」，言侯國之卿降於王朝一等，得用大夫之禮，大夫則當用士禮也。

以衰裳入朝。

古者士大夫既卒哭而服公事，自不能不入朝，故脱齊衰、存弁絰，此禮以權制者也。當孔子時，齊晉雖有强臣，然陳氏包藏禍心，而方假仁義以收民望，自不敢顯悖禮之外節。晉則知悼子在殯，杜蕢諫平公鼓鐘，諸臣亦必無衰裳入朝之事。惟魯君如寄生，臣民久而安焉。史記稱魯如小侯，卑於三桓之家，則三桓不肯以臨魯君之朝，而易己之衰裳明矣。總言衰裳，期、功皆不脱也。

與家僕雜居齊齒。

記者於篇首即曰「孔子之歎，蓋歎魯也」。春秋時，大夫之强逼，列國亦有之，而未若魯之甚。晉之荀、趙，家有藏甲，而未若三桓盡奪君之土地人民，而公室轉無兵也。歌雍詩、舞八佾，則所藏者，豈獨大夫之冕弁哉？陪臣執國命，則豈獨與公士雜居齊齒哉？孔子惟汎舉，其未至已甚者，而隱痛愈深矣。然究其源，則由君用郊禘，不能以禮示下，故末流至於此極耳。

大夫有采，以處其子孫。

此畿内大夫有勳勞賜世邑，如周召分子，見於春秋者，金縢王與大夫盡弁，與此篇所舉皆該公卿。

故天子適諸侯，必舍其祖廟，而不以禮籍入，是謂天子壞法亂紀。

舍其祖廟，而奉禮籍以入，則荒樂匪僻之事無因而至矣。

刑肅而俗敝，則法無常。

刑以正俗，而肅刑之世俗未有不敝者，以德教，無聞民不能服而藏惡於其心也。俗敝則民抗敝以巧法，而上不得不多方以禦之，故法無常。

法無常而禮無列，禮無列則士不事也。

民避法不暇，何暇從事於禮？禮雖列，猶無列也，故曰「禮無列則士不事也」。

故政者，君之所以藏身也。是故夫政，必本於天，殽以降命。命降于社之謂殽地，降于祖廟之謂仁義，降于山川之謂興作，降于五祀之謂制度，此聖人所以藏身之固也。

此周末諸儒目擊亂政之君，而假聖言以警之也。蓋亂國之君，以政乃身之所主，命惟心之所欲，而縱恣以自適，不知國亂位危，雖欲藏其身而無所也。聖人之政，皆所以達天心，故效以降命，必臨之以天地鬼神，示非身之私也。舍此則命爲亂命，而政必以之敗矣。所謂命降於是者，非獨因祭而出命也，如山川之禁令，豈必因祭而發哉？凡命之涉於社事者，皆法地以盡地利也。凡命之發於祖廟者，如爵命征討之類，皆所以昭仁而率義也。凡命之施於山川者，皆所以興民財作民事也。至一切制度，皆順四時以分布，而首時必祀其方之帝，並中央之帝爲五，所謂降於五祀謂之制度也。五祀見於經傳者不一，而知此爲五行之帝者，祀、門、行、户、竈，無命之可降也。

故聖人參於天地，並於鬼神，以治政也。

聖人與天地合其德，故所治之政可參於天地，以贊化育。與鬼神合其吉凶，故所治之政，可並於鬼神，以效禨祥。下文「處其所存」、「玩其所樂」即治政之根源，參於天地，並於鬼神之實事也。

處其所存，禮之序也。

物必有則，其所存也，節之文之，各就其本然之則，處其所存也，是乃禮之所以序也。

玩其所樂，民之治也。

「玩」與易大傳「居則觀其象而玩其辭，動則觀其變而玩其占」之義略同，謂思索而體驗之也。觀周官於民治，凡利於民者，皆曲盡而無遺，乃知聖人玩其所樂之實。

四者，君以正用之。

敬授人時，聖人以正用天時也。咸則三壤，聖人以正用地財也。蕃其生、安其性，以正成父之恩也。敕五典、崇四術，以正建師之極也。

故君者，所明也，非明人者也。

君能自昭明德，則人皆觀而喻焉，故曰「所明也」。若己昏而欲人之明，則有諸己而非諸人，無諸己而求諸人，己實有過，故曰「明人則有過」也。百姓則君以自治，正以君乃所賴以明者耳。陳氏澔謂宜改「明」爲「則」，於文義可通，而按以事理則悖。蓋君當爲人所則，尤當則人，舜舍己從人，禹聞善言則拜。前世誼主，皆以虛中受諫而寡過，未聞以則人致過也。

故用人之知去其詐，用人之勇去其怒，用人之仁去其貪。

知、仁、勇之成德者，自無詐、怒、貪之病，而中人之性，則不能無累於氣質，惟禮可釋回增美質。故知者知有禮，則知詐之累於知，而明可進於誠。勇者知有禮，則知怒之累乎勇，而氣可配乎道。仁者知有禮，則知貪之累乎仁，而仁且兼乎義。鄭注無悖於理，而於三「其」字不可通。陳氏澔詁「去」爲「棄」，謂但用其長，不責其短，則恐詐、怒、貪之禍深，而知、仁、勇之效淺，久且盡失其故行也。

大夫死宗廟謂之變。

大夫死國事，常也。若死己之宗廟，則必族有亂人爲君所討，如晉八郤或同列相戕，如晉滅祁氏、羊舌氏，皆事之變也。

父慈子孝，兄良弟弟，夫義婦聽，長惠幼順，君仁臣忠，十者謂之人義。

春秋傳齊晏嬰對景公曰：「君令而不違，臣共而不貳，父慈而教，子孝而箴，兄愛而友，弟敬而順，夫和而義，妻柔而正」，義更周密。晏子所陳，增「姑慈而和，婦順而婉」，以景公溺於私愛，不能正家，釀兄弟相戕之禍，則婦姑間必盡失其道矣。此記增「長惠幼順」，以君人者脩十義以明民，則兄弟而外，族姻鄉黨中長幼之教不可闕也。晏子欲其君正家以正國，故自君臣父子始，此記言人君以禮正天下國家，欲民之率義，必自君臣之行義始，故以父子兄弟始，而以君仁臣忠終，皆古人立言之義法也。

故人者，其天地之德，陰陽之交，鬼神之會，五行之秀氣也。

健順之性，秉於繼善之初，所謂天地之德也。然必陰陽交感而後萬物化生，人生始化曰「魄」，既生魄陽曰「魂」，是謂鬼神之會。具五性之全而能通，故知爲五行秀氣之所凝，而超然異於群生也。

故天秉陽，垂日星，地秉陰，竅於山川，播五行於四時，和而后月生也。是以三五而盈，三五而闕。

山下出泉，風雲皆出於山，故曰「竅於山川」。○李光地曰：「日星從天而屬陽，四時日星之所經也。山川從地而屬陰，五行山川之所主也。然五行之氣，實上播於四時之間，如雷、電、風、霆、雲、雨、霜、露之感遇聚散，無非山川所鬱，五行之精，地所載之神氣，皆應天之時，與之同流。故天雖有春、夏、秋、冬之四時，而所以化生萬物者，亦不離乎風、雨、霜、露而已。夫五行播於四時，是天地陰陽之和合也。和合故月生焉，陰精陽氣會於太虛，而成象生之謂也。」○朱軾曰：「非五行播於四時之中，陰陽協而五行調，何以十二辰各順其序，而劃然爲三旬之十二月？故曰『和而後月生也』。」○月生者，至每月之三日而生明也，惟以月生驗和者，以有生、有盈、有闕，可計日而知，是月之始終，且以定閏而成歲也。此天垂象，聖人效天奉時之最大者。若日之出入，終古有常，非以月爲徵，何以分每月之大小而定閏哉？

故人者，天地之心也。

天地生人，畀以形氣，而不能使長育。致其相生相養之道者，聖人也。賦以性命，而不能使順達，牖以可知可行之道者，聖人也。人能致中，則天地位，猶心安而體舒也。人作慝亂常，則三辰爲之失次，川岳爲之不寧，猶心病而形變也。揆諸裁成輔相之實事，驗以感應流通之實理，則人爲天地之心昭昭然矣。

五行之端也。

人有五常，可以見五行之理，有五臟可以驗五行之氣，故曰「五行之端」。

食味別聲，被色而生者也。

言此以見人當明於天性，而知自貴於物也。

以天地爲本，故物可舉也。

朱軾曰：「物可舉，謂萬物之理皆備也。」

月以爲量，故功有藝也。

貪欲無藝，無限極也。功有限極，則人樂趨而事不匱矣。

鬼神以爲徒，故事可守也。

冠、婚、喪、祭、朝、聘、會盟、師田、學校，無事不以鬼神臨之，所以使人敬慎鄭重守之，而不敢過越也。

五行以爲質，故事可復也。

注義與四時爲柄同，非也。蓋四時之政令，皆以五行之理爲質榦，而依之以生，故百物息耗之，應天時順逆之徵，其事一一可復也。

禮義以爲器，故事行有考也。

周於禮義而後爲成人，一行虧則如器之敗闕，而不可掩矣，故曰「事行有考也」。

人情以爲田，故人以爲奧也。

生民之初，人情蒙塞，所知者情欲利害而已。聖人修禮以耕之，陳義以種之，講學以耨之，本仁以聚之，播樂以安之。然後天地萬物之理，五常百行之義，莫不函藴於方寸中，猶奧區之毓百物也。人以爲奥者，有聖人之教，然後知其爲奥而自墾治也。

五祀所以本事也。

堯命羲和曰：「敬授人時」，又曰：「允釐百工，庶績咸熙」，蓋四民之術業、百官之職事，皆順四時以興作。故凡有法度，必降命於四郊、五帝之祀，以凡事皆本於天時也。

禮行於五祀，而正法則焉。

惟祀五行之帝而布時政，故法則可正，若門、行、户、竈，其祀甚卑，不應於此正法則也。

其降曰命，其官於天也。

朱軾曰：「其降於人曰命，中庸所謂『天命之性也』。通節皆言太極、陰陽之理，至下節始言先王本此爲禮以教人。」○天以健順之理降於人而爲命，人秉之而爲性，以爲形氣之主宰，是即其受於天之職分，故曰「官於天」。凡人紀之不能修，五事之失其則，皆自淆於物而曠其官，獲罪於天者也。

夫禮必本於天，動而之地，列而之事，變而從時。

天命渾然，萬理皆備，而不見其形，聖人本天以治政，使民震動恪恭以從事者，莫大於通山澤之氣，辨種植之宜。即上文所稱列地利也，故曰「動而之地」。由是，四民之術業，以次而布，百官之職事，以次而頒，上下内外之典禮，以次而詳。即上文所謂禮行於五祀，而正法則，禮行於郊，而百神受職，禮行於祖廟，而孝慈服，故曰「列而之事也」。而因革損益，必隨時以通其變，故其事既列之後，又必變而從時焉。○隨時而變，損益無常。注謂即四時以爲柄，未安。

協於分藝。

藝，事也，與下「義者，藝之分」同義。協於分者，五品之人倫，皆安其位。協於藝者，萬事之儀節，各得其宜也。

小人以薄。

禮本於天性，附於人倫，雖小人不能盡去也，惟薄而已。若盡去之，則亂國、敗家、亡身之人也。

修禮以耕之。

耕則有疆畔，行列禮立，則物有所紀。以禮開人心之蒙塞，猶耕以墾土，而發其膏脉也。

陳義以種之。

義者，節文之根柢。修禮而不陳其義，則失其本，而禮爲之虚矣。

本仁以聚之。

禮義皆本於仁，講學而辨之明。然後知所謂禮者，皆吾本心所不忍越。所謂義者，皆吾本心所不忍悖。則有以觀禮義之會通，而心之德日以凝固矣。

故禮也者，義之實也。

義虚縣而無所麗著於事物，而禮生焉，故曰「禮也者，義之實也」。

合之以仁而不安之以樂，猶穫而弗食也。安之以樂而不達於順，猶食而弗肥也。

以治教言之，文武勤周，永清大定，而未遑制作，使天下斟酌飽滿以飭厥性，猶穫而弗食也。

周公制禮作樂，師保萬民，而未至於成康刑措之時，猶未能萬事順叙，百嘉暢遂，猶食而弗肥也。以學修言之，則知正心誠意而戒懼慎獨以體認之，猶穫而食。戒懼慎獨以至於心廣體胖，猶食而肥。

大臣法，小臣廉。

小臣以廉自守足矣。大臣爲上爲德，爲下爲民，廉不足以盡之。

天子以德爲車，以樂爲御。

德裕於身，乃可載物，故以爲車；有聲教，而德之流行以遠，故以爲御。

故事大積焉而不苑，並行而不謬，細行而不失，深而通茂，而有間連，而不相及也，動而不相害也，此順之至也。

「並行而不謬」與「動而不相害」，語近而異義。「並行而不謬」者，如曾子問君與父母同時而喪，未殯、既殯、既啓、歸於家與反君所，各有其節，而不相戾也。「動而不相害」者，如庶子壓於父，爲母無服，然居處飲食猶三年，則無害於仁。違諸侯、適大夫，不反服，違大夫、適諸侯，不反服，而無害於義。於禮之常經雖有變動，而不相害也。「茂而有間」與「連而不相及」，語近而異義。「茂而有間」，如祭禮獻酬交錯可謂密矣，然事以遞代而成，各有間可暫息。「連而不相及」，如前喪遇後喪，其服之變除包特，祭之前後，事雖連，而不相及也。

故禮之不同也，不豐也，不殺也，所以持情而合危也。

禮有豐有殺，是禮之不同也。然非豐也，非殺也，惟其稱爾。禮達而分定，則當其常，可以持情而不至於驕盈。當其變，可以合危而自固以分義。上記「人皆愛其死，而患其生」，正合危之事。

禮記析疑卷十一

禮器

措則正，施則行。

措則正，禮之體也。施則行，禮之用也。○正如易大傳「静而正之」，正言不用時，其禮自具於事物之中。

如竹箭之有筠也。

以「竹」與「均」成字，似當爲竹節，謂其長短略均也。竹有節，所以約束而能固，禮亦君子之所以自約束也。鄭注「竹之青皮」，故先儒相承，以爲致飾於外，與下「貫四時而不改柯易葉」義不相應。

人官有能也。

人之五官，各有所能，如目能視、耳能聽之類。

故必舉其定國之數，以爲禮之大經，禮之大倫，以地廣狹、禮之厚薄與年之上下。

舊説數爲地物所出多少，似與以地廣狹義複，蓋隆殺之禮數也，如公九、侯伯七、子男五之類。其數之所以有此倫次者，不獨尊卑之等，亦以地有廣狹，而定數之中用財復有厚薄，則與年上下。○「與年之上下」，「之」字疑衍。

天地之祭，宗廟之事，父子之道，君臣之義，倫也。社稷山川之事，鬼神之祭，體也。

天地之祭，報本反始，不忘其所自生，故曰「倫」。社稷山川之事，因其體之輕重而隆殺焉，故曰「體」。於宗廟之外，别言鬼神，蓋謂五祀、司中、司命、風師、雨師、九皇、六十四氏之屬。

羔豚而祭，百官皆足。

疏謂士特牲，大夫少牢，此用羔豚，乃王制所云大夫士無田則薦者。又曰無田則無臣助祭，而云百官，喻衆也，俱不可通。牲禮之隆殺，視祀事之大小。天子獻羔開冰，乃謂士大夫有田者，即不用羔豚，可乎？且如五祀井、竈之類，豈能備具牲俎？記云「百官皆足」，正謂王公之群小祀耳。

五重八翣。

朱軾曰：「五重、三重、再重，皆謂棺。喪大記所謂『大棺屬椑』是也。」〇天子水兕革棺，如合甲爲二重，地棺一、梓棺二，故五重。

鬼神之祭單席。

據周官司几筵「席下尚有筵」。記所傳或異，或不計下筵也。

天子諸侯臺門。

臺門，築臺於門外也。疑今官府大門外，左右築土正方，四面甃之，即其遺制。

禮之以多爲貴者，以其外心者也。德發揚，詡萬物，大理物博，如此則得不以多爲貴乎？故君子樂其發也。

天子諸侯居得爲之位，操可致之勢，德之發揚，可以周徧諸物。其理之所成者，大則用物宜博，故以多爲貴也。

德産之致也精微。

以德致其感格，較之以物産致報，更爲精微，故祭天儀物最略也。

微者不可大也。

微者不可大，蓋以人情言隱晦之義也，如父在爲母不杖、堂上不杖及庶子無服之類，止可隱致其痛。若張大於聲音容貌之間，則非禮矣。

有美而文而誠若。

美而文而不誠若，則非所以爲禮矣。

三代之禮一也，民共由之，或素或青，夏造殷因。

言三代之禮爲民所共由者，本無二也。其由質而文，如素之加爲青。蓋造者從質，因者趨文，物理之自然也。

周坐尸，詔侑武方，其禮亦然，其道一也。其禮亦然，亦猶素之加爲青也。至周不惟坐尸，且詔侑無方，禮加於夏殷矣。然其致愛致慤之道則一也。

周旅酬六尸。

時祭必祫，何也？古之祭禮繁重，自國君以上祭之，明日繹而儐尸。若每廟犆祭，則人力窮，百政廢矣。以六尸旅酬，知每獻七廟之尸，必同時而畢獻也。匪是，則三獻五獻，且日不暇給，況九獻十有二獻乎？以旅酬者六尸，知世室文武二尸亦以尊不與旅也。如獻至於七尸，又徧酬六尸，則力不支、時不逮矣。上大夫儐尸，即於祭之日，諸侯以上則以明日，正爲廟過於三，則獻酬禮殷，必不能同日而畢事耳。雖分二日，其侑食之儀、酬酢之節，必大減於士大夫。惜邦國禮亡，無可徵信耳。○適士二廟、大夫三廟，亦宜有尸自相酬之禮，而不見於經，何也？六尸四尸之相酬已見於邦國禮，則於大夫士不覆舉，亦如諸侯入王在國在塗之禮，已見於春朝夏宗，則覲禮惟具郊勞以後之儀節耳。至尸酬主人、主人酬侑、侑酬賓長以下之禮，宜與卿大夫別。

曾子曰："周禮其猶醵與！"

疏謂"斂錢飲酒，必非忘懷之酌，故飲必平徧，不得偏頗"。辭鄙義陋，恐非曾子之意也。蓋士大夫相飲，必立賓介，備鼎俎，具獻酬。庶人工商則財不給，禮難成。故穡事既終，以國法合錢共飲，正猶五廟七廟之尸欲依次各發爵以酬賓，則時不給、禮難成，故變而通之，爲尸自相酬之禮。蓋非此不足以洽歡心、成禮節，故曰"猶醵"。蓋推究聖人緣情制禮，所以不得不然也。七尸備獻、六尸旅酬之後，疑惟具尸酢王后、賓長三節及嗣舉奠，而無暇及祝、侑、賓長、衆賓。以諸父兄弟備言燕私必於祭之夕，故祝、侑、賓長、衆賓兄弟之旅酬，則於繹而儐尸舉之，亦如上大夫儐尸，則旅酬之節與特牲禮異耳。兄弟燕於宗，而未得與賓相酬，則儐尸必與旅也。

君子之於禮也，非作而致其情也，此有由始也，是故七介以相見也，不然則已愨。三辭三讓而至，不然則已蹙。

君子非作爲，是禮以强致人情使從之，蓋有所由始，皆出於人情之自然也。如七介以相見、三辭三讓而至，似乎繁曲，然其始由於賓主相接，不可以未同，而言不可以徑前不讓，乃人情之自然爾。

魯人將有事於上帝，必先有事於頖宫。

謂「有事於頖宫，蓋告后稷」，似未安。天子有事於圜丘，不聞先告后稷。魯有閟宫，即告后稷，亦不宜於頖宫。蓋非常之禮，必先擇士於頖宫以習儀。配林、惡池亦於禮輕者習儀，而後舉重，故曰「慎之至也」。

故凶事不詔，朝事以樂。

舊説「哭泣擗踴，不待詔告」，非也。杜喬之母死，宫中無相，君子以爲沾。孝子沉痛、昏迷、啼哭、擗踴、拜興、出入，必待詔告，然後能赴禮節。記所謂「凶事不詔」，即春秋傳所謂「君三年不呼其門也」。凶事不詔，朝事以樂，順而達其哀樂之性，乃所謂反本脩古，不忘其初。

故作大事必順天時，爲朝夕必放於日月，爲高必因丘陵，爲下必因川澤，是故天時雨澤，君子達亹亹焉。

先王制禮，因天地之自然，君子體道法化機之不息，故觀天時雨澤，而達於人道之當亹亹而不倦也。

是故昔先王尚有德，尊有道，任有能，舉賢而置之，聚衆而誓之。

將言事天地之禮，而先舉此者，所謂先成民而後致力於神也。有德者未必皆有道，有道則於德兼之矣，故尚與尊異焉。○周官大宰以八柄詔王馭群臣，四曰「置以馭其行」。

因名山升中于天。

周官天府職「凡官府、鄉、州及都、鄙之治中，受而藏之」，小司寇職「歲終則令群士計獄弊訟，登中於天府」。治中及獄訟之中，每歲必登於天府，則時巡柴望必以治民之功狀告於皇天，此升中之義也。

蘧伯玉曰「君子之人達」，故觀其器而知其工之巧，觀其發而知其人之知，故曰「君子慎其所以與人者」。

承上文而言禮樂不獨可以觀世之治亂，亦可以辨人之愚知。古人交接以禮樂相示，春秋傳所載執玉歌詩，觀者以知其禍福，故所以與人者，不可不慎也。

洞洞乎，其敬也。屬屬乎，其忠也。勿勿乎，其欲其饗之也。

洞洞者，虚中而無一物之雜也。屬屬者，内誠繼續而不解也。勿勿者，欲其饗而惟恐其不饗。祭義所謂「如將失之」，如語焉而未之然，乃致其恍惚之極思也。

羹定詔於堂。

熟肉曰定者，熟而蹙縮，然後大小有定形也。

内金示和也。

内金，謂進樂工，舉金奏也。

丹、漆、絲、纊、竹、箭，與衆共財也。

古者，庭實旅百，宗廟之祭亦陳之，以示威德及遠，非若幣玉用之以祭也。康王之誥「一二臣衛，敢執壤奠」，即此記所陳。

孔子曰：「誦詩三百，不足以一獻。一獻之禮，不足以大饗。大饗之禮，不足以大旅。大旅具矣，不足以饗帝。毋輕議禮。」

注「大旅祀五帝」，非也。祭山曰「旅」。大饗之禮雖繁，然祖宗一氣相承，誠意猶易貫注。至山嶽之祭，則精神與相感召爲難，饗帝則德足昭事爲尤難也。仁人爲能饗帝，孝子爲能饗親，其大小淺深之間，實有不可一視者矣。○周官大宗伯職「國有大故，旅上帝」，蓋因災而徧祀五帝，故言「旅」，猶小宗伯職「天地之大烖，類社稷、宗廟」也。此對饗帝而言，則爲山嶽之祭明矣。

禮記析疑卷十二

郊特牲

郊血，大饗腥。

疏謂祭天七獻，有尸，而後有獻。獻者，生人飲食之道也。天地至廣大，灌且不用，不敢以神道求之也，乃設尸，而以生人飲食之道獻焉，可乎？其禮始宜薦璧以禮神，次用樂以降神，次薦血以告幽全，次實柴以達馨香。齊尊陳而不酌，黍稷與牲同燔，祀天之正禮，至此而終。凡經傳中言郊禮而有獻薦，皆祭稷之事也。祀天之犢已燔，又安得有腥、肆、爓、熟之薦乎？潁達博極群書，必偶見郊禮中有言七獻者，遂誤以爲獻天，而不知其謂獻稷也。蓋宗廟之中，稷爲太祖，自宜用天子之禮，備十有二獻，而天終古不變，后稷之靈陟降郊壇，在帝左右，則依然唐虞之侯伯也，故獻止於七，不敢以在廟之私禮尊之。或疑生民之詩曰：「于豆于登，其香始升。」上帝居歆，似祀天亦具豆登。不知經文辭意渾成，而其中事義之節次，則井然可辨。載謀載惟，卜日卜牲之始事也。取蕭祭脂，取羝以軷，出宫道祭之節也。載燔載烈，祀天實柴之節也。登豆升香，祀稷饋獻之節也。然事天事稷之禮文雖異，而自始至終，致誠致慤之内心，所以對越在天者，則無間於帝與稷，故以稷之馨饗而知上帝亦居歆耳。○先儒又謂「郊壇祀天則燔柴，明堂饗帝則獻薦」，亦非也。周官大宗伯「以禋祀祀昊天上帝，以實柴祀日月星辰，以槱燎祀司中、司命、風師、雨師」，則凡天神皆燔柴，無獻薦之禮，而況上帝乎？蓋「上天之載，無聲無臭」，而四時之行、百物之生，必有爲之主宰者，故易大傳謂「帝出乎震」。由是四郊迎氣及中央土有五帝之稱，而以上古五德之君配焉，而上帝實非有二也。日月、星辰、風雨佐天成化，必有推行是者，人所受之中，物所稟之命，必有秉持是者，是即妙萬物之神，不可得而見，不可得而名也。故無人可以相配，而饗五帝於四郊，惟典司五行之臣得從祀焉。周官大宗伯職日月、星辰、司中、司命、風師、雨師止於實柴槱燎，則無獻薦，昭昭然矣。何獨於明堂之上帝，而以爲宜有獻薦乎？或又疑惟郊壇可燔柴，明堂與宫廟等，則宜獻薦，亦非也。宗廟之祭，肝膋、黍稷可燔於堂上，則牲體雖大，獨不可燔於庭中乎？祀昊天上帝惟曰「禋祀」，謂致精意以合莫，雖升香不足道也。而乃薦以俎籩、獻以盞斝，其傺卑不已甚乎？周頌曰「惟羊惟牛，惟天其右之」，陳牲實燔，而無獻薦之徵也。「伊嘏文王，既右享之」，則薦俎備獻，而祝告饗之徵也。即以本記證之，曰「郊血，大饗腥」，正謂郊則薦血之後，即以牲實燔，無由有豚解之腥。惟宗廟大饗，乃具薦腥以下之禮節耳。○豈惟祀天？按祭法「瘞埋於泰折」，則祭地亦無獻薦也。周官大宗伯以沉埋祭山林川澤，則地祇亦無獻薦也。所異於日月、星辰者，其先古守土之君配享而立尸，則宜有獻薦耳。社稷則封土築壇，本人之所設，其肇祀即主報柱與勾龍、五祀之神，則或爲五行之官，或爲始造門、霤、井、竈之人，本人鬼之祭，宜同宗廟之禮。此古籍間闕，而可以義推者也。

饗禘有樂，而食嘗無樂。

荆南馮氏曰：「楚茨之詩曰『以往烝嘗』，又曰『禮儀既備，鐘鼓既戒』，又曰『樂具入奏』，則嘗無樂，無稽之言也。」

賓入大門，而奏肆夏，示易以敬也。

入門而樂作，變易以示敬也。

爲人臣者無外交，不敢貳君也。

此因私覿之非禮而推廣言之。古之大夫束脩之問不出境，人臣體國，苟索交於外，是自貳於其君也。

大夫强而君殺之，義也，由三桓始也。入春秋之初，有以公子争國而爲亂者矣，未有大夫以强横脅其君以基禍如三桓者，故曰「自三桓始」。

相賂以利。

利者，其所欲得非貨財也。春秋時，伯者主齊盟。凡先會者，爵卑而先歃，載書先列，或世子與會而先於國君，皆以利誘之。

諸侯不敢祖天子，大夫不敢祖諸侯，而公廟之設于私家，非禮也，由三桓始也。

三家歌雍，季氏舞八佾，皆由始立桓公之廟，遂自謂可用諸侯之禮，故末流馴致此極，其端必開自僖公之德季友也。惟器與名，不可以假人，可不懼哉？○疏引左傳「凡邑有宗廟，先君之主曰都」，而謂公子得祖先君，公子爲大夫得立宗廟於其采地，非也。左氏見亂世之事，誤以爲典禮而記之耳。戰國時，薛文欲立先君之廟，猶必因間以請於其君，則出於特賜而非有定制可知矣。陳氏集説引周官都宗人、家宗人掌祭祖王之廟，而謂王子母弟得立祖王廟於采地，益非也。周官無此文，乃注語耳。王於公、卿、大夫、士，皆頒禽，不必有祖王之廟。公卿王子弟致福於王，亦非以王之賜禽。鄭注周官，紕繆多如此，不足據也。左傳宋祖帝乙，鄭祖厲王，乃虚言世系所自出，亦未可爲立廟之徵。

是以尊天而親地也，故教民美報焉。

朱軾曰：「尊天，故臣民不敢祭，惟天子爲民祭之，親地故庶民皆得祭也。」

唯社，丘乘供粢盛。

不惟王社、大社、侯社、國社之粢盛宜取諸耤田，即卿大夫之置社亦宜取諸圭田。丘乘供粢盛，蓋州、黨、縣、鄙之社事，使民咸出其力，而有司爲之主，蓋示以報本反始之義，而震動恪恭於農事也。

流示之禽，而鹽諸利，以觀其不犯命也。

「鹽」當作「驗」，音近而誤也。

大報天而主日也。

祀天之禮見於經傳者甚略，然周官大司樂奏圜丘之樂則天神皆降，記曰「禮行於郊而百神受職焉」，是凡天神皆從祀於圜丘，而莫尊於日，故曰「大報天而主日也」。特邦國禮亡，屏攝次主之位度不可考耳。其牲禮則並統於祀天之騂犢，養牲必二帝牛之外惟稷牛而已。大宗伯「以實柴祀日月、星辰，以槱燎祀司中、司命、風師、雨師」，蓋分而特祀之，則牲幣各殊，而從祀於圜丘，則一統於帝牛之燔燎也。

郊之用辛也，周之始郊日以至。

此祈穀之郊也，故有卜日之禮。春秋所書，魯卜郊亦祈穀之郊。若冬至祀天於南郊，則大司樂有明文，又冢宰祀五帝，帥執事而卜日，則圜丘不卜日明矣。

天子大蜡八。

八蜡猫虎爲二，無昆蟲。昆蟲，祝其不作而已，非祀典所及也。詩曰：「田祖有神，秉畀炎火。」且祝以熸滅，可知無祀之之義。○張子知昆蟲不當祭，而以百種爲蜡之一，亦未安。祭百種以報嗇，謂陳百種以祭先嗇耳，鄭注甚明。

蜡也者，索也，歲十二月，合聚萬物而索饗之也。

「萬物」當作「萬民」，下所列八者，皆主嗇事，與萬物之神無與也。蓋蜡之祭，乃合聚萬民，以一日之澤，慰其終歲之勤，而主報先嗇以重其事，則樂而不荒。曰「索饗」者，因先嗇司嗇而及先農，因農而及郵表畷，以至坊與水庸之爲田利、貓虎之能除田害者，皆報焉，則有關於嗇事者，求索殆盡矣。

祭百種以報嗇也。

凡祭粢盛有定品，惟先嗇、司嗇則百種皆陳，以報其功。

土反其宅，水歸其壑，昆蟲無作，草木歸其澤。

中原多墳壤，若甚雨驟至，川漲暴作，則沙土隨流而瀉，田多破壞，故祝以土反其宅。曰「反其宅」者，古法一畮三甽，廣尺深尺，起其土以爲隴。苗生葉乃隤其土，反之故處，而隴漸平也。〇四語乃八蜡祝辭之總，疏以土爲防，以水爲庸，似誤。

羅氏致鹿與女。

周官羅氏「蜡則作羅襦」。蓋鹿則與羅並致女，則但以襦致，而申好女、好田之戒也。舊說「亡國之俘女」，未安。滅國而俘其女，又致於衆以爲戒，王政不宜有此。

天子樹瓜華，不斂藏之種也。

此自爲一節，舊説亦令使者歸戒其君之事，誤。

順成之方，其蜡乃通以移民也。

移民者，鼓之舞之，使民樂事勸功而不能自已也。

故既蜡，君子不興功。

以此知十有二月蜡，乃夏正也，蓋至丑月，則公私土功皆畢，可報諸神，息民以爲一日之樂，一切功役皆不興矣。若蜡用亥月，則過此以往，正索綯乘屋，公旬三日之期也，其誤蓋由月令孟冬臘先祖五祀，勞農以休息之，不知是乃秦國之法、呂氏之書，可執以決先王之典禮乎？疏所據，惟既蜡而收，然記謂山林、川澤、疏材、木材，凡蓄之物無不備收，非謂農收也。若農收，則惟稻之再熟者，至十月而收耳。

適子冠於阼，以著代也。醮於客位，加有成也。三加彌尊，喻其志也。冠而字之，敬其名也。疏據儀禮前載三加，後總一醮，又曰若不醴，則醮用酒，其禮每加一醮，故謂後乃殷夏之禮也。但曾子問於斯乎有冠醮，無冠醴，孔子所述周禮也，似周禮醮與醴並用，未詳何故。

委貌，周道也。章甫，殷道也。毋追，夏后氏之道也。周弁，殷冔，夏收，三王共皮弁、素積。委貌、章甫、毋追，始加緇布之冠也。弁、冔、收，再加布弁也。皮弁、素積，三加之爵弁也。

無大夫冠禮而有其昏禮。古者五十而後爵，何大夫冠禮之有？諸侯之有冠禮，夏之末造也。喪服記大夫而有兄殤，其兄若爲大夫，則不降服。此二條乃莽、歆增竄，多端以證其尊同不降之説，不足援據。

天子之元子，士也，天下無生而貴者也。繼世以立諸侯，象賢也。以官爵人，德之殺也。死而謚，今也。古者生無爵，死無謚。

殷道或生或及，雖天子亦然，則古者繼世以立諸侯，必擇其能象先人之賢者而立之，不專與子也。微子之命曰「維稽古崇德象賢」，微子以支庶承商統，故首發此義，以明建國以賢，乃古之道，可與此記相證。○「以官爵人」，「官」字疑有誤。

取於異姓，所以附遠厚別也。

附，比附也。以遠相附，惟夫婦爲然。

幣必誠，辭無不腆，告之以直信，信事人也，信婦德也，壹與之齊，終身不改，故夫死不嫁。

告以直信者，欲其以信事人也，蓋婦德莫重於信，終身不改，信之至也。集説失之。

親之也者，親之也。

哀公問篇全見家語，而文小異。家語「親迎者，敬之至也」，記誤作「親之也者，親之也」。觀此篇承以敬而親之，益知當作「親之也者，敬之也」。

玄冕齊戒，鬼神陰陽也。

男女配匹，乃陰陽之始交，家國之興衰於是乎兆。先祖社稷之靈，實式憑之，故曰「鬼神陰陽也」。

樂三闋，然後出迎牲。

商頌那，「三闋之一也，其二或在所逸七篇内，或用先代之樂，周官大司樂「祀先祖先妣，皆舞先代之樂」是也。

故既奠，然後焫蕭合羶薌。

「羶」當如字，牲之脂膏羶也。黍稷，薌也，與蕭同焫合羶薌也。

血祭，盛氣也。

牲方殺即薦血，用其氣之方盛也。

由主人之絜著此水也。

言主人明潔之心，即著見於此水也。

祭稱孝孫孝子，以其義稱也。

使顧名思義，必盡其實，然後臨尸而不怍也。

縮酌用茅，明酌也。

「縮酌用茅」者，所以明潔此酒也，縮而去其滓，則明潔矣。酒久故乃清明，以新作者爲清，不知何考。

醆酒涚于清，汁獻涚于醆酒，猶明、清與醆酒于舊澤之酒也。

涚欲其清也，當以濁者涚於清者，不當以清者涚於濁者。注疏辭意俱晦，蓋酒陳久則愈清，故以舊醳之酒，明清與醆酒耳。

禮記析疑卷十三

内則

后王命冢宰降德于衆兆民。

司徒掌邦教，而内則使冢宰布之者，冢宰掌王后之内治、六宫之陰禮、王后世子之服羞，故兆民之家禮亦使布焉。不曰「敷教」，而曰「降德」者，凡子婦孝敬之事，皆王后世子所躬行而以爲民則者也。

櫛縰笄總。

朱軾曰：「以縰韜髮四周，乃可豎其餘而盤之。」

斂枕簟。

正晝長者或欲自偃息，少壯則不得晝寢，故晨興即斂之。

由命士以上，父子皆異宫。

子爲命士，則宜與父異宫，以治公事。僚屬朝夕講肄於父起居之適，親友之交必有閡也。若父爲命士，則子無爲異宫，設有子衆多，安得每人别爲之宫乎？

昧爽而朝，慈以旨甘。日出而退，各從其事。日入而夕，慈以旨甘。

此下乃凡爲子婦者之通禮也。若命士以上，則同宫者辨色而入君朝，其自家出正當昧爽時，宜先朝於父母。若父母未寤，則問安否於御者而行。群子婦以時進旨甘，即異宫亦然，退朝乃歸侍也。凡耇老多好早起，若無子婦在旁，則所求難致，故初起必以雞鳴爲度。

將衽，長者奉席，請何趾。少者執牀與坐，御者舉几。

夜卧有常所、有定向，此晝卧也。席與牀，卧具也。坐與几，備其時起坐而憑之也。老者惟所便安，卧起無常，故有此禮。

斂席與簟，縣衾，篋枕斂簟而襡之。

晝卧無常處，故起則縣衾篋枕，斂簟而襡之，以是知長者夜卧之枕簟，無縣斂篋襡之法。

朝夕恒食，子婦佐餕。

尸賓之食必侑，朝夕恒食無所用侑。子婦在旁，時其温涼，節其多少，皆所謂佐也。

父没母存，冢子御食，群子婦佐餕如初。

冢婦不與者，主饋也。

進退、周旋，慎齊。升降、出入，揖遊。

尊者之側，進退、周旋固當慎齊。至升降於階、出入於門，或見同等而揖，或從尊者而遊，亦無在而不慎齊也。

寒不敢襲，癢不敢搔。

退襲而復進侍也，不敢當父母姑舅之前而襲，於癢亦然。

其無篚則皆坐。

「皆」當作「背」。「坐」當作「立」。不相授器，以遠嫌也。若皆跪，則轉使迫而相向之久，其義何居？

男女不通衣裳。

特言男女，别於内外也。寢席之類，獨内外不通衣裳，則雖夫婦不通也。

父母有婢子。

婢子，侍女也。陳乾昔命其子「使二婢子夾我」。○朱軾曰：「大夫二妾，士一妾，有定數，外此曰婢」。

舅没則姑老。

疏舅没姑未老，則其婦不得專知家事，與「則」字義不協，當以慶源輔氏不以年計之説爲優。舅没則姑老，蓋使子專之，而婦從其夫也。先王之閑有家，其嚴如此，況國政而可寄之婦人哉？此古者冢宰攝政之制，所以非後世所能及也。

子弟猶歸器、衣服、裘衾、車馬，則必獻其上，而後敢服用其次也。若非所獻，則不敢以入於宗子之門，不敢以貴富加於父兄、宗族。

上節適子、庶子祇事宗子、宗婦，謂大宗也。此別言子弟者，謂共祖禰，以别於大宗也。大宗宗子之家不敢衆車徒以入而已，器服車馬不先獻也。若弟於適兄、諸子於世父，則人有饋，不敢私焉，非所獻不敢以入焉。蓋恩近而義隆，且同居未嘗異財也。上節曰「宗子之家」，此曰「宗子之門」者，同居而異宫，故獨言門。不敢以貴富加於父兄、宗族，則大小宗之所同也，蓋總結二節之意。

若富，則具二牲，獻其賢者於宗子。夫婦皆齊而宗敬焉，終事而后敢私祭。

適子、庶子始爲士大夫，而欲致敬於大宗之祖廟，則必獻上牲於宗子，使主其事，而夫婦往助焉。詩曰「于以奠之，宗室牖下。誰其尸之，有齊季女」，蓋謂此也。終事而後私祭者，以得致敬於大宗之祖廟爲榮，而歸告其祖禰也。若祖禰常祭，已所得專，不必告於宗子。知必適子、庶子爲大夫士者，非大夫士，則私家無廟且具牲，非庶人之事也。○不舉爵而曰「富」，何也？古之仕者，舍田禄君賜，無由得富。若舉大夫士，則似中士、下士皆然，曰「富」，則知必命士以上矣。知必始爲大夫士者，如時祭皆然，則歲得祭上祖，與天子諸侯無異。且族大而有爵命者多，會時祭，宗子且日不暇給矣。○疏謂「事小宗子亦然」，非也。大夫士祖禰之廟，皆立於宗子之家，其祭本宗子主之，無所爲私祭也。繼高、曾之宗子苟爲庶人，則自祭祖禰於寢，不得上及高曾也。支子之爲士大夫者，有大勳勞而請於君，乃得干祫及其高祖，則四時之祭不得干明矣。且有君命偶於祫及之，則合祭於己所立祖禰之廟，大夫三廟，亦立於繼曾祖適子之家。而非於繼高祖之宗子家明矣。又安有所謂宗敬乎？大宗之遠祖得祭，而高祖不得祭，何也？大宗之祖，別子也，非君之兄弟，則有勳勞於國者，故其廟得不毀。然亦惟子孫之冠者、婚者告焉，女子之將嫁者教焉。始爲大夫士者，得用牲而特祭焉。其餘四時常祭，不敢干也。

大夫燕食有膾無脯，有脯無膾，士不貳羹胾。

當爲燕居常食，若燕饗備物以養賓，無膾脯。不兼羹胾，不貳之義。下文所云「自諸侯至於庶人無等」，謂羹與食耳。若膾胾之類，則有等也。疏謂燕食非朝夕常食，誤。

羹食自諸侯以下至於庶人無等。

貴賤之等辨於鼎簋之多少、庶羞之有無，至於羹食，則所用之物、製作之方，上下同之，不容有異也。

大夫無秩膳，大夫七十而有閣。

天子諸侯朝夕膳品有常，大夫則惟所便，七十而有閣，非秩膳也。恐不時需食，故庋置於其旁。

天子之閣左達五、右達五，公侯伯於房中五，大夫於閣三，士於坫一。

疏以閣爲庖廚，所庋爲三牲、魚、腊，非也。君子遠庖廚，未聞置正室之序外也。蓋非朝夕常膳，乃果蔬、飴餌、脯醢之屬，所以備不時之需耳。據上文「大夫七十而有閣」，則士亦當然。○以文義測之，似天子除中央正室外，自左右房達左右夾室，皆有閣數各五。諸侯則於一房之中設五閣，而不論左右。大夫於房中設閣三，士設坫一。承諸侯於房中之文，皆設於房中也。無以見大夫之閣於夾室、士之坫於室中也。室中正寢，不宜庋食物。○注：「達，夾室」，以最遠，故云「達」。

樂其心，不違其志。

統言之曰「樂其心」。凡其心之所樂者必務稱也。不違其志，則以心之偶發者言之。

以付豚。

注疏以前言豚若胖，此獨言豚，遂謂豚全羊解析，非也。曰「豚若胖」，或豚或胖也。曰「以付豚」，則胖可知矣。如曰「以付豚若胖」，則豚胖共鼎之辭也。先儒所以爲是，説者謂胖爲牡羊，則其體大耳。不知曰「小鼎薌脯於其中」，則羊亦以羔可知矣。不曰「羔」，而曰「胖」，兼辨其牝牡耳。

深宮固門，閽寺守之。

内則「后王命冢宰所降」也，故舉宮廷之制以示則焉。

夫不在，斂枕篋、簟席，襡器而藏之。

斂枕篋與簟席，襡褻器而藏之也。褻器，虎子之屬。

夫婦之禮，惟及七十同藏無間。

及七十則無專妒之嫌，故可同藏無間。若夫年方盛，則宜御妾媵以廣嗣續，釋幽怨妻，不得專寢也。先王制禮，後宮進御之夕，皆掌於内小臣，而冢宰授以節制。雖天子不得專，君不就后夫人之寢，而后夫人各以所當之夕，進御於君之内寢，則專妒害嗣之禍何由而作哉？妾雖老年，未滿五十，必與五日之御。將御者齊漱澣，慎衣服，櫛、縰、笄，總角〔二〕，拂髦，衿纓，綦屨。

媵妾將御，恒情所用爲燕私狎昵也，而教之以齊，所以輯男女之邪心，而使謹於禮也。必如是，然後内和而家理。

妻將生子，及月辰，居側室。夫使人日再問之，作而自問之。妻不敢見，使姆衣服而對。將娠，而夫婦異居。夫不自問，而使人問。及作而自問，妻不敢見，而使姆對，所以彰羞惡之原，存人道以别於禽獸也。「男子不死於婦人之手，婦人不死於男子之手」，義亦如此。君子之道，造端乎夫婦，蓋主敬、去私，謹微、慎獨必始於此。

詩負之。

〔二〕「總」下原脱「角」字，據禮記正義補。

詩負，謂以手維持，而承奉之義長，所以別於背負也。謂之負者，子面嚮君，而背負抱者之懷也。於特牲饋食禮「詩懷」亦可通，不可以本於緯書而廢之。

妻抱子出自房。

房即側室，於燕寢則爲東房也。妻得有其室，故子生於側室，即於側室以子見。妾不得有其室，而統於妻，故見子於妻之燕寢。夫及女君臨視焉，以夫就妾子於側室，則與妻無別也。

子師辯告諸婦諸母名。

注謂「後告諸母，欲名成於尊」者，迂晦難通。命士以上，父子異宮，而必同都宮。諸婦蓋子之期親同在都宮内者，諸母則或異居，故告先近而後及遠耳。

宰告閭史，閭史書爲二，其一藏諸閭府，其一獻諸州史。州史獻諸州伯，州伯命藏諸州府。

周官鄉遂無府、史、胥、徒，而此記有閭史、州史，何也？二十五家不應別設史，閭史即閭胥也。其職「聚衆庶，既比，則讀法，書其敬敏任卹」者，則兼掌史事可知矣。州史必州長班序屬吏，而使典司焉者，故府、史、胥、徒之數不見於周官。

世子生，則君沐浴朝服，夫人亦如之，皆立于阼階，西鄉。世婦抱子，升自西階，君名之乃降。適子、庶子見於外寢，撫其首，咳而名之，禮帥初無辭。

士大夫名子有辭，而君無辭，何也？辭即「欽有帥、記有成」之謂也。家人情親而事近，故夫婦以相勗。世子之事守大矣。君不得以「欽有帥」命夫人，夫人亦不敢以「記有成」答君也。命世子無辭，則適子、庶子不得有辭，此禮之所以曲當也。○君之燕寢，對夫人正寢稱外，非對側室稱外也。觀此，則世子見於路寢明矣。蓋國君尊以子見而就夫人之內寢，於義未安，故世子以外皆見於外寢。先儒謂庶子實見於側室，以與世子之弟連文，故曰「見於外寢」。記禮者不宜鹵莽滅裂至此。

公庶子生，就側室。

疏謂公見庶子於側室據此，不知此言庶子就側室而生，非謂公就側室以見子也。大夫尚不可就側室以見庶子，而見於妻之內寢，況國君而就妾子於側室乎？上文「庶子見於外寢」，下文又曰「其母沐浴，朝服見於君」，則見於外寢明矣。若在側室，則何爲朝服乎？

庶人無側室者，及月辰，夫出居群室。其問之也，與子見父之禮無以異也。

禮不下庶人，而夫婦之禮則與士大夫同。蓋必閨門有禮，而後三族和。非然，則婦始勃谿，家人詬誶，其流不可禦矣。先王之所以一道德而同風俗，恃有此也。

祖亦名之，禮如子見父，無辭。

曰「祖亦名之」者，謂父既名子，以見於祖，祖因以命之也。夫婦名子既有辭，祖不復申之，故無辭。禮如子見父，謂姆相及，執子之右手，咳而名之也。家統於尊，而孫之名不主於祖，何也？相戒勉以教子，夫婦爲切，又恐子孫衆多，不敢以煩尊者。公庶子使有司名，亦此義也。且舅姑不必並存，設舅以欽有帥命，而婦獨置對不可也。子婦各置對，而別爲禮辭，無謂也。即舅姑並存，必舅姑別爲禮辭，以命子婦，而後子婦交相命，亦無謂，此先王制禮所以曲當人情也。

冢子未食而見，必執其右手。適子、庶子已食而見，必循其首。

未食，未朝食也。蓋見子而後與后夫人禮食也。適子則王后、君夫人各朝食而後見子，不舉禮食，所以別於世子也。禮食爲見子也，未見子而先與后夫人禮食，非義所安。

十年出就外傅，居宿於外。

始十歲居宿，即於外而臨以師傅，視聽言動無由接於非禮，養德養身之要也。

衣不帛襦袴。

非爲太温也。自孩提至毁齒，或以帛爲之。及就外傅，則宜示以素樸，俾無紛華之慕。

禮帥初。

帥初，謂帥循古先相承出就外傅之禮，而不敢變易，弟子職所載是也。疏謂「帥循初日所爲」，義無所著。陳氏集説謂「初教之方」，則書計幼儀，非禮帥初之謂也。前記適子、庶子見於外寢，禮帥初亦謂帥循古先相承衆子見父之禮。疏謂帥循世子見於路寢之禮，非也。適子、庶子之見，事事與世子懸殊，而謂帥世子見之禮，可乎？

請肄簡諒。

請肄業，則授以篇章，而不煩教以語言必信。蓋所肄者簡，則誦數歷久而不忘，所以爲精知之本也。所主者諒，則言動不欺其本志，所以爲力行之本也。

孫友視志。

友以明道輔仁，故志常以友而定。友之性資、學行、高下、大小不一，視其所順之友，則可以知其志矣。

方物出謀發慮。

方與「義以方外」同義。蓋有物必有則，其理一定不易，而又隨時異形，必遇物而以此方之，然後不逾矩也。方物而出謀，乃無過計。方物而發慮，乃無邪心。

禮記析疑卷十四

玉藻

聽朔於南門之外。

熊氏云：「周立明堂於洛邑，惟大饗帝就焉。每月聽朔當於文王廟」，非也。明堂敷政，爲周公特創之典。天子在鎬之時多，朝會於東都之事少，宗祀文王之禮，歲必一舉。若鎬京不設明堂，設王篤老，或童稚，能歲一至洛乎？觀此記「聽朔於南門之外」，則爲鎬京之明堂，而非文王之廟明矣。其禮宜先告朔，朝饗於太廟，然後出國門，而頒是月之政令於明堂，兼聽是日之政，故謂之「聽朔」，亦曰「視朔」。告朔以告於神，宜在朝廟之始，未饗之前。春秋書不告月，猶朝於廟。聽朔以頒政令，宜於朝饗之後也。注謂「凡聽朔必以特牲告其帝及其神，配以文王、武王」，尤非也。廟無二主，當季秋饗帝，然後迎主於文王之廟以配焉。今既告朔於文王之廟，而又以牲空告於明堂，何義乎？大饗之禮與圜丘並重，惟祀上帝而配以文王。今乃每月以特牲告五帝及其神，不亦瀆慢矣乎？五人帝及五臣之主當在四郊，不聞又設主於明堂也。且既告朔朝饗於太廟，而又迎文武之主於明堂，不可也。告朔於明堂，先饗文武，而後告於太廟及群廟，而設朝饗，更不可也。未告於先王先公，未朝饗於廟，而先聽朔，事有是理乎？蓋明堂頒政之堂，惟大饗一有事焉。聽朔，則不宜有祭告也。朝饗之禮，當終朝而畢，記曰：「飲酒之禮，朝不廢朝，暮不廢夕。」蓋朝本朝事也。然後可出國而聽朔於明堂，曰「饗」，則非幣告也。其用牲，則天子必以太牢，諸侯必以少牢，魯告朔有餼羊，則饗用少牢明矣。無用特牲之理。蓋月朔大食，王后膳以太牢，君夫人膳以少牢，而廟饗乃殺焉，可乎？其禮節宜簡，無灌鬯、告血、薦腥之節。周官「以饋食饗先王」，説者謂即朔月朝饗自饋熟始。又無后夫人之獻尸，賓、祝、侑、群下之酬酢，則亦可以終朝而畢事矣。如聘使歸釋奠於禰，三獻行酬，須臾而畢事，其儀簡故也。

閏月則闔門左扉，立于其中。

鄭氏謂「反宿路寢」，又謂「聽於明堂門中，還處路寢，終月」，非也。諸侯視朝，退適路寢聽政，使人視大夫，大夫退，然後適小寢釋服。天子禮宜同，其處路寢門中，特聽政時耳。居食與宿，仍在燕寢也。春秋譏薨於小寢，以男子不死於婦人之手，疾革則當遷於路寢，以正其終，非謂平時皆當宿於路寢也。雖禮文殘闕，以義測之，必齊喪之期始宿於路寢，以人君聽政之所，而日與嬪御燕休焉非所安也。○周禮宫人：「掌王之六寢」，注：「路寢一以治事，小寢五以休息。」○文王世子篇「公族以刑死，君爲之變素服居外」，疑即宿路寢也。○疏終竟一月所聽之事於一月中耳，當是於門中衍誤。

御瞽幾聲之上下。

聲音與政通，吉凶先見，理固有之，而朝夕恒食之樂，必使御瞽幾聲之上下，所以警人君，俾時惕然於天心人事之不可常也。箴誦則責之師矇，誄謚則作於衆瞽。蓋以廢疾之人於世無求，使陳法戒於君側，告行蹟於皇天，可以正言不諱，而聽者無猜也。

年不順成，則天子素服，乘素車，食無樂。

順者庶徵時叙，成者百穀豐登，惟順故成，惟不順故不成也。而雨暘燠寒風之不時，實由肅乂哲謀聖之罔念，故年不順成，以喪禮處之，使人君念用庶徵也。

皮弁以聽朔於太廟，朝服以日視朝於內朝。

天子聽朔於明堂，頒是月之政令於畿內也。諸侯聽朔於太廟，聽王朝所頒之月令，而宣布於國中也。聽朔於明堂，則兼聽是日之政，以六官庶司既從。王告朔朝饗於太廟，又從聽朔於明堂，無暇更復逆於路寢也。諸侯聽朔朝饗既畢，則易服以反路寢而聽政焉，孔子曰「朝服而朝，卒朔然後服之」是也。所省者，惟視朝之節耳。

朝辨色始入，君日出而視之，退適路寢聽政。

不於視朝時聽政，而退適路寢者，不敢以倉猝決事。且使群臣各以次效其功狀，畢其計慮，而詳察其得失也。

又朝服以食，特牲三俎，祭肺，夕深衣，祭牢肉。

曰「特牲」，明擇用羊豕，而不得兼也。於夕曰「祭牢肉」者，明用牲餘體，而非以朝食之餘進也。日中則餕朝食之餘，而不祭。○諸侯之禮，然則天子日中及夕食，亦用牢之餘體可知，足證王安石説周官膳夫奉膳贊祭之誤。

子卯稷食菜羹。

非以爲忌也。夏正雖革，而服事殷者，仍夏之諸侯。殷命遐終，而服事周者，仍殷之諸侯。故於廟社不祀之日而稷食菜羹，以示其不敢安焉。此必湯、武躬行而因著爲令典也，於此見聖人遭變，雖君臣易位，而忠敬之心仍不失其常。

凡有血氣之類，弗身踐也。

山陰陸氏謂：「踐讀如字，血氣之類，蓋若螻蟻得之而未盡也。若螻蟻之類，則口弗踐可矣。弗身踐者，如遇毒螫害人之物，則使人驅除刈殺，特不躬自蹴蹋之耳。」

至于八月不雨，君不舉。

朱軾曰：「此言周正也。八月乃夏之六月，雖不雨，猶有待，至災成，則不止於不舉。」

君衣布搢本。

年不順成，天子以喪禮處之，示天降喪亂亡無日也。諸侯則貶從臣下之服物，示不能康濟國民，則無以保其爵命也。此義明，尚安有視民如草芥者乎？

關梁不租。

周官之法，關聯門市以譏不物，商賈貢其貨賄，而無所爲租，山澤之農貢其物以當邦賦，而無所爲税。此春秋、戰國苟且之政，記者妄述以爲先王之制耳。後儒傅會，乃謂周官有租有税，所謂道聽而塗説也。

山澤列而不賦。

列謂分别其孰爲可取、孰爲宜禁，而頒布之，或以地之廣狹，或以材之大小、疏密。恐民愚以歲凶恣取而後不繼也。周官角人、羽人掌葛，皆徵其材物於山澤之農，以當邦賦。山農、澤農授以山澤可耕之地，而使守其材物者。材物之外，别無所謂賦。不賦即謂免其材物之徵耳。

土功不興。

後世興功築以救荒，上傭之也。古者力役征於民，故土功不興。

大夫不得造車馬。

大夫體國，有資聚則當盡出以佐民之急，無暇及自奉之服物也。

君定體。

朱軾曰：「體必君定者，福以德凝，殃以德弭，使君自度也。」

君羔幦、虎犆，大夫齊車、鹿幦、豹犆，朝車，士齊車、鹿幦、豹犆。

士齊車雖與大夫朝車同，其皮物之精粗、攻治之良苦，必有與大夫之齊車異者矣。或曰：「末『鹿幦、豹犆』字必有誤也。果與上同，則其文當曰『大夫士齊車、朝車、鹿幦、豹犆』，無爲別舉而覆出。」○陳氏、馬氏謂「式有衡以横於上，有犆以直於下而異飾」，非也。式之衡者，以人憑之，故設幦，其直者無事於飾。

出杅，履蒯席，連用湯，履蒲席。

浴用二巾，以上下潔污，不可比而同之也。入杅坐而浴水之瀋瀾，不能分上下潔污，故出杅、履蒯席別用。湯立而濯上體，以絺巾拭之，然後瀉湯於異器以濯下體，而履蒲席焉。舊説湯專濯足，則無爲易湯矣。考工記「湅絲湅帛，易水以淘練」之義。

將適公所，宿齊戒，居外寢。

古禮，君日出而視朝，自命士以上皆日與君相見，而有復逆，此乃鄉遂之吏、公邑、都家之長以時以事入國見君之禮也。

書思對命。

君所問及對答之辭，豈可豫料夙設？君命當奉行者，亦不應得豫書也。蓋思者己所欲陳於君，對命者君夙昔所命當復對之事，二者皆豫書於笏，以備遺忘，不得爲三則。

揖私朝，煇如也，登車則有光矣。

其事非奇，然非職業具脩、操行高潔、俯仰無慚，無由得此氣象，與召南之羔裘言「退食委蛇」同義。非美其儀觀，乃古人之善言德行也。

徒坐不盡席尺，讀書、食則齊。豆去席尺。

以豆去席尺，故坐與席齊，則書几之去席尺不必言矣。

飯飲而俟。

朱軾曰：「飯畢亦飲，而俟君之飧也。」

君既食又飯飧。

「又」疑「乃」字誤。

君既徹，執飯與醬，乃出授從者。

飯與醬皆己之餘，不敢虚君惠，又不敢使公士食己之餘，故出授從者使餕之。猶周官之法，王在喪，宰攝祭，不敢飲福，則使鬱人與量人受舉斝之卒爵而飲之也。疏謂「此食合己之所得，故授從者」，似將以飯醬歸，恐非禮意。飯醬非牲俎之比，偶然侍食，無爲侍食者特設之俎，則無可歸，故飯醬宜使從者餕。若君與臣禮食，則親徹奠於階西，而不授從者。以有司將歸賓俎，必與黍醬同歸。大夫相食，亦親徹奠於階西，以歸俎之禮與公食同也。

凡侑食，不盡食。

飯之數，尊卑有等，故不盡食，然後可量其多寡，而不虚後侑也。

退則坐取屨，隱辟而后屨。

不敢鄉君而屨，故就隱辟之處，非逡巡而退之謂。

惟饗野人皆酒。

蜡者，聽民自爲一日之樂，而非上饗之也。惟饗耆老孤子，則有爵者不與，故曰「野人」。

冠而敝之可也。

非時王之服，私居亦不敢常著。而始加之元服，又不宜毁裂以充他用，故敝之。置而不用，久將自敝。

縞冠玄武，子姓之冠也。

父小祥以前，子尚服受服之冠。父小祥，則子之服釋矣，故反常服。惟冠猶縞其上，以祖父母乃正統之期，又恐父見子服之全吉，而不安於心也。知非父大祥以後所服者，未有小祥已全吉，而大祥後轉用縞之義也。其義與父有服宫中、子不與於樂同。聖人教孝之仿偟周浹如此。

垂緌五寸，惰游之士也。玄冠縞武，不齒之服也。

惰游之士，王制所謂「不帥教者不齒」，周官所謂「罷民」。

五十不散送。

此謂旁親君子之居喪也，顔色稱其情，戚容稱其服。五十始衰，於父母之喪亦不能致毁矣，況等而下之乎？故不散送也。若主人則不宜有異，一麻之散與絞而不敢苟同者，所以責其哀情之實也。若居處飲食，百事無變焉，而苴絰苞屨是作僞於親，非人道也。

縫齊倍要。

鄭注「縫」或爲「豐」，或爲「逢」，義當從「逢」。儒行「逢掖之衣」，楚辭「後嗣逢長」，皆大也。若以縫爲義，則曰「齊倍要」足矣，於文爲贅。

衽當旁。

謂裳衽也。衣衽無不當旁者，裳則前三幅，後四幅。衽之相交或不當旁，惟深衣與裳連，則裳衽亦當旁也。

長、中繼揜尺。

中人臂長三尺，自背之中至指則近四尺。深衣反詘之，及肘必五尺餘，乃可揜。疏言幅廣二尺二寸，以半幅繼續袖口，僅三尺六寸，安能反詘而揜尺？豈除衣身正幅，而惟計兩袖之度耶？古尺短，其度正合。

朝服之以縞也，自季康子始也。

王制「革制度衣服曰叛」，非有無君之心、軋上之勢，未敢然也。季康子時，政在大夫，天子諸侯若綴旒久矣，故以意而更朝服也。

裘之裼也，見美也。弔則襲，不盡飾也。君在則裼，盡飾也。服之襲也，充美也，是故尸襲，執玉龜襲。無事則裼，弗敢充也。

裼襲或言裘，或言服者，於見則舉内之裘，於充則舉外之服也。○君在喪所也。古者卿大夫之喪，君皆弔臨。

既搢則盥，雖有執於朝，弗有盥矣。

入朝時既搢笏必盥手，故執笏於朝，弗再盥，蓋登車不執笏，至朝而後執也。疏義甚明。方氏乃謂「在廟搢笏必盥，及有執事於朝不再盥」，恐未安。廟中之事，無中輟者，方執事於廟，無因忽又執事於朝。且廟中設罍水，今曰「盥於廟」，則於朝弗再盥，似平時朝中可盥，未知何據。

大夫大帶四寸。雜帶：君朱緑，大夫玄華，士緇辟二寸，再繚四寸。

於大帶四寸下更舉雜帶，則自君及士皆二寸，蓋四寸而複縫之也。雜帶狹，取其便。舊説再繞要一帀，則於四寸義難通。於大帶舉大夫，於雜帶二寸，再繚舉士，明自君以下皆同也。蓋帶之廣加於四寸，則不便於束，既取簡便，而再繚，則君大夫不宜有異。如有異，則宜有明文以別白之。蓋帶之辨在緣，而不在長短、廣狹也。

肆束及帶。

肆者，組約之餘。帶者，下垂之紳。束者，組綬所束之玉佩也。蓋惟佩玉不利於勤者之事及走趨，故收擁玉佩，則并事佩及紳約之垂者。此禮蓋爲士大夫設，若尋常男女事佩，不碍走趨及有事也。

韠，君朱，大夫素，士爵韋。圜、殺、直：天子直，公侯前後方，大夫前方、後挫角，士前後正。

舊説圜、殺、直三者，韠之形制，非也。言尊卑之等圜者，殺於直耳。公侯前後方，則殺於天子之直矣。大夫後挫角，則又殺於公侯之前後方矣。注疏殺者去上下各五寸，所去之處，以物補飾之使方，亦非也。直者以全韋爲之，而邊幅皆直也。「前後方」者，上下皆尺以取方，而旁以別韋合之。所殺者下廣，左右各五寸，而上廣無變也。知然者，上廣一尺，下廣二尺，非下廣左右各去五寸，以達於上廣，則不得云方矣。大夫亦上下皆尺以取方，但上角微挫耳，正即直也。

其頸五寸，肩、革帶博二寸。

韠之有頸，所以綴於腰也。韠以韋爲之，頸太廣則不能順貼，故止用五寸。又恐其左右偏側，故於兩肩各爲革帶以綴於腰，而革帶之博則二寸也。○朱軾曰：「頸與肩乃安於韠上者，取足以繫而已，故不言長。」

君命屈狄。

疑惟子男之妻五命，然後得受命於王。自四命以下，其妻皆有司等其爵命，猶君之衆子使有司名之。注謂受王后之命，非也。雜記：「夫人之不命於天子，自魯昭公始。」

唯世婦命於奠繭，其他則皆從男子。

三夫人九嬪，必親受命於王。世婦必累積功勤，乃因獻繭就而命之。其他皆從男子，則自王之卿大夫、公之孤以下，婦從夫爵，而有司命之可知矣。外命婦，然則内官自世婦以下，亦有司等其班次以爲服命，而王不親可知矣。侯國之夫人不得親受命於王明矣。而記曰「夫人之不命於天子，自魯昭公始」，蓋謂達其姓氏於王，而内史賜以册命耳。

凡君召以三節，二節以走，一節以趨。

朱軾曰：「一節二節謂一使方往，又一使隨後也。不言三者，三亦不過走，且見不待三也。」

童子之節也，緇布衣，錦緣，錦紳并紐，錦束髪，皆朱錦也。

童子多具大，父母飾以朱錦，蓋用爲親歡，又發揚其志氣，使知興於道藝，而欲爲秀民矣。

無緦服，聽事不麻。

知其哀情之不能稱，而空加之服，是使習於欺也。觀此，則知先王制喪服之義矣。

凡燕食，婦人不徹。

注謂「婦人質，不備禮」，陳氏集説遂謂「弱不勝事」，非也。特牲饋食「宗婦徹祝豆籩，徹主婦薦俎」，少牢饋食「告利成後，婦人徹室中之饌」。周官「内宗薦加豆籩，及以樂徹，則佐傳籩豆」[一]、「外室佐王后薦玉豆[二]，及以樂徹，亦如之」。質不備禮、弱不勝事之説，不可通決矣。古無奴婢，事舅姑者，即子婦也。朝夕盥饋，或夫婦居室，子女尚幼，非婦徹而誰哉？此所謂燕食，蓋有慶事，而女賓衆至。或宗婦合食，既不可立一人爲賓，而獨與之爲禮。若主婦一一自饋，衆賓一一自徹，則不勝其擾，而義無所取，故使内御者、婦贊者中代徹，而不敢以煩賓也。

有慶，非君賜不賀。

君有賜而己無慶，不賀也。己有慶而君無賜，亦不賀也。違此，則賀者爲諂，受者爲驕矣。

[一]「籩豆」，周禮注疏作「豆籩」。

[二]「外室」，周禮注疏作「外宗」。

孔子食於季氏，不辭，不食肉而飧。

季孫之用孔子，蓋將以便其私圖，而未知孔子之能從與否也，故食孔子，而故違於禮以微試焉。孔子蓋如見其肺肝矣，故亦以無禮答之。示雖一飲食之微，苟違於禮，雖令不行也，與「取瑟而歌，使孺悲聞之」同義。

君與尸行接武。

注疏指不分明，陳氏集説遂謂「君大夫士與尸行之别」，非也。特牲、少牢禮尸入，主人待於階間，而不爲禮。尸既入，祝繼入，然後主人從之，從無與尸同行之禮。蓋至獻薦時，然後主人視尸猶祖考，若同行於庭中，則尸子行也，孰先孰後，難讓難辭。故惟拱立以待其入，此聖人運用天理也。士大夫且然，況君乎？此言君至尊，尸象先君，亦至尊，故在廟之接武同，大夫士則各有差等耳。記曰「君迎牲而不迎尸」，正所以昭揭此義也。

徐趨皆用是。

陳氏集説「或徐或趨，皆用此與尸行步之節」，非也。趨有疾有徐，疾趨則豈可接武繼武哉？惟徐趨始可用是爲節耳。國策「左師入而徐趨」。

立容德。

朱軾曰：「必德成，然後諸美皆備。若手足頭目間一事有失，則立不足觀矣。」

視容瞿瞿梅梅。

莊子知北遊篇「媒媒晦晦」，睡寐之貌也。想周時方言有此，而傳寫或作「梅」，或作「媒」。

立容辨卑，毋讇。

惟立容應有辨别，如對君父、接賓客、莅官臨民，各有當然之則，不可混也。

盛氣顛實揚休。

盛氣填實於中，則休美發揚於外也。

玉色。

顔色如玉，即休美之外揚者。

禮記析疑卷十五

明堂位

明堂位列戴記，先儒以爲誣舊矣，而余尤疑是篇不知何爲而作也。謂周人記之，則於明堂方位度數、朝會禮儀宜詳。謂魯人自侈大，則宜先周公勳勞法則，以及山川、土田、附庸、殷民、周索、命誥、典册，而無一具焉。至魯君臣相弑，三傳無異辭，初誦經書者皆識焉。記者能詳四代之服器官，而獨昧於此，豈不異哉？及讀前漢書，然後知此莽之意，而爲之者劉歆之徒耳。莽之篡，無事不託於周公。其居攝也，群臣上奏稱明堂位以定其儀，故記所稱，莫不與莽事相應。其稱周公踐天子之位以治天下，朝諸侯於明堂，以莽踐阼背斧依南面朝群臣也。賊臣受九錫以爲篡徵，自莽始，故備舉魯所受服器官，以爲是猶行古之道耳。其稱魯君臣未嘗相弑，又以示傳聞不可盡信，若將爲平帝之弑設疑也。其篇首曰：「昔者，周公朝諸侯於明堂之位，天子負斧依南鄉而立」，易周公以天子，與當日群臣所奏「周公始攝，則居天子之位，非乃六年，然後踐阼」，隱相證也。莽贊稱假皇帝，則奏稱書逸嘉禾篇，周公奉鬯立於阼階，延登贊曰「假王莅政，勤和天下」。書既逸矣，云云者，誰實爲之？又況漫無所稽之雜記哉？或疑周公踐阼，倍依以朝諸侯，別見史記魯、燕世家，而荀卿儒效篇亦曰「以枝代主」，疑明堂記或有所授。不知古用簡册，秘府而外，藏書甚稀。太史公書，宣、成間始少出。自向校遺書，歆卒父業，以序七略，東漢宗之。凡後世子史之傳，皆歆所校録也。歆既僞作明堂記，獨不能增竄太史公、荀子之文哉？詩書而外，周人之書成體而不雜者，莫如左氏春秋傳。史克之頌、祝鮀之言，於魯先世事詳矣，無一語及此，而悖亂之説皆見於歆以後始顯之書，則歆實僞亂增竄以文莽之姦也決矣。嘗考魯世家削去成王少至攝行政當國，燕世家削去成王既幼至召公乃説，前後文義，脗合無間，而周本紀所謂周公攝行政當國，與尚書「位冢宰，正百工」義正相符，是則劉歆之徒，所未及改更，而尚存其舊者。儒效篇首與中間語複，按以文律，如附贅縣疣，蓋自秦昭王問孫卿以下，乃其本文也。昔韓子論學首在別古書之正僞，取其正者以相參伍，而得其會通，昭昭然如分黑白矣。

九夷之國，東門之外，西面北上。八蠻之國，南門之外，北面東上。六戎之國，西門之外，東面南上。五狄之國，北門之外，南面東上。九采之國，應門之外，北面東上。四塞世告至。此周公明堂之位也。

據此，則四面皆有門，天子南鄉，東西面朝者尚有相向之義，南面則出背後，恐非所安。周書康王之誥「大保率西方諸侯入應門左，畢公率東方諸侯入應門右」，此正成周盛時所用之禮。以此推之，四裔之國雖多，皆於南門外分左右以次而上，無四面分布之理。列序朝位，忽曰「四塞世告至」，即承以「此周公明堂之位也」。即以文義求之，暗昧支離，亦與莽傳中誥令書疏相類。

命魯公世世祀周公以天子之禮樂。

春秋傳子家駒曰：「諸侯僭於天子，大夫僭於諸侯，久矣。」昭公曰：「吾何僭矣哉？」子家駒曰：「設兩觀，乘大路，朱干玉戚以舞大夏，八佾以舞大武，此皆天子之禮也。」使成王果賜，而伯禽受之，不當以爲僭矣。

納夷蠻之樂於太廟，言廣魯於天下也。

按莽傳群臣始奏，宜益莽封三萬户，比大將軍霍光、蕭相國何。繼以莽女立爲后，有司請以新野田二萬五千六百頃益莽封，以應古者后父百里尊而不臣。及陳崇頌莽功德，遂倡言成王之於周公度百里之限，逾九錫之檢，開七百里之宇。魯公之外，六子皆封，宜敕盡伯禽之賜，無遴周公之報。自是，吏民上書者千八百餘人，咸曰周公享七子之封，有過上公之賞。及莽將即真，群臣尚據此復奏，此莽始終布置漸次上逼，以革漢命之本謀也。故歆作此記，因納夷蠻之樂，而云「廣魯於天下」，以隱相證焉。

百官廢職服大刑，而天下大服。

周官王朝祭祀，肆師相治小禮，誅其怠慢者。所云誅，責讓譴呵之謂耳，何至遂服大刑？且魯雖受禮樂之賜，并不聞有廢職服刑之事，而曰「天下大服」，更不可解。如謂賜禮樂時，即降廢職服大刑之命，則天下宜恫疑駭遽，而不知其何所爲，何以遂大服乎？蓋莽以窮治呂寬之獄，滅衛氏及漢宗親、郡國豪傑，死者數百人，海内震焉。故歆爲此記，以示共周公之祀事而廢其職者，即服大刑。況顯與安漢公爲敵，及陰謀變怪以相驚懼者乎？雖鈎黨蔓誅，亦未爲已甚也。

反坫出尊。

凡爵奠於席上，有坫則隆，然高出，故曰「出尊」。

崇坫康圭。

康，安也，爲面坫以安圭也。

拊搏、玉磬、揩擊、大琴、大瑟、中琴、小瑟，四代之樂器也。

當是「揩擊玉磬，拊搏大琴、大瑟、中琴、小瑟」，文錯也。

禮記析疑卷十六

喪服小記

斬衰，括髮以麻。爲母括髮以麻，免而以布。

朱軾曰：「括髮、免、髽，三者名異而制一，麻亦布也，以未成布，故曰『麻』。」鄭注「廣二寸」，似不足以括髮。馬融謂「廣四寸」爲是。愚意兩頭宜漸殺，長可自頂交前繞於髻，又析其末，可以結，三者之制一也。

庶子王亦如之。

謂旁支繼大統者，專奉四廟，而不得顧私親也。

別子爲祖，繼別爲宗。繼禰者爲小宗。有五世而遷之宗，其繼高祖者也。是故祖遷於上，宗易於下。尊祖故敬宗，敬宗所以尊祖禰也。

古之宗法，所以收族，乃爲生者而設，非使各領其族以祀先祖也。所謂五世而遷者，五世中族人合食，猶以繼高祖之宗子爲主，至六世則各以其親者相屬而遞遷也。惟宗法爲生者設，則雖庶人亦得各領其族。若祀其先祖，則貴賤各有等差。雖宗子爲大夫，止立三廟，無由得祭高祖也。大傳干祫及其高祖，乃有大勳勞，請於其君，而特舉之。惟別子之廟，則常存而不毀，而宗子得攝族人之祭。知然者，詩曰「于以奠之，宗室牖下」。內則「若富，則具二牲，獻其賢者於宗子。夫婦皆齊，而宗敬焉，終事則后敢私祭」，則私家有祖禰之廟。所謂宗敬，乃祭於大宗之廟可知矣。然亦惟族人始爲大夫士而告於大宗之祖廟，宗子代爲之薦。其歲祭之常，適子則自主之，庶子則小宗之適主之耳，別子之廟時代久遠，子孫歲祭合食，必有典法，而禮文殘闕，今不可考矣。○春秋傳楚滅戎蠻子，立宗以誘其遺民。蓋有宗子，然後支庶皆往依之，其族可復聚耳。

庶子不祭祖者，明其宗也。

立廟雖由庶子，而必立於適子之家，使適子主祭，不敢貳先人之統也。曾子問曰：「宗子爲士，庶子爲大夫，其祭也如之何？」孔子曰：「以上牲祭於宗子之家，祝曰：『孝子某，爲介子某薦其常事』。」曰「祭於宗子之家」，則庶子家無廟可知矣。曰「爲介子某薦其常事」，則宗子主祭可知矣。

殤與無後者從祖祔食。

祔食之禮，宜於繹祭於祊後當室之白陳。殤與無後者，次主設俎、敦、豆、籩，一如尸未入設饌。祝神之禮，宗子獻奠，祝一一致告，但不主尸，無酬酢，則終朝可畢，然後儐尸未晚也。若正祭之日，則無暇及此。古禮必別具此節，附卿大夫祭禮之末，如祀方明之附覲禮，而今無考耳。

庶子不祭禰者，明其宗也。

雖庶子爲大夫、士，適子爲庶人，庶子家亦不得立廟。所以然者，既自立祖禰之廟，而仍就適子家祭於寢，非所安也。使適子廢寢祭，而來主祭於庶子之家，亦非所安也。適子自祭於寢，庶子自主廟祭，尤非所安也。

親親、尊尊、長長，男女之有別，人道之大者也。

或曰：此泛論禮之大經，不專指喪服。

從服者，所從亡則已。

惟臣從君服，不得以所從亡爲斷，而辨於臣之失位去國與否。蓋君雖亡，君之母妻服制有常。臣雖失位，而未去國，亦宜從國民之服。循數以推，惟嗣君之父以廢疾不立，設若衛靈公無子，其兄縶之子嗣立。而嗣君又亡承國者，其旁支兄弟，則諸臣於嗣君之父無服耳。若道其常，則君之妻，嗣君之母也，君之母，嗣君之祖母也，而服可已乎？

世子不降妻之父母。

外喪不廢祭故也。

父爲士，子爲天子諸侯，則祭以天子諸侯，其尸服以士服。父爲天子諸侯，子爲士，祭以士，其尸服以士服。

朱軾曰：「大夫士相去不遠，故葬從死者，祭從生者。至於天子諸侯，則宜有變易。主人冕旒，而尸士服，禮不宜然。此漢儒附會中庸而推之，非其類也。」○三代相繼，無父爲士而子爲天子者，父爲士子爲諸侯者則有之。既建國立廟，則宜仿周初上祀之禮矣。若父爲天子諸侯，子爲士，則王子公子之奔及寓公之子皆是也。惟寓公之子得祭其父，餘皆不得祭。疑周衰禮壞，越禮私祭者多，而不敢用天子諸侯之服以衣其尸，故記者誤傳以爲典禮耳。

大功者，主人之喪有三年者，則必爲之再祭，朋友虞祔而已。

朋友不得主練祥，何也？虞祔姻賓咸在，故朋友可爲之主。若練祥，則子幼，妻可自舉，而以異姓之男子與焉，則當自嫌，非大功同居同財者比也。夫無族，前後家、東西家可主喪，則小功絲之族人亦可主而第舉[一]。大功，則族疏者亦宜引嫌與朋友同也。若有子，則祭時當以衰抱，用曾子問君薨而子見之禮。

生不及祖父母、諸父、昆弟，而父稅喪，己則否。

「祖父母」上脫「從」字，謂從祖父母及從祖父母所出之諸父昆弟也。從祖父母及其子若孫於父爲期爲大功，於己皆小功。小功不稅謂此。蓋恩本輕，加以生不及見，則哀情不屬，故過時可不稅耳。下節「降而在緦小功者，則稅之」，可證此文必有脫誤。

[一]「絲」，當爲「緦」之誤。

降而在緦小功者，則稅之。

此條皆以至親之降服言。陳氏集説引從祖兄弟之長殤，非也。

虞，杖不入於室；祔，杖不升於堂。

哀情漸殺，不至於甚病而服杖，則非誠矣。故凡喪禮之每殺，皆所以責其誠也。

爲君母後者，君母卒，則不爲君母之黨服。

此從服也，君母卒則無所從矣。父再娶，則從繼母而服其黨。父殁，則自服其母之黨。父未殁，不再娶，亦不服君母之黨。蓋不可以徒從，而紊於屬從也。○曰「爲君母後」，以此知妾有子則適免於出所，以重恩義、化嫉妒。○女君死，妾猶服其黨，何也？媵多以娣姪，則於所服者有骨肉之恩焉。即取諸家僕隸子弟，亦有君臣之義，故徒從者，惟此不可絶也。買妾而不知其姓者，間一有之耳。

妾爲君之長子與女君同。

先王制禮，女君殁，妾猶服女君之黨，又爲君之長子服，與女君同。重其分誼，以長恩愛、化嫉妒，所謂止邪於未形也。

斬衰之葛與齊衰之麻同，齊衰之葛與大功之麻同。麻同，皆兼服之。

兼服，謂男子首仍重喪之葛，要則服輕喪之麻，兼服重喪之葛也。知非以麻帶易去葛帶者，間傳：「斬衰之喪，既虞，卒哭，遭齊衰之喪，輕者包，重者特。」男子則首絰不易，要絰以葛包。婦人則要絰不易，首絰以葛包。不易者，以其本同包者重喪之痛，可外加而不可中變也。○注婦人上下皆麻，謂要仍重喪之麻，首則輕喪之麻也，齊、斬則然，大功以下，祔後易葛帶。

報葬者報虞，三月而後卒哭。

虞所以安亡者之靈，故不可一日離。卒哭所以節生者之哀，故必三月而後舉。葬日虞，三虞卒哭與祔接，則再虞必介乎葬與卒哭之中可知也。

大夫降其庶子。

禮有降服，先王之所不得已也。蓋古者，諸侯大夫無時不有朝聘、會同之事，而在喪則禮不得行。齊衰、杖期雖公門不脱，不杖期脱衰而仍絰，故諸侯絶旁期，大夫降在大功，則事不廢。

曾子問：「卿大夫將爲尸，於公受宿矣，而有齊衰内喪，則如之何？」孔子曰：「出舍於公館以待事，禮也。」以受宿爲限，是未受宿則廢也。齊衰未受宿廢，是大功以下不廢也。推此以例，其餘則大功以下，凡公事皆不廢可知矣。大夫之子亦降者，恐廢祭也。曾子問大夫之祭，禮器既陳，内喪、齊衰、大功皆廢。大夫朝聘出逾時，其子當攝祭不降服，則宜廢者多矣。公之昆弟亦降者，恐不得爲尸也。然所謂降者，不過降其衰麻，減其時月而已。其不飲酒、食肉、御内、聽樂之實，則不廢也。知然者，文王世子公族有死罪，君素服居外，不舉、不聽樂，如其倫之喪。諸侯且然，大夫可知。旁喪且然，子厭於父而降其母者可知。漢戴德喪服變除，天子、諸侯、庶昆弟、大夫庶子爲其母哭泣、飲食、居處、思慕猶三年也。義甚當，而未得所據，可以文王世子記證之。○公羊傳大夫聞君之喪，攝主而往，雖與曾子問不合，足徵凡有國政，祭皆攝，大夫之庶子爲適，昆弟不降，不攝祭也。

大夫不主士之喪。

喪紀以服之輕重爲序，不奪人親也。此莽、歆所增竄，詳見總辨。

士祔於大夫，則易牲。

其與「葬以大夫，祭以士」異義，何也？特祭於祖，祖爲大夫，不宜用卑者之牲。若四時常祭，以己所得致而追養，不敢過越也。又時祭祫，父祖不同位，亦不得同牲。

繼父不同居也者，必嘗同居，皆無主後。同財而祭其祖禰爲同居，有主後者爲異居。

喪服傳「必嘗同居，然後爲異居」。疑此篇引用其文，而脱「然後爲異居」五字。○「有主後者爲異居」，專指繼父言，或本自有子，或母生子於其家也。疏「此子有子，亦爲異居」，當是「此母有子」，文誤。

士大夫不得祔於諸侯。祔於諸祖父之爲士大夫者。其妻祔於諸祖姑，妾祔於妾祖姑，亡則中一以上而祔，祔必以其昭穆。

祔者，告以新主將入此廟也。若祔後仍各立廟於家，則此告甚無謂。若竟奉主入諸祖父之廟，則舊主當祧以讓新主。無故而祧人之祖，其人之孫當祔者，轉無可祔之廟。周公制禮，豈如此瀆亂不經？葬、歆僞附也。○如此則妾亦祀於祖廟，至曾、玄而不廢矣，其妄可知。

宗子，母在爲妻禫。

舅没則姑老，宗子之妻承宗祀而領宗婦久矣，故特申其恩。

爲慈母後者，爲庶母可也，爲祖庶母可也。

舊説「非有子而死不得立後」，非也。設其人服勤之久，或經父母喪疾而能竭其力，乃以無子禁不得立後，於義協乎？況爲父之妾立後，則恩義並起於父，何得論其曾有子與否？

慈母與妾母，不世祭也。

庶子不得立廟，故雖妾母亦適子主祭而祔食。即「殤與無後者從祖祔食」之義。此記及春秋傳「於子祭，於孫止」，皆主適子適孫而言也。即妾子爲父後，亦止及其身，得祔食於君母。蓋妾而祔於祖姑，是二適也。然身之所出，不可使無祀於後。庶子之子立禰廟，則可以祭父之生母矣。周祀姜嫄，商祀簡狄，前聖所行，可爲標準。

爲殤後者，以其服服之。

宗子爲殤而死，庶子弗爲後也。此曰「爲殤後者」，代殤以繼大宗，猶官司相承之有前後耳，故以兄弟之服本應服者服之而無加也。

箭笄終喪三年。

婦人重腰，小祥則除首絰。疑笄亦有變，故特立此文。

諸侯弔於異國之臣，則其君爲主。

古者君於本國之臣，有疾親視，有喪躬弔，則鄰國之君相朝或過賓會，其卿大夫之喪而弔臨，禮宜有之。主君亦宜臨其殯宮以接賓，但據禮經，兩君宜立於階上要節哭踊，而主人拜稽顙於下。先儒不能辨，魯、衛之君屈拜季孫爲失位。季氏任君之拜爲無君，轉引以證此記，謂「君爲主，則君宜答拜」，惑且悖矣。

諸侯弔，必皮弁錫衰。所弔雖已葬，主人必免。主人未喪服，則君亦不錫衰。

前四句以諸侯貫之異國之君也，後一句以君别之，兼本國之君也。○山陰陸氏謂「天子重絰，諸侯重衰」，未知何據。周官司服「王爲三公六卿錫衰，爲諸侯緦衰，爲大夫士疑衰，其首服皆弁絰」，弁加絰，則服必衰上下同之。

養有疾者不喪服，遂以主其喪。非養者入主人之喪，則不易己之喪服。

朱軾曰：「期、大功未葬，斬衰爲母，齊衰未練，則使人養而已，不得親已所服之喪。或疾者所不服，或有服而已除，則釋服以養之。若有疾者與己同服，或彼別有服，則養者亦不必改服也。所養者死，其服或同於己所本有之服，或輕焉，或重焉。重則服其服，同則已服已變而受，亦服其服。若同，而己服未變，或輕則於新死者初成服。及當事，拜賓，服其服，事畢，反己服。非養者入主喪，本無服，則素服，有服則不易服。至成服，然後釋己之服，而服其服。餘與養疾而死者同。」○未小斂，主人主婦尚未變服，養疾者不得於此時反己之喪服，故遂以吉服主其喪，直待成服之後，權其輕重以爲反前服，與竟服新服之準也。

妾無妾祖姑者，易牲而祔於女君可也。

此及前記妾祔於妾祖姑，皆衰世慝禮，記者所誤入也。春秋傳不祔於姑不稱夫人，繼室且然，則妾無祔廟之禮可知矣。其祔食於廟，應同殤與無後者，俟正祭既畢，而別舉之。特禮文殘闕，故於傳無考耳。注「女君謂適祖姑」，非也。曰「可也」，蓋禮經無文，記者以意度之。謂無妾祖姑者或祔於女君，尚可以明祔於祖姑之必不可耳。祔於祖姑，則嫌於嫡之再祔矣。若祖姑與女君皆存，妾又安所祔乎？然則妾無祔廟之禮審矣。

士不攝大夫，士攝大夫惟宗子。

此條似言宗子得兼攝庶子之祭，雖異爵亦然，即曾子問篇「宗子爲士、庶子爲大夫」，「以上牲祭於宗子之家」，祝曰「孝子某爲介子某薦其常事」是也。喪主當以親疏爲序，君子不奪人親。設士之喪，應主者實大夫。大夫之喪應主者實士，義不得以他人代也。若大夫以公事出，而家人攝祭，則義當使親子弟雖無爵者可攝，又無攝以宗子之義也。但禮於爵位懸絶者必有變。觀此篇及曾子問第以士大夫爲言，設宗子爲庶人、庶子爲大夫，其攝祭之禮必有損益，而今不可考矣。

父不爲衆子次於外。

雖不次於中門之外，然所居必外寢也。公族以罪死，君爲之居外，如其倫之喪，況父子之戚乎？

與諸侯爲兄弟者服斬。

始封之君不臣諸父兄弟，封君之子臣兄弟而不臣諸父，既臣兄弟，則同於臣，而不得曰「與諸侯爲兄弟」矣。此記蓋謂與始封之君爲兄弟者，封君之生雖不敢臣，及其死，則兄弟亦當爲服斬也。或曰如在本國，雖諸父亦宜服斬，若有故，而越在異國，則諸父及兄弟之子或可持服於異國。如其倫之喪，惟兄弟天顯本父母之一身，必歸奔而服斬也。春秋傳秦、楚之公子隱身於晉，晉人尚以本國之班底其位禄，則骨肉之恩之不可絶也明矣。

下殤小功，帶澡麻，不絶本，詘而反以報之。

朱軾曰：「凡喪，大功以上，小斂後散帶垂，至成服乃樛之。小功則散帶不樛。」注疏「反報之」，義不明。愚意，報，扱也，以其下垂者反屈而扱於要間，是不散亦不樛也。然則大功之降一等者，胡弗然情少疏也？長中殤之降一等者，胡弗然止降一等也？九月、七月較五月爲少伸也。

其妻爲大夫而卒，而後其夫不爲大夫，而祔於其妻，則不易牲。妻卒而後夫爲大夫，而祔於其妻，則以大夫牲。

祔，葬也。將祔葬，必先祭告於其主。疏謂「始來仕無廟者」，非也。既爲大夫，則必立廟矣。

母爲長子削杖。

方以象地，且降於夫也。子爲母削杖，義起於母也。母爲子削杖，義主於己也。

奔父之喪，括髮於堂上，袒，降踊，襲絰于東方。奔母之喪，不括髮，袒于堂上，降踊，襲，免于東方，絰，即位成踊。

爲母括髮以麻，免而以布。奔喪則不括髮者，初聞喪時已括髮，猶聞父喪已笄纚、徒跣。禮，過時不再舉也。

三日而五哭三袒。

奔喪之禮，三日止於五哭，何也？其聞喪於異國，心絶志摧，痛不欲生，哭踊無算，必有過於親湯藥而視含殮者矣。故歸至家，不得復行無算之哭踊。疏謂「閒喪久，故禮殺」，非也。

禮記析疑卷十七

大傳

大夫士有大事省於其君，干祫及其高祖。

有大事，有大功勳也。若無功者皆得請，則爲禮制之常，而不當謂之干矣。觀下文「牧之野，武王之大事也」，可見爲非常功伐。

追王太王、亶父、王季歷、文王昌。

西漢之末，絶不聞有緯書，自王莽假符命以篡，而光武亦以名應赤伏符，不能禁絶讖緯。馴至東漢之末，諸老儒遂據緯書以釋諸經傳，康成至謂文王已自稱王，孔穎達據合符邪説謂文王立后稷以配天，追王太王、王季，中庸所謂周公追王，乃以王禮改葬耳。其不改葬文王，本以王禮葬也。賊經誣聖，爲妖爲孽，遂至於此。諸經之各有緯書，乃莽徵詣公車，集廷中者所記説也。劉歆承莽意以著七略，未有不以諸經之緯附入者。班固志藝文，壹本七略，而無一語及緯書，則東漢之初，明者已棄置而不道矣。而群儒乃據以釋三禮，至莽臣勸進之文稱「周公踐阼，召公不悦」，康誥「王若曰朕其弟小子封，爲周公攝位稱王之徵，而據以説尚書，名賢魁士亦不能辨。程、朱出，始一以義理斥之，而膚學鲰生，至今尚有以不用漢儒訓詁爲程朱疚者，是之謂失其本心。

不以卑臨尊也。

柴於上帝，祈於社，然後設奠追王。蓋以三王之功德告於皇天后土，而後與天下共尊之。是以天地臨之，而非敢以己之卑臨祖考之尊，即至於南郊稱天以誄之義也。

所且先者五，民不與焉。

所言五者，本若無與於民事。然治親報功，存愛貞教之本也。舉賢使能，立政之源也。一物紕謬，則教迷而政亂，故民莫得其死。

五曰「存愛」。

凡古先聖王及其輔佐有功德於民者，皆建置後裔，興滅繼絶，所以存其遺愛也。

綴之以食而弗殊。

合食之禮，歲時必舉者，以五服爲限。若始爲大夫士，而祭於大宗之祖廟，及女子將嫁，而教於宗室，則凡同姓者皆然。綴之以食而弗殊，不獨合食爲然，故百世皆可考也。

自仁率親等而上之，至于祖名曰「輕」。自義率祖順而下之，至于禰名曰「重」。一輕一重，其義然也。

祖之義不宜重於禰，而曰「重」者，此記所論宗法也。設同父兄弟數人各一子，惟宗子無後，則必以一人之子後宗子，而不得顧私親，同祖亦然，是之謂祖重於禰也。儀禮喪服傳多後儒臆說，非先聖之舊，如經有「爲人後」之文，傳遂謂獨後大宗，何休因謂「小宗無後當絶」。設三人同父而適長無子，餘各一子，任適長之絶，則其次將自承父而爲宗子乎？抑以己之子繼祖而爲宗子乎？自承父則父本有適，以己之子繼祖則上無所承，而使兄弟及兄弟之子宗之，義不安，情不順也。必以己之子繼兄承祖以爲父之小宗，俟其子姓蕃衍，或兄弟之子姓蕃衍，然後使繼己，而爲己之小宗，此天理人情之極也。獨子且不可自私，而任父宗之絶，況多子乎？等而上之，至於高曾之小宗，則所繫愈重，皆各自私，而任其宗之絶，先王制禮，不若是之舛戾也。記言宗法甚詳，而無及於後小宗者。蓋大宗無後，惟義不可以苟止，而小宗無後，則情亦不能自安，故以爲不必言而略之也。適子不得後大宗，以族人可繼者多，故各留其適以後小宗。若父祖之小宗無後，而己無支子，雖適子亦安得不使爲後乎？經曰「爲人後者」，正以該大宗一、小宗四。果小宗無後當絶，則第曰「後大宗」者，而不宜曰「爲人後」矣。

族人不得以其戚戚君位也。

生則諸父兄弟皆臣，不得言本親之尊卑、長幼。没則有服、無服者皆斬，不得言天屬之遠近。以君所居天位，族人所居臣位也。

絶族無移服，親者屬也。

先王制禮，小功則不責以同財，非導以薄，量其力之不能周也。六世則不使相爲服，非絶其恩，度其恲之不能屬也。且使財之當同者，知其力之不可私服之。未絶者，知其情之不可飾焉。

宗廟嚴，故重社稷。重社稷，故愛百姓。

古者王公有田以處其子孫，即卿大夫之後亦聚族而居，如殷民七族、懷姓九宗，自當立社。有社則有稷。重社稷，以無田禄，則無以饗宗廟也。愛百姓，不獨卿大夫有采地者，各私其地，子其民也，即士之食田禄者，亦懼土荒民敝，而求其生養之遂矣。舊説「以百姓爲百官」，於下文「愛百姓，則刑罰中」不可通。

百志成，故禮俗刑。

財用不足，則百志不成。教以禮，而民不能從，坐視其俗之敗，而君不能正矣。

禮記析疑卷十八

少儀

篇中所載事父兄、師長之儀，皆童子時所當服行也。其中事君、承公卿、接賓客、交朋友、祭祀、朝聘、會同、軍旅、燕食、獻遺，皆成人所有事，而儀度、辭令必講習於童子時，故統之曰「少儀」。注疏詁「少」爲「小」，似未安。

不得階主。

將命者主通賓客，不得主進見之人，末由自通也。邵氏說得之。

適者曰：「某固願見。」

惟閒名宜稱將命者。蓋欲將命者以名聞於主人也。曰「願見於將命者」，曰「朝夕於將命者」，則辭不當物矣。蓋以敵者而請見，無論同國異國，因緣會合，必有其由主人已知其名，故第曰

「某固願見」也。亟見，則交親，第曰「某願朝見，某願夕見」，無庸更溢一辭矣。

適有喪者曰「比」。

比，附也，願自附於執事之人也。○與左傳「莫與比而事吾君」同義。

適公卿之喪則曰：「聽役於司徒。」

周官三公六卿之喪，宰夫與職喪率官有司而治之。凡有爵者之喪，職喪以國之喪禮莅其禁令。而惟曰「聽役於司徒」，何也？宰夫職喪掌其禮度及禁令而已，州長則凡州之大喪身莅其事，黨正則教其禮事，掌其戒令，遂匠納車，鄉遂之民共正柩下棺復土。凡喪之役事，莅而共之者，皆司徒之屬也。

受立，授立，不坐。

受立而跪，則近於諂，而形授者之倨。授立而跪，則重勞受者之以跪答也。

始入而辭曰：「辭矣。」

將入門，主人先客，故始入即詔以讓客使先也。

排闔脱屨於户内者，一人而已矣。

皆同等，則年長者一人脱屨於户内。若有異爵者及族姻行輩之長者在，則年長者亦不敢以長自居，而用此禮也。

不疑在躬。

此節皆以接人之禮，言凡性之直者及久相狎者，多疑人有身過以爲戲謔。既失忠敬之道，尤人情所忌，故戒之。若朋友有過而知之審，則當忠告，亦不宜爲疑辭。

不度民械。

度謂試其與己稱否，恐以欲得相疑也。

不訾重器。

訾與齊語「訾其相質」之訾同，蓋擬議其所值也。「觀君子之衣服、服劍、乘馬，不價」〔一〕，義與此類。

拚席不以鬣。

用袂拘也。

不貳問。

專問一事，不可更端。或卜不吉，而更以筮問也。

手無容。

不以手修容也，如循面拂鬢之類。燕居則可，對尊長則爲不敬。

執君之乘車則坐，僕者右帶劍，負良綏，申之面，拖諸幦。以散綏升，執轡，然後步。

〔一〕「不價」，禮記少儀經文作「弗賈」。

此與曲禮「車將駕」節可互證。坐綂初升，及既步而言初升，取貳綏跪乘，既驅五步而立，則又跪而執轡也。曲禮「取貳綏」即此記所謂「良綏」、「散綏」也。綏之本應結於車上，獻車者說綏而執之，故知常時結於車上。故僕者自取散綏以升，而置良綏於背，更從背繚而出於前，故曰「申之面」也。負綏而必申之面者，僕常鄉車前也。必負綏而繚於前者，君登則側身左轉而授綏爲便也。

師役曰罷。

師不得已而後用，役不得已而後興，君民上下無不願其罷休，故在師中者用以爲禮辭。

不旁狎。

君子不身爲狎，即人有相狎者，亦不可近其旁也。

有亡而無疾。

亡者以禮去國，所謂有故而去，非逃也。

車馬之美，匪匪翼翼。鸞和之美，肅肅雍雍。

僕者御得其道，則車馬匪匪翼翼。君子在車，聞鸞和之聲，則其容肅肅雍雍。

問國君之子長幼，長則曰「能從社稷之事矣」，幼則曰「能御」、「未能御」。問大夫之子長幼，長則曰「能從樂人之事矣」，幼則曰「能正於樂人」、「未能正於樂人」。問士之子長幼，長則曰「能耕矣」，幼則曰「能負薪」、「未能負薪」。

大夫之子皆入成均，大樂正、小樂正教之，故以正於樂人爲言。士之子非秀者不得入鄉學，故以耕與負薪爲言。若國君之子，雖六藝在所必學，而不應以僕御爲言。古者臣子之侍君父並曰御，射義「小大莫處御於君所」，內則「父殁母存，冢子御食」是也。祭祀之終有嗣舉奠之禮，故長曰「能從宗廟社稷之事」。將冠則能問寢視膳，侍御於君，孺子則不能，故幼則曰「能御」、「未能御」也。曲禮以言大夫之子，則義當爲射御之御。蓋國子學六藝，御其最下者，國君之子禮辭不當與大夫之子同。

婦人吉事，雖有君賜，肅拜。

祭禮主婦獻尸、受尸酢，及獻祝、侑、佐食、致爵於主人、受主人致爵，自不得用肅拜，所謂吉事乃平常嘉禮，慶事與族姻爲禮，止於肅拜，而有君賜亦然。玉藻「有慶，非君賜不賀」，蓋此類也。

亦曰：「乘壺酒，束脩，一犬。」

或下有闕文，或此句亦衍也。

劍則啓櫝蓋襲之，加夫襓與劍焉。

襲，因也，重也。反櫝蓋以承櫝底，是因而重之也。

小飯而亟之。

亟之非速咽，恐有問也。蓋雖後君子而已，常恐君子早已，則己當隨之，故不敢任意需緩。

酌尸之僕，如君之僕。

舊説「犯軷時飲僕」，非也。周官「大馭掌馭玉路以祀，及犯軷，王自左馭，馭下祝，登受轡，遂驅之」，則犯軷時僕無受飲之事明矣。下云「及祭酌僕」，則正祭之後始酌僕明矣。祭之末有畀、煇、胞、翟、閽，況君之御僕乎？其酌以獻僕，宜使膳宰或禮官之屬，與大射禮司馬正獻獲者，司射獻釋獲者，司馬師獻隸僕與巾車、獲者之禮同。曰「其在車則有受飲」，而不在車者，蓋王朝大馭爲中大夫，爵列疇六官之貳，親且貴。王入郊宫祖廟，宜從王以入，祭畢然後先出，升車以待王之出。則宜與諸公卿同受爵於壇廟。若王時巡蒐狩、省耕、省斂，偶有燕飲及稍事，而賜僕以飲，則宜在車耳。諸侯之僕亦然。惟尸之僕宜常在車，故總見其受飲之儀。

飲酒者、機者、醮者，有折俎不坐。

燕禮、大射禮必徹俎，然後脱屨升堂坐，此飲酒之正禮也。機與醮宜用脯醢，有折俎時少，冠醮有乾肉、折俎，但酌而無酬酢曰醮，則親賓偶聚而有稍事，皆宜用醮，不獨冠禮爲然。故記者因舉正禮而并著之。疏謂飲酒者即謂機冠，則三字爲贅設矣。

其有折俎者取祭，反之不坐。

上言「有折俎不坐」，此明取祭反之之後乃得坐也。

道瞽亦然。

「道瞽亦然」爲句，言道瞽者，亦當以在者告也。

執燭不讓，不辭，不歌。

主人歡心未盡，而以火繼之，所謂「厭厭夜飲，不醉無歸」也。故此時衆賓傳飲不讓，不辭，并不得相和而歌，惟務盡主人之歡，成禮以退也。金華應氏謂「執燭之人不暇爲此」，非也。凡燕食之禮，執事之有司并無相讓、相辭及歌詩之禮，安得執燭者獨有此戒禁？

禮記析疑卷十九

學記

就賢體遠。

體遠，體恤幽遠小民之疾苦也。

君子如欲化民成俗，其必由學乎？

教學之法莫備於周，凡有地治者皆兼教事，不獨師儒也。雖農、工、商、賈，少時皆受小學於里塾，不獨秀民也。是以無人不明於倫理，而仁讓之心易生，無事不爲之制防，而邪惡之塗自閉。故化民成俗，其本由於聖人之德化，而謂專由於學者。文、武、周公之德化，至昭穆而不能承矣，而賴其禮教以相維持者，且數百年。東漢及前明之衰政亂於上，而義明於下，以其開國之初，君臣上下皆知教學爲治本，而積爲禮俗也。

家有塾，黨有庠，術有序，國有學。

陳氏集説謂「術」宜爲「州」，不若注易爲「遂」之當也。蓋舉州黨而遺鄉學，則事無統紀。且未知野法之異同，於鄉舉細，於野舉大，則知互舉以見義。而凡家稍縣都之采地，及散在鄉遂、稍縣畺之公邑，苟地邑民居相等，則建學、立師、考校、賓興更無異法矣。周官司徒考德興賢，詳於六鄉，勸耕課織，詳於六遂，正此義也。

比年入學，中年考校。一年視離經辨志，三年視敬業樂群，五年視博習親師，七年視論學取友，謂之小成。九年知類通達，强立而不反，謂之大成。

臨川吴氏謂「七年以上皆小學之事，九年則入大學之次年。自始入小學，通數爲九年」，非也。小學九年始教之數日，七年尚未學書，豈可責以離經辨志？蓋謂入大學也。經書多十五以前所誦習，故一年内校其成熟與否。既成熟，則離經而辨其志所趨向耳，以入大學爲始，九年而大成，乃中人所難，況可責之成童以後乎？○不曰「每年」，而曰「比」者，兼明學者各以年時比次而入也。○十五入大學，又期年則志必有所嚮而不能自掩矣。爲之師者，非徒辨之而已也。使志在利禄，則必告以名義之重。志在藝術，則宜示以小道之輕。必至九年出學，始各以其所就進退棄取之。○自一年以至七年，四曰「視」者，爲師者以是布爲教，即以是程其學也。九年則不復言「視」者，知類通達，强立而不反，非教者所能程，惟學者之自致焉耳。周官之法，自族師至州長，按時月以書其德行、道藝，而後鄉大夫賓興焉。大學之法，自一年至九年，積日累月以驗察之，然後升於司馬，以辨其材。蓋自一命以上，所代者天工，苟非其人，則天職以曠。所治者民事，苟非其人，則民病以滋。故教之不可以不詳，取之不可以不慎也。自唐宋以後，教士以課試之文章，而決以有司，俄頃之心目，即所取不失，亦無以知其人賢能，而使之亮天工、治民事，可乎？

蛾子時術之。

「術」宜即「術」字之誤。

皮弁、祭菜，示敬道也。

服以皮弁，示王公所以持國保民者惟道，故敬修焉。而非徒佔畢之業，即學者他日以道事君之根源也。祭以芹藻，示先聖先師所以維世立教者惟道，故敬承焉，而不以鼎烹爲隆，即學者終世以道檢身之準則也。

時觀而弗語，存其心也。

語默動静，時時有以觀示之，而不語以所以然之，故俾學者存其心以體道也。

凡學，官先事，士先志。

古者四十而後仕，出學之後從容蓄德者近二十年，不宜有未學而仕者，而曰「官先事」，何也？蓋國子弟及公卿之子有世邑者，或將冠、既冠而嗣封守，則有人民、社稷之事。宫正、宫伯所掌宿衛之士庶子則有陛楯周廬之事，司士所作升於司馬之士，諸子所作群子及國子之倅，會同、賓客，則有從王之事，軍旅則有守宫廟及邊境之事。其人雖未爲命士，而已各有官守。平居無事時，或仍來學於太學、虎門、庠、序，則就師講問，必以其職事爲先也。

藏焉、修焉、息焉、游焉。

藏，入學時也。入學之時，則修其正業。退息之時，則遊於藝。

多其訊，言及于數。

不能罕譬而喻，故多其訊，不能約而達，故言及于數。○理明則言約而達。若循誦習傳，而胸中實無所主，以此待問，則有反覆敷言，游移枝蔓，而指意終不可明者，故曰「言及于數」也。

進而不顧其安，使人不由其誠，教人不盡其材。

若誠心望學者之進，則進之必顧其安。不顧其安，即不由其誠，即材之所以不盡也。

夫然，故隱其學而疾其師，苦其難而不知其益也。

惟教者不顧其安而求之也佛，故學者匿其不知之實，而冒爲知；匿其不能之實，而冒爲能，所謂「隱其學」也。

當其可之謂「時」，不陵節而施之謂「孫」。

舊説二句義無别，當其可者，十歲學書計，十二學樂誦詩，年力可任，則及時而授也。「不陵節」者，春誦夏絃，秋禮冬書，前業未終，不更授以他務也。若雜然並授，是陵其節，而必至兩無所成矣，故曰「雜施而不孫，則壞亂而不修」。

燕朋逆其師，燕辟廢其學。

燕，安也。安於朋比之人，則必至於逆其師。安於邪僻之事，則必至於廢其學。

道而弗牽，强而弗抑，開而弗達。

於力行，則道以前路，而不牽以迫促之。於立志，則强以進取，而不抑以畏阻之。於致知，則開其端緒，而不達，以使自得之。

道而弗牽則和。

牽謂曳之使前也，導以前路而不牽，則知教者望其行而操之，不蹙其愠心，化而爲和矣。

强而弗抑則易。

學者之所知所能不可强，而志則不可不强愷以强教之是也。學者之所行所言可抑，而志則不可抑。强之猶恐其不能進取，而或抑之，則重以爲難，而自沮喪矣。

善歌者使人繼其聲，善教者使人繼其志。

管絃律度成數可循而善，歌者則必有心通神遇之妙，使聞者入耳而動心，然後有繼其音者。

術業記問教法有定，而善教者則必有深造自得之處。使學者傾心而鄉道，然後有繼其志者，故盡乎師道者惟孔孟，次則程朱，是以其教至今不廢，而志可繼也。

微而臧。

微者，微辭相感動，無用正言極論也。臧者，即人之心聞者皆知其善也。

能爲長然後能爲君。

凡爲長者，於所屬之吏，必知其職業之難易，并知其才質之美惡，然後能使喻己之志，如臂指之使而事不曠。於所治之民，必知其生理之難易，并知其習俗之美惡，然後能使喻上之教，如風草之偃，而化可成。至於君不過所屬，所治者愈多，而所喻愈博，其道實無二也。

善問者如攻堅木，先其易者，後其節目。及其久也，相説以解。不善問者反此。

木之有節處似目，最堅而難攻。相説以解，即以攻木言，與莊子所謂「斲輪徐則甘而不固」，甘字義略同。蓋攻而不入，如相苦者，及順理而解，如相説也。○待其從容仍以鐘聲言，不應攻木雜出正義，且後其節目，語意亦未終。「相説以解」下承以「不善問者反此」，則非謂相證而曉解明矣。

待其從容，然後盡其聲。

從容，悠裕也。必悠裕，聲乃得盡。尚書「從容以和」。

古之學者，比物醜類。鼓無當於五聲，五聲弗得不和。水無當於五色，五色弗得不章。學無當於五官，五官弗得不治。師無當於五服，五服弗得不親。

執一物以求其理，未必能盡是物之理也。比方衆物，則彼此互證，而理無不盡矣。下四者皆外若無涉，而中實相資之喻。窮理者知此，然後能參互衆理，以盡其變也。

君子曰：「大德不官，大道不器，大信不約，大時不齊。察於此四者，可以有志於本矣。」

上節求之於萬殊，以觀其會通。此節探之於一本，以成其變化也。

禮記析疑卷二十

樂記

先儒以爲公孫尼子所論譔，然於荀子樂論篇所取過半〔一〕，頗有删易，且不循其節次，而分剟以他從，則爲漢初所采集審矣。自史記以前，文有篇法者惟三傳、國語、國策，其他諸子陳義指事，意至言從，多不可求以篇法，況捃摭衆説乎？離爲十一篇，而以意名之，是以義不安、名不當也。劉向别録具其名，不識作記時故有名，或向爲之名也。

聲相應故生變，變成方謂之音。比音而樂之，及干戚羽旄謂之樂。

凡人出言或通情款，或道事，故其辭意未有不首尾相應者。辭意相應，則其聲之或高或下，或疾或徐，自然而變者，可次以宫商而爲之節族，即詩、歌、曲、調之所由成，故曰「變成方謂之

〔一〕「樂論」，原作「論樂」，據荀子篇名改。

音」也。然後以金、石、絲、竹、匏、土、革、木，比附詩歌之音以爲樂章，而兼配以文武之舞，乃謂之樂。

樂者，音之所由生也。

當作「音者，樂之所由生也」，與上下文意義始貫。

六者非性也，感於物而後動。

感物而動，性之欲也，非人生而静之初矣，故曰「非性」。

是故先王慎所以感之者。

心之感而形於聲，人所同也，而所感之善惡則異。感之以正，則善心生，所謂「莫不和敬，莫不和順，莫不和親」是也。感之者不正，則樂心、喜心、愛心專趨於流蕩淫污，哀心、怒心亦發於邪辟、暴亂，故所以感之者不可以不慎也。凡人之情，怒起於惡，欲生於愛，惟敬心則有補於天性，有益於人事，而於樂聲則難爲感，故聖人爲雅頌之音以導之，所以感其敬心也。敬心作，則懼心生，而五心之感咸得其正矣。

所以同民心而出治道也。

治民之道有禮樂、政刑，然後能載之而出。

凡音者，生人心者也。情動於中，故形於聲，聲成文，謂之音。是故治世之音安以樂，其政和。亂世之音怨以怒，其政乖。亡國之音哀以思，其民困。聲音之道，與政通矣。

篇首「凡音之起，由人心生也」，言心感於物，而聲以之生也，就一人一事而分言之也。此節「凡音者，生人心者也」，言政感人心，而音以之變也，合一世一國而統言之也。政和則人心安樂而音隨之，政乖則人心怨怒哀思，而音亦隨之，故曰「聲音之道與政通」。非政乖之極不至於亡國，故直言民困，不復言政乖也。○怨以怒，猶冀君之一寤、政之一改也。哀則絶望於是矣，故惟追思治世之民，沐浴於先王之德教者，蓋困極而不可奈何，曹、檜之風是也。

五者皆亂迭相陵謂之慢，如此則國之滅亡無日矣。

必君、臣、民、事、物皆失其道，然後五音迭相陵，故可決其滅亡無日也。

凡音者，生於人心者也。樂者，通倫理者也。是故知聲而不知音者，禽獸是也。知音而不知樂者，衆庶是也。唯君子爲能知樂。是故審聲以知音，審音以知樂，審樂以知政，而治道備矣。是故不知聲者不可與言音，不知音者不可與言樂，知樂則幾於禮矣。禮樂皆得，謂之有德。德者，得也。

倫者，宫、商、角、徵、羽、清濁、大小之倫也。理者，君、臣、民、事、物、得失、盛衰之理也。生於人心者無定，而列於倫理者有常，故必取其聲之和者，以播之樂器，然後合於倫理而爲雅樂也。惟有倫理，故審之可以知政，得之可以兼禮，君子所用以成德，莫要於此。○或曰親疏、貴賤、長幼、男女之理，皆形見於樂，故曰「樂者，通倫理者也」。

鐘、鼓、干、戚，所以和安樂也。

人當安樂之時，而無以和之，則荒縱慢易之情生。以樂和之，周子所謂「淡則欲心平，和則躁心釋」也。

四達而不悖。

謂四者之理交相通達而無悖於人情也。止就禮樂政刑言，尚未及民不違悖。觀下文，則王道備矣可見。

樂文同，則上下和矣。

自朝廷、邦國以及閨門、鄉黨，皆用雅樂，所謂「樂文同」也，故正聲感人，而順氣應焉。若雜以姦聲、淫樂，則道欲增悲而失其和矣。

樂由中出，故静。

琴、瑟、簫、笛苟得其傳，即能使聽者心静，況雅頌德音乎？觀煩手淫聲慆堙心耳，則知大音希聲之静矣，由其出於心之和平淡泊故也。

合父子之親，明長幼之序，以敬四海之内，天子如此，則禮行矣。

合父子之親，明長幼之序，宇宙之達禮也。然必能敬四海之内，然後儀則可以使民觀感，政教足以達其分。顧不如是，則禮不行。○以敬四海之内者，明於天叙天秩，乃天子與下民所共禀承，必克綏厥猷，俾四海之内咸得其恒性，而後無負於君師之責也。

和，故百物不失。

樂者，天地之和，言氣化也，故曰「百物皆化」。大樂與天地同和，言人事也，故曰「百物不失」，言不失其性也。

明則有禮樂，幽則有鬼神。如此，則四海之内合敬同愛矣。

人之所以不能合敬同愛者，以教化不行，而陰陽氣駁，所生多乖戾之人也。明則有禮樂，幽則有鬼神，理本一貫，故禮樂之用，能行乎陰陽而通乎鬼神。聖人以節與和者著爲教化，而氣感陰陽，所以陶冶而成之者，無不粹美，此四海之内所以合敬同愛也。

禮樂之情同，故明王以相沿也。故事與時並，名與功偕。

和與節、愛與敬，禮樂之情也。事與時並、名與功偕，禮樂之文也。惟情相沿，故文不必相襲也。○禮樂之情同，非謂禮與樂之情同也。五帝不相沿禮，三王不相沿樂，而節以合敬、和以合愛之情同，故明王以此相沿。

過作則暴。

不咸不容，感以生疾，所謂過作則暴也。

論倫無患，樂之情也。

論即雅頌之樂章也。無患者，辭義純粹而無疵也。倫謂律吕之條理也。無患者，宫羽克諧而不相奪也。此作樂之實理，故曰「樂之情」。

其治辯者，其禮具。

如夏、殷以前喪服，則上下各以其親，婚姻則族盡不復相避，至周公辯之，而後具是禮也。

禮粗則偏矣。

禮之常如曲禮、少儀所以事父兄、君長之禮，無微不達。使稍有疏略，則於其本然之體、當然之則不能合矣。禮之變，如曾子所問，並遭君與父母之喪，或在君所，或歸於家，或私事畢而後之公，或公事畢而後治私。其間先後、緩急之節，毫釐不失，然後動而處其中。凡禮之參差、交會處皆然，觀此，則知稍粗必偏矣。

樂者敦和，率神而從天。禮者别宜，居鬼而從地。

敦和則人心國政皆得其平，而率神其大者也。别宜則兆民百物皆得其所，而居鬼其大者也。

神者，天地之氣化，樂達天地之和，則氣化之行順而不忒，如有以率之也。居鬼者，廟、社、壇、兆，各有其方也。

禮樂明備，天地官矣。

官者，得其職也。大人舉禮樂以明天地之序，達天地之和，則四時順序，三辰不忒，而天得其職矣。河嶽奠安，品物暢遂，而地得其職矣。

動静有常，小大殊矣。

天地萬物動静有常，而小大之事法之。其作動也，其止静也。禮樂之限節，政事之張弛，以至於日用飲食、一動一静，莫不有自然之理，皆所以象天地萬物動静之有常也。殊謂動静異宜，非謂小與大殊。

樂著太始而禮居成物。

史記引古樂書語，聖人知天識地之别，故從有以至未有，以得細若氣、微若聲。聖人因神而存之，雖妙必效情。有者，天地之形也。未有者，天地之神，所謂「太始」也。著者，因六律五聲而發著神之存、情之效也。居成物者，因已成之物而措置之也。君臣、父子，物之已成者也，而制禮以明其分誼，聯其恩愛，所以居之也。○尊者置之上，卑者置之下，所謂居成物也。

著不息者，天也。著不動者，地也，一動一静者，天地之間也。故聖人曰「禮樂」云。天地之間，一動一静，往來而不窮者，陰陽鬼神而已。而禮樂能行乎陰陽而通乎鬼神，故聖人所以贊化育者，必曰「禮樂」也。

大章，章之也。咸池，備矣。

二句辭意以倒轉而相承，蓋黄帝之咸池德已備矣。至堯，又大而章之也。

教不時則傷世。

古聖人之於民也，自能食、能言以至入小學、大學。苟其聰明志力之所及，則教之，如不逮焉。恐後其時而不能補，則性命之理虧也。一人之教失其時，則其人不成而有傷矣。失教者多，則世爲之傷矣。古者田事既畢，入學四十五日，農、工、商、賈之子弟無不與焉，蓋惟恐失其時也。後世小學不行，雖或長而聞道，其容貌辭氣之安、肌膚筋骸之固，則有不能强者。教與學之不時，其弊如此，況蕩然無所謂教與學哉？

壹獻之禮，賓主百拜。

賓、介、主人獻酢相酬之拜有數，而合衆賓、衆兄弟子姓之旅酬則略計必百拜矣。獻酬交錯，以次而徧，故終日飲酒而不得醉也。

禮者，所以綴淫也。

淫，過也。舞者有行，綴則不可妄動，猶禮節之不可過也。

哀樂之分，皆以禮終。

哀之分以禮終則適，至其分而可以節。樂之分以禮終，則少過其分而即爲流。

夫民有血氣、心知之性，而無哀、樂、喜、怒之常，應感起物而動，然後心術形焉。是故志微、噍殺之音作，而民思憂。嘽諧、慢易、繁文、簡節之音作，而民康樂。粗厲、猛起、奮末、廣賁之音作，而民剛毅。廉直、勁正、莊誠之音作，而民肅敬。寬裕、肉好、順成、和動之音作，而民慈愛。流辟、邪散、狄成、滌濫之音作，而民淫亂。

有血氣心知之性，故易感。無喜、怒、哀、樂之常，故感之者不同，則其心亦異。正聲雅樂，善物也。姦聲淫樂，惡物也。以善物感之，則應而動者，其心術必形於善。以惡物感之，則應而動者，其心術必形於惡。起物，興起於物也。志微，噍殺之類，心術之所形也。劉氏謂「此申言篇首『音之生，本在人心之感於物也』一條之義」，又謂「樂作而有志微、噍殺之音，則民心之哀思憂愁可知」，皆非也。篇首言「音之生，由人心之感於物」，此六節言樂之作，又能感人心而使之各以類應也，故下文言先王之有樂教，取其和聲以厚民德。又言禮慝、樂淫，則滅和平之德，意義蓋相承。○心感物，而動各有所之，猶路之條分也。○疏以前數字屬君心、國政，後數字屬樂音。觀「嘽諧、慢易」一條，則知其不可通。若君心、國政而慢易，則萬事隳壞，民窮於無告矣，尚得康樂乎？惟樂音，則慢可謂遲緩，易可謂顯亮。

是故先王本之情性，稽之度數，制之禮義，合生氣之和，道五常之行，使之陽而不散，陰而不密，剛氣不怒，柔氣不懾，四暢交於中而發作於外，皆安其位而不相奪也。然後立之學等，廣其節奏，省其文采，以繩德厚，律小大之稱，比終始之序，以象事行，使親疏、貴賤、長幼、男女之理，皆形見於樂，故曰「樂觀其深矣」。

音之感人如此，故先王作樂必本之情性，以建中和之極，然後稽之度數，而寓禮義於其中。以合造化之和氣，著生民之常德，然後其聲爲正聲，樂爲和樂。以之教人，可檢束其德性也。所以然者，樂之小大、終始，皆象人之行事。親疏、貴賤、長幼、男女之理，皆形見於此。故聽之者，心術形於正，而不及於邪。先王所以感人心而天下和平者，於樂可以觀其深矣。○制之禮義，謂聲音中倫次，如宫、商、角、徵、羽象君、臣、民、事、物，以次降殺，而不可相陵之類。○「陽而不散」四句，皆言聲律之節奏分際，非以天地人心言也。其音之乍發也，如陽之動，而既往而仍留未嘗散也。其音之暫止也，如陰之静，而應節則復作不終密也。音之宏厲者，其氣剛而不至過暴也。音之幼妙者，其氣柔而不至中竭也。交於中者，律之諧乎聲者也。作於外者，聲之達於器者也。作樂之始以度數、禮義劑其陰陽、剛柔之分，而無不調，所謂四暢交於中也，是内之安其位而不相奪也。由是聲之發也，無少乖戾焉，是外之安其位而不相奪也。○廣其節奏，如自一成而九成也。歌咏其聲，則有文。舞動其容，則有采。

慢易以犯節，流湎以忘本。

音之遲重以赴節也，若煩手趨數必慢易，而犯其節矣。音之平中以貴本也，若狄成滌濫，則流湎而忘其本矣。○「哀而不莊」以下，皆以樂言不兼禮，故以其聲貫之，如孔子贊易稱蓍龜，而所言皆著也。

凡姦聲感人而逆氣應之，逆氣成象而淫樂興焉。正聲感人而順氣應之，順氣成象，而和樂興焉。鄭衛之風，姦聲也。聞之者，不覺好濫趨數，所謂逆氣應之也。一國若狂，則逆氣成象，而淫樂必興矣。二南之風，正聲也。聞之者，皆思秉禮度義，所謂順氣應之也。上下清明，則順氣成象，而和樂必興矣。

是故君子反情以和其志，比類以成其行。姦聲亂色不留聰明，淫樂慝禮不接心術，惰慢邪僻之氣不設於身體，使耳、目、鼻、口、心知、百體，皆由順正以行其義。

此承上文言萬物之理，各以類相動。君子欲興和樂以導民，必先使一身之內有順氣，而無逆氣。然後能辨正聲，興和樂，以移風易俗，下節所陳是也。陳氏集説「此學者修身之法」，與上下文意義不貫。○荀卿曰：「一出焉，一入焉，塗巷之人也，故必比類乃可以成其行」。

周還象風雨。

方氏曰：「周旋者，樂之節，似與終始象四時無別。蓋人聲絲竹之相比，歌聲舞節之相會，如風雨相依，以爲作止也。」

五色成文而不亂。

干戚、羽毛、旌題[二]、服物，雜用五色，各成文理。

百度得數而有常。

屈伸、俯仰、綴兆、舒疾之度，皆有數以紀之。○或曰度，十二律之尺度也，數黄鍾八十一分，宫聲八十一之類是也。凡樂器皆準十二律尺度，故曰「百度」。凡樂器之度，皆以十二律、五聲之數紀之，故曰「得數而有常」。

故樂行而倫清。

親疏、貴賤、長幼、男女之理，皆形見於樂，故樂行而倫清。

〔二〕「題」，疑爲「旗」字之訛。

德者，性之端也。

五常之德，性之發見者也。性渾然中涵有五德，而其端倪始可見，故曰「性之端」。

三者本於心，然後樂器從之。

謂「德本於心」，可也。謂「性本於心」，可乎？且既曰「本於心」，則德與性爲二，而不可云三，王氏之説非也。

是故情深而文明，氣盛而化神。

情深文明，作樂之事。氣盛化神，用樂之效。氣盛如莊子所稱「在谷滿谷，在阬滿阬，塗郤守神，以物爲量」是也。化神如周官大司樂所稱「致天神、地示、人鬼、五土之物」，及此記所陳「天地訢合，煦嫗覆育萬物」、「樂在宗廟、族黨、鄉里、閨門，聽者莫不和敬，莫不和順，莫不和親」是也。

和順積中而英華發外，惟樂不可以爲僞。

情之深、氣之盛，和順積中也。文之明、化之神，英華發外也。非情深，文不能明。非氣盛，化不能神。故惟樂不可以爲僞。

聲者，樂之象也。

姦聲、正聲感人氣，皆應以成象，故曰「聲者，樂之象」。君子所樂其順，而成象者也。○或曰：「清明象天，廣大象地，故聲可以言象。」

再始以著往，復亂以飭歸。

一成有一成之始，再始所以著前奏之既往，而不相混也。一成有一成之亂，復亂所以示每奏之有歸，而謹其終也。舊説專以舞言，似未安。

奮疾而不拔。

樂重在聲，故論樂多主聲，奮疾而不拔，於聲亦然。舊説專屬舞，亦未安。

備舉其道，不私其欲。

備舉其道，廣樂以成其教也。不私其欲，聞者皆得以蕩滌邪穢也。即下文「君子好善，小人聽過」之事。

是故情見而義立。

「樂在宗廟之中，君臣、上下同聽之，則莫不和敬。在閨門之內，父子、兄弟同聽之，則莫不和親」，所謂情見而義立也。感於樂，則人之情見，事之義立，和敬、和親情見也，而君臣、上下、父子、兄弟之義，由是而立矣。

小人以聽過。

樂在宗廟之中，聽者莫不勸於和敬，則慆慢者亦自覺其不類矣。族長、鄉里之中，聽者莫不勸於和順，則悖慠爲患者，必自覺其取憎矣。閨門之內，聽者莫不勸於和親，則乖戾勃磎者，亦自覺其不情矣。雖閒居習於作非，而對衆不能無怍。即過此以往，未必能改，而當其時必有動於心。馴習既久，則自易其惡者必多矣，故曰「生民之道，樂爲大」也。

所謂大輅者，天子之車也。龍旂九旒，天子之旌也。青黑緣者，天子之寶龜也。從之以牛羊之群，則所以贈諸侯也。

疑是明堂位錯簡。

樂也者，情之不可變者也。

情，情實也，揖讓、征誅與夫功德淺深之情實，不可變也。

窮本知變，樂之情也。

窮本，究其聲之感物，而動者知變，知律吕、宫商之變也。

著誠去僞，禮之經也。

喪禮有輕重、久暫，豈惟責其誠於重者、久者？亦以去其僞於輕者、暫者也。賓禮有隆殺、疏數，豈惟效其誠於隆者、數者？亦以去其僞於殺者、疏者也。故老莊僞禮，告子外義，賊民禍世，酷於申韓。

凝是精粗之體。

道體之精者存乎中和敬順、位育參贊之微，惟致禮致樂乃能凝之於性命之中。道體之粗者見於日用飲食、往來酬酢之迹，惟禮具樂行，乃能凝之於事爲之際。故大人舉禮樂，然後人紀有節，而天地將爲昭也。

君子於是語，於是道古。

語，謂樂之倫理，皆禮義所寓可講議也。道古，謂古聖王之功德事行，於是可稱述也。

獶雜子女，不知父子。

自周以前，雖桀紂之亂，未聞有女樂，以昭德象功，無緣使女婦參其間也。自鄭衛之風作，則所歌者本男女淫辟之事，此女樂所由興也。自是見於經傳者，齊人歸女樂，鄭賂晉以女樂二八，屈原九歌「姱女倡兮」，容與倡女獶雜，則必有父子聚麀而不自知者矣。孔子論爲邦，首放鄭聲，不使接於耳目也。

民有德而五穀昌，疾疢不作而無妖祥。

自春秋以前，經傳所載，民之死於兵革者甚少，即困於饑饉者亦小且希。以先王之政教未盡亡，而民鮮悖德也。自戰國、秦、漢以後，兵戈屠戮，饑饉連延，民之死者，動數十百萬，亂之生也。動數百年，以民多無德也。而民之無德，由於政教之不行。政教之不行，由於君心之多欲。故文侯問樂，而子夏言五穀之昌、疾疢妖祥之息，皆由於民之有德。使文侯能職思其由，則自知溺音之不可好矣。其曰「君好之，則臣爲之，上行之，則民從之」，正爲此也。

克明克類。

克類者，明之極也，謂能盡其義類也。世有明於此事，而不明於彼事者，不能盡其義類故也。傳曰「勤施無私曰類」，惟能盡事物之義類，乃能勤施無私。

克順克俾。

克順，不逆於民心也；克比，使民皆親比於上也。或曰：克順，能使民從上之教也；克比，能使民自相親比也。

鄭音好濫淫志，宋音燕女溺志，衛音趨數煩志，齊音傲辟喬志。

據此則宋自有風，而所傳惟頌，豈諸侯於魯宋觀禮，故其君臣不肯以怨刺之風謡達於周大師。而惟好溺音者，傳其曲調與？衛與齊之詩不獨淫於色，且逆於倫。其文顯著，故兼舉其趨數傲辟以爲戒，而總之曰「淫於色而害於德」也。

爲人君者，謹其所好惡而已矣。

文侯已自言好鄭衛之音，故正告之，使知臣且爲之以蠱其心，民且從之以敗其俗。一國若狂，政散民流，而不可止也。引詩而易「牖」爲「誘」，謂不宜誘民於淫辟也。

此六者，德音之音也。

獨以六者爲德音之音，以其爲古帝王始作之樂器，而鄭衛之音無所用此也。後言鐘、磬、絲、竹、鼓、鼙，而不及土、木二音者，以二音質樸，不能感人心而使有所思也。

鼓鼙之聲讙，讙以立動，動以進衆。

周官大司馬「仲冬教大閱，中軍以鼙令鼓，鼓人皆三鼓」，故曰「讙以立動，動以進衆」。

君子之聽音，非聽其鏗鏘而已也，彼亦有所合之也。

卜子在聖門不過文學之科，曾子且罪以不能推崇夫子之道。然觀其對文侯，則春秋中國僑、羊舌肸無此語言氣象也。文侯自言聽古樂則惟恐卧，而正告以古樂和正，以廣文武具備，可以修身及家、均平天下、受祉於上帝、施及於子孫。文侯自言聽鄭衛之音，則不知倦，而正告以是謂溺音推其害，至于父子聚麀、人紀無存、臣民殉欲、國維盡喪，故爲人君者，不可不謹其好惡。言德音所由興，則推本於天地之順、四時之當、五穀之昌、疾疢妖祥之不作，而皆由於民之有德。言聽音之有所合，則示以欲正朝廷不可無志義之臣。欲保衆庶，不可無畜聚之臣。四方有事，不可無立武進衆之臣。封疆有故，不可無守死捍患之臣。使人君而少知義理，必當怵然爲戒，慎德求賢，日夜勞來其民之不暇，而暇爲溺音之好乎？此與孟子好貨、好色之對，異道而同歸，皆引君當道志仁之義也。管夷吾自溺於三歸，故任其君好内以蓄禍。曾西羞與爲伍，豈虚語哉？○所思者五臣，而立武、進衆、死封疆居其三。以春秋之末，列國分争，魏初立國，偪介强鄰，所最急者莫如武守，故導之以所明也。人非財不聚，故思畜聚之臣。然非有志義之臣，則上無以正君德，下無以爲民，依即子貢問政，孔子告以足食、足兵、民信之義也。金、石、匏、竹，非修禮合樂，無所用之，琴瑟則無時而不在御。人君能時思志義之臣，則放心邪氣不覺其日消矣。無信則兵食雖足，而民不能立。臣無志義，則府庫之財亦不可託，而況封疆之守、三軍之命哉？聖賢之言，本末該貫，根極義理，而未嘗不切於時勢，孰謂其迂濶哉？

「聲淫及商，何也？」對曰：「非武音也。」子曰：「若非武音，則何音也？」對曰：「有司失其傳也。」

舊説以貪商爲義，則必樂章之辭意有近焉，而後解者妄傳之。大武之樂章具見，周頌與春秋傳所稱無是也，蓋淫者過也。商者，殺伐之聲，祭祀不用。大司樂用宫、角、徵、羽而無商，朱子謂：「無商調，非無商聲。」而舞大武之時，樂音之應詩歌者，或過而入於商聲、商調，必有司失其傳授耳。

「敢問遲之，遲而又久，何也？」

賈言戒備之久，既已聞命，而又發問，則所疑乃六成復綴之後遲之又久，而後退也。蓋至二成滅商之事已畢，三成以下則歸而敷政施教之事，故孔子歷序至豐以後諸大政。而曰如此，則周道四達，禮樂交通，則夫武之遲久，不亦宜乎？其遲之又久，正以俟周道之達且通也，安得仍以舞者未出以前、戒備之久爲義乎？

久立於綴，以待諸侯之至也。

如謂武王伐紂，待諸侯之至，則不宜倒序於「分夾而進，事蚤濟也」之下。按，武成「王來自商，至於豐，乃偃武修文。丁未，祀於周廟」，來相祀者不過邦甸、侯、衛。至「大誥武成，然後庶邦冢君暨百工受命於周」，則必六成而南，又久立於綴，象既告武成，而待庶邦冢君之至也。蓋南國是疆，必待諸侯皆至，而後制可定。周召分陜，必待諸侯皆至，而後事可命。祀乎明堂、朝覲、耕耤、大射、養老，必待諸侯皆至，而後可使之觀禮。事之實、言之序本自顯明，無可疑者。

使之行商容，而復其位。

「行商容」者，使西歸於周也。使箕子行之者，以類相招，而不敢迫也。

理發諸外，而民莫不承順。

禮者，理之不可易者也。以理之不可易者施諸事爲，是以莫不承應，即下記所云「舉而措諸天下者」是也。

故禮主其減，樂主其盈。

凡禮之行，皆是逐節自收斂，故曰「主其減」。樂則動盪而出，故曰「主其盈」。

禮減而進，以進爲文。樂盈而反，以反爲文。

禮之行也，少者、賤者必深自抑下，老者、貴者亦致其嚴恭，蓋主於減也。然抑下而無不展之儀，嚴恭而有必要之節，禮之減而進也。由是卑者志事必達，尊者德譽愈光，禮之得其報也。

禮以進爲文易見，而樂以反爲文難明。蓋物相雜曰「文」，色相問曰「文」，五聲之大小相成，八音之作止遞代，人聲之欲往而留，舞節之奮疾不拔，皆樂之以反爲文也。

使其文足論而不息。

文謂樂章也。兩漢郊廟樂章，音節近古，而意義無可推尋。魏晉以下益不足。觀惟二南之風、二雅之正、商周之頌，其所以修身及家均平天下者。古聖昔賢稱引詠嘆，老師宿儒詁釋闡明，二千餘年其藴終不能盡，是之謂「足論而不息」也。輯此記者，漢儒也。智不足以及此，必七十子所傳述也。

故樂者，審一以定和，比物以飾節。

一者，中聲也，審得中聲乃可以定其和。物者，事也，樂必比附於郊廟、射鄉、食饗之事，而因以飾其節也。

故樂者，天地之命，中和之紀，人情之所不能免也。

人情發於聲音，形於動静，既不能免，非以正聲雅樂達天地之命，存中和之紀，則必爲姦聲溺音之所誘，而入於邪辟矣。

寬而靜、柔而正者，宜歌頌。廣大而靜、疏達而信者，宜歌大雅。恭儉而好禮者，宜歌小雅。正直而靜、廉而謙者，宜歌風。

雅頌正始之風，性與之宜者皆曰「靜」。蓋樂由中出者本靜，故歌者非靜不能直己以畜其德，而合德音之致也。

肆直而慈愛者，宜歌商。温良而能斷者，宜歌齊。

肆直者，質本能斷以慈愛，或有所牽。明乎商，則能以勇決之。温良者，質本能讓，以能斷，或有所執。明乎齊，則能以義裁之。

夫歌者，直己而陳德也。動己而天地應焉，四時和焉，星辰理焉，萬物育焉。

必洗濯其心，内無不直，然後歌咏，以陳古人之德，則動於己，而天地萬物無不應也。孔子習琴操，則見文王，使他人習之，自不能見，故非直己不能陳德也。

禮記析疑卷二十一

雜記上

其輤有裧，緇布裳帷，素錦以爲屋而行。

朱軾曰：「帷上接於輤，如裳續衣，故曰『裳帷』。喪大記『素錦褚，加帷荒』，荒即輤，褚即屋也。」

至於廟門，不毁牆，遂入，適所殯，唯輤爲說於廟門外。

於大夫言載以輲車而後入，及階説車而後舉以升，此曰「不毁牆，遂入，適所殯」，則在路即用輴車，而因以殯明矣。疏在路自天子至士皆用蜃車，乃以意測遂師及既夕禮而誤，辨見周官。觀顔柳以廢輴設撥爲竊禮，則諸侯在路用輴禮也。

士輤，葦席以爲屋，蒲席以爲裳帷。

舉屋與裳帷之用席，明輤及裧皆用布，與大夫同也。猶於大夫曰「以布爲輤」，明備裧與裳帷與諸侯同，但布無染色耳。

大夫次於公館以終喪，士練而歸。士次於公館，大夫居廬，士居堊室。

注謂「惟大夫三年無歸」，似未安。如三年中父母有疾，豈能不歸？但當比類於君與父母同時而喪，或先或後之禮，且晝歸視而返，宿於公館耳。若無變事，則士亦不宜無故而歸。曰「公館」，則不在殯宫。殯宫之門外，嗣君廬焉。子姓、衆主人廬於東西序，豈能更容卿大夫士及邑宰？其制宜於都宫之内，别爲一館，前後區分，各有室、房、庭、階，而界以中門，卿、大夫、朝士廬於中門之内，邑宰次於中門之外。又其外有門塾，以爲有司供事之所，朝奠則皆會於殯宫。禮畢，公、卿、大夫、士各返内朝平時治事所次舍，以治官中之事。邑宰則適外朝群士聽獄訟之所，各居其次。俾吏民之有復逆者造焉，夕哭皆歸於公館喪次以序其業。雖國恤禮亡，循數以推，非此不足以展禮命事也。古者大國四封不過五百里，都邑四面分布，遠者信宿可至。有司庶民有復白則就焉，故邑宰既練而歸，政事不廢。

大夫爲其父母、兄弟之未爲大夫者之喪服如士服，士爲其父母、兄弟之爲大夫者之喪服如士服。

大夫之適子服大夫之服，大夫之庶子爲大夫，則爲其父母服大夫服，其位與未爲大夫者齒。士之子爲大夫，則其父母弗能主也，使其子主之。無子，則爲之置後。

此數條自宋以後，儒者莫不知其悖，而未有悟其爲莽、歆所增竄者。蓋莽以居攝爲其母功顯君服天子弔諸侯之服，不主其喪，故歆竄此說，以示士大夫相去一間耳。而子爲大夫於父母之爲士者服，即有降子爲大夫，其父母之爲士者，即不敢主其喪，況居攝踐阼，與尊者爲體，尚可重服爲母喪主乎？歆與博士議攝皇帝奉漢大宗，與尊者爲體，不得服私親。又於儀禮喪服傳竄「尊同則不降」之文，凡喪服中可牽合者，無不變亂。蓋莽以侍大將軍鳳疾，盡心竭力，過於父母，用此得其歡心，而深言以託於太后，故謂周人以貴貴奪親親。雖同等及卑幼者，尊同則不降，況世父位極人臣在日月之際乎？其餘所增竄、害義傷教之禮，莫不與此意更相表裏，互相發明，蓋多端以惑亂學者之耳目心志也。

大夫卜宅與葬日，有司麻衣布衰布帶，因喪屨，緇布冠不蕤，占者皮弁。

周官卜師、簭人外別有占人，占者服吉，非爲其尊於有司也。方其卜筮，所以致生者之志，而決其疑，故用吉凶相半之服。及卜筮已定而占之，則求吉以安先靈，故不可以凶服耳。

大夫之喪，既薦馬，薦馬者哭踊，出，乃包奠，而讀書。

「哭踊」二字當在「既薦馬」下。○朱軾曰：「『薦馬者』三字疑衍。」

大夫之喪，大宗人相，小宗人命龜，卜人作龜。

周官三公六卿之喪，宰夫與職喪，帥官有司而治之。二官之考也，大宗人，禮官之正，小宗人，禮官之師，安得相大夫之子？蓋都宗人、家宗人假此名號以莅事，亦如大射之司馬正、司馬師耳。大射禮公卿自爲耦於堂上，豈得執有司之事？司馬正獻服不，司馬師獻隸僕人、巾車、獲者，則其位當卑於膳宰，故知假號名以莅事也。

夫人稅衣揄狄，狄稅素沙。

朱軾曰：「婦人衣不單，取陰成於偶也。」

内子以鞠衣、襃衣、素沙，下大夫以襢衣，其餘如士。

朱軾曰：「下大夫之襢衣得兼士之褖，則内子鞠衣得兼襢褖，而襃衣在三服之上可知矣。夫人不言襃衣，即有賜不過揄狄也。」○世婦命於獻繭，然後有鞠衣。其未受鞠衣者，則惟用始命之褖衣，故並舉之。古者春官世婦乃卿士大夫之妻，列職於内宫，故有從夫人而獻繭者。其餘外命婦，則内史以爵等册命，君不親命也，故曰惟世婦命於獻繭，主命内世婦也，而外命婦間得與焉。

大夫附於士。士不附於大夫，附於大夫之昆弟，無昆弟則從其昭穆。

此亦莽、歆所竄，不過欲示爵等少異。禮法之限隔如此其嚴，以旁證莽之悖行，皆本於先王之舊典耳。獨不思祔者，告以新主當入此廟也。若祔之後别祭而不入此廟，又焉用祔？若入此廟，則遷從祖而以其廟祀從孫乎？設從祖爲士者一人，而從孫衆多，將並入此一人之廟乎？此人之孫，宜祔於祖者，又將焉祔？至無兄弟，則從其昭穆，是祔於高祖之兄弟，而亂五世則遷之宗法也。若高祖又無兄弟，則將不附於廟乎？大夫尚不得有高祖之廟，況士乎？凡衰周慝禮，創始者必有所爲，不宜無故而强人以悖天經、亂人紀，決不能行之事，蓋非莽不能設此心，非歆不忍爲此語也。

無妃則亦從其昭穆之妃。

無妃，謂殤而立後者。

妾附於妾祖姑，無妾祖姑，則亦從其昭穆之妾。

妾母不世祭，而高祖之妾尚著位於廟，不經甚矣。

公子附於公子。

公子則必有兄弟一人爲宗主者，其餘群公子死者，其子自當別立廟而祭之，以爲小宗，不應祔於祖之兄弟。

君薨，太子號稱子，待猶君也。

未免喪，豈得與朝會而與諸侯並列？「待猶君」謂國之臣民耳。○春秋時，諸侯在喪而列會者，乃亂世之事，典禮不應及此。

有三年之練冠，則以大功之麻易之，唯杖屨不易。

斬衰之葛與齊衰之麻同，齊衰之葛與大功之麻同，麻同則兼服之，謂卒哭後也。練後，首絰既除，服大功麻絰，要亦服大功麻帶，間傳所謂重麻也。練則葛絰已除，陳氏集説仍言「易葛絰」，誤。

主妾之喪，則自祔至於練祥，皆使其子主之，其殯祭不於正室。

此亦衰周俗禮也。妾母不世祭，無列於廟，何祔之有？其身爲主者，或妾子有德位而尊者來弔，不敢使其子拜賓與？○獨言練祥者，以有獻賓設薦之禮，疑主喪者宜親之。若虞祭無獻賓禮，則其子主無疑矣。練祥有賓，而子可主，助祭之賓卑，非弔賓比也。

女君死，則妾爲女君之黨服，攝女君則不爲先女君之黨服。

徒從惟妾於女君服其黨，所以篤恩義、化疾妒也。攝女君則禮異，又所以勸賢德也。且攝女君，則賓祭之事皆屬焉，以徒從之服而廢其事，則輕重之倫失矣。

母在不稽顙。稽顙者，其贈也拜。

明雖父殁母存，亦不敢稽顙也。既以父母在不稽顙，不應重贈物而廢禮。「稽顙者」三字疑衍。古人輕財重禮，贈物不得例於大夫，弔雖緦必稽顙也。「其贈也拜」總承上五句，言弔者、贈者皆以拜答之，而不稽顙也。

遣車視牢具，疏布輤，四面有章，置于四隅，載粻。有子曰：「非禮也，喪奠脯醢而已。」

注「遣奠之饌無黍稷，以死者不食糧」，非也。死者不食糧，又能食牲體乎？詩「以峙其粻，式遄其行」，楚辭「精瓊靡以爲粻」，皆以備行路之用，則粻必黍稷之既熟而可食者。朝夕之奠惟脯醢，以黍稷具於下室之饋也。遣奠不載粻，以入藏之黍稷實於筲也。飯用米，則入藏之黍稷必以生者，故用筲而不用敦也。○宋襄公葬其夫人，醯醢百甕。曾子曰：「既曰明器矣，而又實之。」按，既夕禮「筲三：黍、稷、麥。甕三：醯、醢、屑」[二]，則明器固不虛也。豈在禮，雖實不滿器，又各依其命數以爲差，而不若生時之備物與？

端衰喪服皆無等。

戴記言喪服精粗製作之法，周官辨貴賤冠服之等，無微不悉，未有言衰裳之異者。觀此記，則前言大夫爲其父母、兄弟未爲大夫者之喪服如士服，爲莽、歆所增竄益明矣，蓋忘篇中有此語也。非然，則一人所記，一篇之中，而自相謬戾至此哉？

委武玄縞而后蕤。

[二]「既夕禮」，原作「士喪禮」，今據儀禮注疏改。

朱軾曰：「或玄冠縞武，或縞冠玄武。雖微凶，猶得有蕤。陸氏之説是也。然以委爲委貌，則非。委貌，士祭服，大夫士朝服也，而與子姓不齒之服同論，可乎？委即武，當從鄭注。」

重既虞而埋之。

尸柩尚在殯，而刊木置銘以依神，故命曰「重」。虞則更立桑主，故埋之。

主孤西面。

主孤不言所立，以下文主人升堂，則知此時立於阼階。

上介賵，執圭將命曰：「寡君使某賵。」相者入告，反命曰：「孤須矣。」陳乘黄、大路於中庭，北輈。執圭將命。客使自下由路西。子拜稽顙，坐委于殯東南隅，宰舉以東。

客使乃陳乘黄、大路者，卑賤不敢與主孤爲禮，故自下而由路之西也。客使下，則主人有司已受之可知。不言者，上介將命委圭，宰舉以東，則其餘不必言也。特言客使者，見陳車馬乃客之僕從，非群介也。當上介執圭將命時，客使由西路而下。

上客臨，曰：「寡君有宗廟之事，不得承事，使一介老某相執綍。」相者反命曰：「孤須矣。」臨者入門右，介者皆從之，立于其左，東上。宗人納賓，升，受命于君，降曰：「孤敢辭吾子之辱，請吾子之復位。」客對曰：「寡君命某毋敢視賓，客敢辭。」宗人反命曰：「孤敢固辭吾子之辱，請吾子之復位。」客對曰：「寡君命某毋敢視賓客，敢固辭。」宗人反命曰：「孤敢固辭吾子之辱，請吾子之復位。」客對曰：「寡君命使臣某毋敢視賓客，是以敢固辭。固辭不獲命，敢不敬從。」客立于門西，介立于門左，東上。孤降自阼階，拜之，升哭，與客拾踊三。客出，送于門外，拜稽顙。

臨者入門右，介立其左，由入者言，右，東也，左，西也。客立於門西，介立于門左，由内言之，左，東也。○公事自闑西，私事自闑東。臨哭之禮，介在公私之間。哭以致其殷勤，私也，而辭曰「寡君不得承事，使一介老相執紼」，則公也，故曰「介在公私之間」。故始由闑東固辭，而後由闑西也。○上客之始弔也，介西上，而臨則東上，何也？弔之後，群介以次而將含襚賵事，故與上客比次而以西爲上。臨則升哭者，惟上客、群介不與焉，故東上而遠於上客，以示無事於臨哭也。

禮記析疑卷二十二

雜記下

如三年之喪則既穎，其練祥皆行。

練祥行者，補祭非除服也。既穎行，明未穎不得行也。三年之喪行，明餘喪不得行也。餘喪有主者，則彼自及時而舉練祥，即此人爲主，既穎後，亦不得追舉。知然者，上除服兼諸父昆弟，此獨舉三年之喪以别之也。祭與除服事聯，而義不相蒙，小記曰「期而祭，禮也。期而除喪，道也。祭不爲除喪也」，故合行者其常也。而遭變，則廢舉各以義起，有君喪服，則私服不得除，而練祥可追舉，曾子問「君之喪服除而後殷祭」是也。並繫私服，則前喪服皆得除，而祭惟重喪可追舉，此記是也。○祥，主人之除也，於夕爲期。朝服祥，因其故服，是祭之前夕已除前服而服後服矣，故知除服與祭各爲一事。○注既穎虞後，山陰陸氏以爲禫後，俱未安。禫則後喪大祥皆畢矣，然後補前喪。小祥練祭則過緩，虞後則後喪甫三月餘而飲福衣朝服，可乎？禮文殘缺，「穎」惟此記一見，未知以穎代葛，何所據而云。然以義揆之，當爲練後服也。曰「練祥皆行」者，至後喪練期，則前喪練祭可以次並舉。有君喪服，父母練祥可俟君服除而追舉三年，而後葬者，必再祭。並有喪葬，先輕而後重，母之虞可俟父葬畢而並舉，則前喪之練可俟後葬並舉明矣。其大祥之期至，亦可先舉也。練則後喪大祥亦近矣，雖暫服前喪大祥之服，無害也。曰「既潁」者，將練必先易潁而後祭也。大祥之祭也，主人於前夕除服，易朝服，祥因其故服。則練祭亦前夕易服可知矣。除諸父、昆弟之喪於父母喪期内不著，其得除之節者，旁親不主祭，不過暫服其除服，而旋釋之，雖初喪可也。○曾子問所謂「過時不祭」者，乃四時常祭，禘、祫及喪之練祥，則可追舉。

王父死，未練祥，而孫又死，猶是附於王父也。

周人卒哭而祔，逮孫之卒哭，則王父之主已祔於廟而反於寢矣，故孫亦得告於寢而祔也。若孫死在三月内，則宜俟王父既祔而後祔。若王父存，則孫中一以上而祔可也。

有殯聞外喪，哭之他室。

知喪在遠方者，若同國，雖緦必往也。據非兄弟，雖鄰不往，則三黨中異姓無赴弔之禮。據下記「如有服而將往哭之，服其服而往」，則既練始得往。然三月、五月之期已過，如姑之子、姊妹之夫、母之父母兄弟，亦無練而後往弔之義，其當已喪既祔，彼服未除之期而往與？

大夫士將與祭於公，既視濯，而父母死，則猶是與祭也，次於異宮。既祭釋服，出公門外哭而歸。其他如奔喪之禮。如未視濯，則使人告，告者反而后哭。

祭必齊。齊者，齊不齊以致其齊者也。父母危疾，子不視。父母死，反次於異宮，而禁其哭踊。不獨非人情所安，其哀痛中迫，尚能齊一以交於神明乎？此必春秋之末及戰國時慝禮，而漢儒誤述之也。

尸弁冕而出，卿、大夫、士皆下之。

致齊則不宜復出齊宮，此宜在散齊期内。蓋爲君尸者必卿大夫，宫中各有職業，故雖宿齊宫，散齊時，可仍出而治事也。

如同宫，則雖臣妾，葬而後祭。

士之臣妾賤，葬事簡，旬日可畢。又家徒少不能兼共祀事，故葬而後祭。疏謂天子諸侯臣妾死於宫中，不得爲虞祔卒哭之祭，誤矣。天子諸侯絶期爲廢祭也，乃以臣妾而稽喪之大祭乎？此疏在曾子問「緦不祭」下。

敬爲上，哀次之，瘠爲下。

朱軾曰：「哀而盡禮，附身、附棺，一無可悔，方謂之敬。瘠非不敬，但恐毀不勝喪，則於禮或有闕耳。若敬而不瘠，則敬爲虛文。五十者於毀，但不致耳。若未滿六十而不瘠，戚容稱服之謂何？」○瘠爲下者，鮮食則皆可瘠也。

「請問兄弟之喪。」子曰：「兄弟之喪，則存乎書策矣。」

凡小功者謂之兄弟，此所問兄弟之喪謂小功以下也。自大功以上，哀聲戚容各有所宜，則必求其稱。小功以下則飲食居處去無喪者不遠，而哀聲戚容無責焉，獨循書策以備禮文可矣。注疏謂上所言獨斬衰之喪，及爲母齊衰。果爾，則尚有祖父母、世父母、叔父母、姑姊妹子、兄弟之子，不應專以兄弟爲言。

在堊室之中，非時見乎母也，不入門。

注謂「居廬不入門」，非也。設父母有疾，可不入視乎？母有父母之喪，能不從母而往哭乎？先王制禮以人道待人，謂期之内創鉅痛甚，雖以奠祭，夫婦時接，惟各致其哀敬而已。始喪，朝夕會哭。既祔，主反於殯宮。朔望之奠，必夫婦親之。既練，居堊室，則悲憂漸殺。設以見母而時接其内人，哀敬之心移焉。雖强居於外，衰麻哭泣皆僞也。故雖見母亦有時，而母以外不得見，所以責人子哀敬之誠，而大爲之防也。

視君之母與君之妻比之兄弟，發諸顔色者，亦不飲食也。

孔子曰：「居君之母與妻之喪，居處飲食衎爾。兄弟之期，其痛如剡，胡可比也？」按，儀禮「凡小功者謂之兄弟」，此兄弟謂小功也。小功比葬飲酒食肉，故此云「發諸顔色者，亦不飲食也」。微有别者，蓋秉於國法。○按，功衰無鹽酪，謂斬衰之末也，則此爲比於小功，益信矣。

祥，主人之除也，於夕爲期，朝服。祥，因其故服。

祥爲吉祭前夕，當視濯省牲，不得仍練服。

既祥，雖不當縞者必縞，然後反服。

不當縞，謂有新喪之重服也。○朱軾曰：「注疏以縞爲朝服縞冠之縞，陸氏以縞爲素縞麻衣之縞。陸氏爲安。」

當袒，大夫至，雖當踊，絶踊而拜之。反，改成踊，乃襲。於士，既事成踊，襲而後拜之，不改成踊。

士喪禮大斂畢，「主人奉尸斂於棺，踊如初，乃蓋。主人降，拜大夫之後至者，北面視肂。設熬，卒塗，置銘，復位，踊，襲」，正與此合。入棺及加蓋時當踊不絶，以降拜大夫，故絶之。加蓋則殯畢，若方殯，雖有後至者不降拜，檀弓「大夫弔當事而至則辭焉」，喪大記「於大夫不當斂則出」是也。疏既事謂畢大小斂諸事，恐未安。若事爲大小斂及殯，則於大夫亦既事而後拜，不獨於士然。所謂既事者，即視肂、設熬、卒塗、置銘諸事也。蓋於大夫則加蓋後即降拜，然後視肂。於士則直至置銘、踊、襲後然後拜之，故曰「不改成踊」也。於大夫絶加蓋時踊，以前踊未終，故曰「改成踊」。

下大夫之虞也，犆牲，卒哭成事、附，皆少牢。

喪者，人之終也，故上大夫之卒哭、附加隆焉。士之遣奠加隆焉，惟下大夫之虞，則降而用特牲，何也？以別於上大夫也。然則與士何以異也？士之攝盛惟遣奠，下大夫則成禮於喪祭之終，加隆於祔廟之始，則等威著矣。然用少牢至祔廟，而終遷廟之後，則惟用生者之鼎俎矣。

夫曰「乃」。

稱乃夫某。

鑿巾以飯，公羊賈爲之也。

朱軾曰：「含襲之時，何時也？過此以往，欲睹親，可得乎？制於禮者，孝子無如之何。禮得不巾而巾之，有人死斯惡之意。山陰陸氏乃謂君子有取焉，謬矣。」

冒者，何也？所以掩形也。自襲以至小斂，不設冒則形，是以襲而後設冒也。

朱軾曰：「三日而後斂，本冀其生。設冒以掩形，恐人之惡之也。既設帷矣，人不得而見，在帷中者，子婦之外亦親者也，乃冒而避其形乎？凡此皆後儒駁雜之論，未足信也。」○士喪禮「襲而設冒」，似非爲人之惡之也。親既死矣，魄體宜安静。形不掩，則親戚自遠至者，及朋友中昵好或啓其手足，或搴巾幎而視其形貌，瀆且褻矣。又鬼神之情既之幽，則不欲嚮明，皆教人以奉死如生之義也。○毛西河謂：「既加冒則手足盡韜，小斂如何加衣？時人多用此疑古禮，不知小大二斂，無復衣尸之法也。衣有著者謂之袍，袍必有表，不禪衣必有裳，謂之一稱，明衣不在算。襲衣裳至四稱以後，更欲外加袖，必不可入要領，必不能容矣，故設冒而橐之。幠用衾，則小斂、大斂之衣，惟包於冒衾之外，而不復入於冒衾之中明矣。故小斂之衣惟祭服不倒，大斂之衣惟君襚不倒。所謂不倒者，順鋪以薦於下，而左右掩之以覆於上也。其餘則卷疊顛倒，以實左右肩之上、股肱足脛之旁，以與當身之廣厚相稱，故可用十九稱、三十稱之多。蓋惟用絞衾以束，而非以被於身故也。斂衣之多至此，何也？父母生平朝祭親身之服，孝子不忍自服，又不忍以襚人，惟入壙爲宜，此古人之厚也。」

三年之喪如斬，期之喪如剡。

父殁爲母齊衰三年，故不曰「斬齊」，而曰「三年之喪」。

如有服而將往哭之，則服其服而往。

檀弓「有殯，聞遠兄弟之喪，雖緦必往」，專舉同姓。此曰「服其服」，則兼異姓之小功緦麻也。又權以人情，姑姊妹之夫雖無服，亦不容不往。姑姊妹痛不欲生，可無唁乎？子張死，曾子有母之喪，齊衰而往哭，則父之執、友之喪，亦不容不往。又如父喪之後，母又有父母之喪，在未葬以前，則宜奔喪視殯，而反於夫之喪次。在既葬之後，則宜守父母之殯。至卒哭而歸，母居外家逾時，又重有憂，孝子可旬日不往省視乎？凡此類，皆「禮雖先王未嘗有，可以義起」者。

既葬，大功弔。

既葬，則大功者可弔，明期以上不得也。

凡喪，小功以上，非虞、附、練、祥，無沐浴。

小功之疏而不敢自潔飾，則居處飲食一式於禮可知矣。禮教明則人道益深，此民之所以「有恥且格」也。

惟父母之喪，不辟涕泣而見人。

謂身執事者，情勢有所窮也。

曾申問於曾子曰：「哭父母有常聲乎？」曰：「中路嬰兒失其母焉，何常聲之有？」

觀此可知蘇氏以親在知喪禮譏程子之謬矣。太原閻百詩云：「子夏、子張、子游欲師事有若，曾子不可。記稱子張死，曾子有母之喪，則曾子問一篇皆親在時所講議也。如非禮，孔子當正其失，而勿與言矣。」

王父母、兄弟、世父、叔父、姑、姊妹，子與父同諱。

王父母總貫下，蓋王父母之兄弟、伯叔父、姑姊妹，父諱之，則子在父側，亦不敢舉其名也。王父之兄弟、姊妹，父諱之，不待言，即王父之伯叔父及姑王母之兄弟、伯叔父、姑姊妹皆屬親，而行尊，人子於父母親屬尊行，直舉其名，義亦未安，故凡此皆父所必諱也。檀弓「逮事父母則諱王父母」，與此義正相發。蓋人子逮事父母，則於王父母、親屬父母所諱者從諱焉。父母没，則不必更諱矣。若直以諱王父母爲義，則子於父母所愛亦愛之，所敬亦敬之，雖父母没不衰。王父母義重恩隆，可以父母之存殁異乎？曲禮「大功、小功不諱」，謂同等也。知然者，自父母以上尊行，親者期、疏者小功，無大功者，以大功小功爲言，則兄弟行也。疏又謂庶人不諱王父母，士以上諱，亦無義理。禮不下庶人，爲其力不能備也。諱王父母，何故異其禮而教以薄哉？

大功之末，可以冠子，可以嫁子。父小功之末，可以冠子，可以嫁子，可以取婦。己雖小功，既卒哭可以冠、取妻。下殤之小功則不可。

朱軾曰：「此就父言父，就子言子也。大小功之服，有父有子無者，有子有父無者，有父輕子重者，有子輕父重者，父可冠子、取婦，而子不可冠、不可取妻、不得冠取也。即己可冠、取妻，而父不可冠子、取婦，亦不得冠取也。此記謂大功之末可以冠子、嫁子，若小功末可以冠子、嫁子，亦可以取婦矣。二段補出「父」字，起下文「己」字，謂小功之末，不但父可取婦，己亦可取妻。惟降服之下殤、小功，則父與己皆不可。此爲冠取失時者言，故但云「可以」，非謂禮當如是也。

孔子曰：「伯母、叔母疏衰，踊不絶地。姑姊妹之大功，踊絶於地。如知此者，由文矣哉！由文矣哉！」

知此則知哭踊之節，乃中心殊異，故禮探其情而見於外，豈徒由其外之文哉？

君於卿大夫，比葬不食肉，比卒哭不舉樂。爲士，比殯不舉樂。

「比葬不食肉」恐當作「殯」。侯國三卿、五大夫，皆爲之三月不食肉，恐未能行也。知悼子之喪，杜蕢諫鼓鐘而不諫飲酒，且自言「刀匕是供」，則食肉非越禮，獨不宜舉樂耳。曰「知悼子在堂」，則未葬，非卒哭以前也。

君子上不僭上，下不偪下。

國卿而儉陋若此，則其下服用又當每下而拂乎人情矣，故曰「偪下」。

既得之而又失之，君子恥之。

得失以行能言，若守正而退，非君子所恥也，與「知及之，仁不能守之，雖得之，必失之」同義。即以居位者言，始骨鯁而後脂韋，始潔清而後污墨，令名不終，皆既得之而又失之也。

孔子曰：「凶年則乘駑馬，祀以下牲。」

王制「祭，豐年不奢，凶年不儉」，蓋國體也。士大夫則何敢然？貶損自祀牲始，則妻子食用之不節，自有蹙然於心者矣。○「駑」當作「髦」。

張而不弛，文武弗能也。弛而不張，文武弗爲也。

此以治民言之，故不能不弛，所謂制法以民也。若議道自己，則當自强不息，豈可或弛？韓子於自修之事引此，多見其疏矣。

外宗爲君、夫人，猶内宗也。

曰「君、夫人」，以國中爲斷也。若異國，不獨從母舅之女不得比於内宗，即内宗適他國爲君夫人，亦無斬齊之義。當以賀循等説爲正。

廄焚，孔子拜鄉人爲火來者。拜之，士壹，大夫再，亦相弔之道也。

以救火來者拜之，聚觀者弗徧拜也。

寡君敢不敬須以俟命。

俟後命也。雖國君之夫人可出，所以正家則警婦行也。既出尚可以反，所以許改過、教遷善也。

婦見舅姑、兄弟、姑姊妹，皆立于堂下，西面北上，是見已。見諸父，各就其寢。

婦見舅姑後。贊醴婦，婦饋舅姑，舅姑饗婦，姑饗婦人送者。若更與兄弟、姑姊妹相見，則正禮且不能畢矣。蓋兄弟、姑姊妹每急欲見新婦，而觀其容止，故有立於堂下之禮。記者本謂是時已見新婦，若諸父則不宜以尊臨卑，故必俟正禮既畢，就其寢而見之。而注遂謂「不復特見」，誤矣。諸父諸姑，等也。諸父就見於其寢，諸姑在舅姑之宫，而婦乃不特見乎？兄稱兄公，姊稱女姑，所以示婦當敬禮也。而始至竟不特見乎？兄嫂之嘉禮始成，而弟妹不特見，可乎？婚禮經記無婦與兄弟、姑姊妹相見之儀者，乃人事之常，無關於婚禮之正，無爲具其儀耳。若以兄弟爲引嫌而不特見，則姑姊妹何嫌？且舅姑恒食，群子婦佐餕，朝夕相見，并無所嫌，而初至乃以禮見爲嫌乎？子思之哭嫂爲位，所謂不通問者不無故而接語言，或使僕婢通問耳。此記見諸父各就其寢，則兄弟、姑姊妹見於宫中不必言矣。

會去上五寸。

鄭氏曰「會謂上領縫」，蓋即玉藻所謂「頸」也。玉藻言頸廣，此言其長。云「去上五寸」者，高出於韠之上端五寸也。

禮記析疑卷二十三

喪大記

君夫人卒於路寢，大夫世婦卒於適寢，内子未命則死於下室，遷尸于寢。

統言路寢，以夫人正寢亦可謂之路耳。熊氏謂「卒於君之路寢」，非也。君與群臣治政之所，而夫人寢疾於是，可乎？皇氏謂「世婦以夫人下寢之上爲適寢」，亦非也。内子未命，死於下室，遷尸於寢。適寢，其生時所居也，以未命猶不敢死於是，況小寢乃夫人所燕居，而世婦死於是，可乎？且死於是，則將殯於是，吉凶可同域乎？蓋世婦非一人，生時各有所居私室，又必有共治内事之公所，具堂階焉，死則遷尸於是，君夫人就而視斂。

司服受之。

周官司服共復衣，故受之，將以藏於寢也。復衣不以衣尸。

其有命夫、命婦則坐，無則皆立。

莽以居攝，不服其母，故於儀禮之記多竄周人以貴降親之文，而不顧其悖天理拂人情。試思大夫坐，而立其諸父、諸兄，大夫之妻坐，而立其姑姊妹、世母、叔母、從祖母、從祖姑。族中之庶子、庶孫以爲大夫而坐，世父、叔父、從祖父以爲士而立；庶女、庶婦、庶孫女、庶孫婦以嫁於大夫爲大夫之妻而坐，世母、叔母、從祖母、從祖姑以爲士之妻嫁於士而立，非用鈇鉞之威不能强之，使會脅之使從也。漢唐以後，天子私燕猶有用家人之禮，而謂周公有此過制乎？

凡哭尸于室者，主人二手承衾而哭。

小斂前尸在室，親戚自外至者入哭，則主人以哭答之，其儀如此。主人承衾以弔者，或枕尸股，或啓其手足也。

士於大夫親弔，則與之哭，不逆於門外。

古人行弔未有不哭者，孝子自當與之哭，而特設此文，承上文「於君命」而言也。士喪禮君若有賜則視斂，主人出迎於外門外，見馬首不哭。君使人弔，使人襚，使人賵，使人贈，君及使者始至，皆不哭，主人亦不敢哭。至君哭，使者致命，然後主人以哭答，故用此。見大夫來弔，則主賓皆哭，如邦人也。

君拜寄公、國賓、大夫、士，拜卿大夫於位，於士旁三拜。夫人亦拜寄公夫人於堂上，大夫內子、士妻，特拜命婦，氾拜衆賓於堂上。

注疏得之。如熊氏之説，則似國君惟拜寄公，夫人惟拜寄公夫人矣。諸侯朝覲，天子無答拜之禮，而康王在喪則答拜，諸侯在喪乃不答其臣，非義所安也。諸喪記未載國君夫人答臣下拜之禮，故詳著之。

君喪，虞人出木角，狄人出壺，雍人出鼎，司馬縣之，乃官代哭。大夫官代哭，不縣壺。士代哭，不以官。

親喪所自盡也，而使人代哭，自元明以來，世儒多用此議古禮之迂，不知聖人智無不周，所以盡人之性而起教於微渺者，正當於此類求之。蓋小斂以前三日不食，哭無停聲，力則不能繼矣。而如斬如剡之初，使瞬息之間，心思或别有所慮，耳目别有所營，則聞代哭之聲怵然自覺，哀敬之不屬，而內省無以自安。又使族姻之遞代而不哭者，知出位逾階、錯立族談之非禮，而不失臨喪之色，皆所以大爲之防也。禮有以故興物者，其斯之謂與？

爲後者不在，則有爵者辭，無爵者人爲之拜。

金華應氏駁注謂「有爵無爵以弔者言」，不知注義實優。如應説，設國卿卒，爲後者不在同僚，卿大夫竟不入視殯斂乎？設君加恩禮而視大小斂，卿大夫從君而至，亦可辭乎？

大夫於君所則輯杖。

注獨以從子言者，大夫爲君之父母、妻、長子不杖期，故知非成君也。

大夫有君命則去杖，大夫之命則輯杖。內子爲夫人之命去杖，爲世婦之命授人杖。

集説「此大夫指爲後子而言」，非也。此因大夫之喪，并及身爲大夫而遭父母之喪者。蓋父爲士庶人，子爲大夫，其居喪亦必有君命、大夫之命也。所以不詳大夫爲後之子者，古者卿大夫適子教之大學，舍不帥教而屏遠方，未有不爲士者。下文「士於君命、夫人之命如大夫」，則大夫爲後之子，其禮具見矣。又服問「大夫之適子爲君、夫人、太子如士服」，則私喪亦得用士禮可知。

子皆杖，不以即位。

杖以輔病，故皆授以杖，以愛親之心同也。

管人汲，不説繘屈之。

非以遽促，不暇説也。升降於階與人相授受，故手綰其繘，以防失墜。

大夫設夷盤造冰焉。

周官凌人「大喪，共夷盤冰」，或以兼后世子而統舉夷盤，或此所舉非周制也。

納財，朝一溢米，莫一溢米，食之無算。

古喪禮惟此難行。博野顔習齋勉爲之，苦病幾死。蓋二十四分升之一以爲粥，不能盈杯，安能持至三月五月乎？朝莫一溢，蓋定其每食之數，中間飢則更食，但不得過一溢，故曰「食之無算」也。若如疏云「一日之中，或粥或飯，雖作之無時，不過用此二溢之米」，則一飲不能充，何由食之無算乎？疏食則但言食之無算，而不言納財之數，蓋爲飯更不可以溢計也。

婦人亦如之。

婦人初喪，既疏食水飲，疑既葬復有變，故更立此文。

比葬，食肉飲酒，不與人樂之。

曰「比葬」者，自殯後比至於葬也，用此見小功、緦未殯，亦不得食肉飲酒。

既葬，若君食之，則食之；大夫、父之友食之，則食之矣。不辟粱肉，若有酒醴則辭。

大父母、母伯叔父不得食，何也？君、大夫、父之友之食不常也，家人而姑息之愛行焉，則喪紀爲之廢矣。○陳從王曰：「酒醴則辭，注疏主變於顔色言之。竊意君母妻之喪，發諸顔色者，亦不飲食，哀情本輕也。父母之喪豈爲變於顔色而畏人之見乎？蓋酒醴或至忘哀，非粱肉之比，故必以自閑耳。」

大斂：布絞，縮者三，横者五。布紟，二衾。君、大夫、士一也。

縮用布三幅，横用布五幅也。小斂時十有九稱之衣，不悉著於身，故有祭服不倒之制。蓋衣有著者，並表單衣裳爲一稱，著身再三稱，勢不容加矣。舊説襲後衣皆不著，亦未安。其餘顛倒横側，置尸上下兩旁以取方，故必覆以衾、束以絞，然後可舉也。小斂衣尚少，故縮一横三以束之，以一衾藉於下，而轉以上覆可周遍也。大斂衣衾更多，故藉用一衾，覆用一衾，絞之幅亦每加，然後可束。疏以縮者三共一幅，横者五爲五片，非也。小斂用布三幅，大斂衣衾多，而縮者用布一幅，橫者乃用布二幅，裂爲六片，而去其一乎？

君陳衣于庭百稱，北領西上。大夫陳衣于序，東五十稱，西領南上。士陳衣于序，東三十稱，西領南上。

君棺在輴應南面，故陳衣北領。大夫士殯於西序，故陳衣西領。西上南上，皆上左也。小斂皆西領北上者，遷尸於牖南首，君、大夫、士所同也。

絞一幅爲三，不辟。

總言大小斂絞，皆以布一幅，析其末爲三片，而中不擘裂也。蓋不析其末，則布全幅不可結，而所束衣衾不得平貼。○前既分舉二斂絞數，故復總言其制。注謂「小斂之絞廣終幅，而析其末以爲堅之强，大斂之絞，一幅三析之以爲堅之急」，亦非也。

升降者自西階。

「者」當作「皆」。

君之喪，大胥是斂，衆胥佐之。

臨川吴氏謂「大祝下大夫，喪祝上士，非能親執斂役者，故各以其下之胥服勞」，義甚悖。君親之終，臣子所尤嚴也，故含玉、贈玉，嗣王親之，而冢宰贊焉。大肆、大祝渳，而小宗伯莅焉。遷尸，大僕、射人舉焉。大祝贊斂，小宗伯率異姓而佐。故鄭氏以爲親執斂事者，必事官之屬，蓋必其貳於考也。大喪之窆，鄉師執斧以莅匠師，而忍使賤胥及君之體乎？

小斂、大斂，祭服不倒，皆左衽，結絞不紐。

觀此，則斂衣不若襲衣之被於身益明矣。凡朝祭之服，皆生時所服也，必無改造而左其衽之理。惟鋪被於冒衾之外衽不用結，故可使左衽揜於右衽之外耳。記恐其義不顯，故申之曰「結絞不紐」。言衽所以可左覆者，以用結絞不若生時，必以細帶綴旁紐合也。

自小斂以往用夷衾，夷衾質殺之裁猶冒也。

士喪禮襲設冒以橐之，幠用衾，小斂幠用夷衾。注疏未别白。陳氏集説遂謂「小斂有冒，故不用衾」，誤矣。謂之夷衾者，襲之衾取足周稱身之衣冒而已。小斂之衾則必量十九稱之廣厚而與之等，至大斂又必量三十稱之廣厚而與之等，故以夷名。曰「自小斂以往」，則包大斂，故大斂第言鋪絞紟衾衣，而不復言幠用夷衾耳。大夫五十稱，君百稱，則衾之寬廣因之，故統之曰「夷衾」。襲一牀，小斂一牀，大斂又一牀，皆取其寬廣之相稱也。喪浴用冰，君設大盤，大夫設夷盤，其義略同。○「質殺」二字疑衍。質殺即冒上已具言其製，此復云「猶冒」，不可通。○疏云：「夷衾所用上齊於手，下三尺所用繒色及長短制度，如冒之質、殺。」按，質、殺爲二物，故上齊於手，下三尺，不聞夷衾亦上下分爲二也。猶冒，謂冒之廣狹取足周襲，衣夷衾之廣狹，亦取足周小斂、大斂衣物耳。

君將大斂，子弁絰即位于序端，卿大夫即位于堂廉楹西，北面東上，父兄堂下，北面。夫人命婦尸西，東面；外宗房中，南面。

子即位於東序之南端，而空其東，以大斂衣物陳於尸東，斂者便執事也。尸自室中，由堂北遷阼階上，則堂北亦宜空，故外宗房中南面，而不位於堂上也。父兄之恩不若卿大夫之義之重，故位在堂下。命婦當兼內世婦及卿之內子，而君之姑姊妹、女公子則當在夫人之北。內命婦在夫人之南，外命婦繼之，以卿大夫位在堂廉，外宗位在房中，推類而知之也。

卒斂，宰告，子馮之踊。夫人東面亦如之。

注「告斂畢」，非也。自鋪席以至斂絞紟，一一親視而踊，何事告斂畢哉？蓋告以當馮之節耳。於夫人覆舉東面，以見子之西面而馮也，獨舉夫人，明世婦視斂而不敢馮也。士大夫之喪，子婦得馮，而衆妾無馮，文義亦如此。

主人房外，南面。

主人房外，南面，雖移位以避君，而不敢遠於尸。主婦尸西，東面，不入房，避君。以附身之事必誠必信，非迫視不能詳也。疏「南面欲視斂」，非也。君既即位於序端，西面視斂，則主人不敢與君並立同鄉，故南面視斂，而偏向君也。大夫士既殯而君往焉，「君即位於阼，祝負墉南面」，義與此同。

遷尸，卒斂，宰告，主人降，北面于堂下。君撫之，主人拜稽顙。君降，升主人馮之，命主婦馮之。

君降使馮尸者，得致其哀，興而踊也。主婦言命不言升，本在堂上也。

既葬，柱楣，塗廬，不於顯者。

朱軾曰：「倚廬者，兩木相倚，上合下開，夾草爲障。前北向，不設户。既葬，傍東墻爲披屋。

有柱有梁，外剪簷草，内以泥塗。」

凡非適子者，自未葬以於隱者爲廬。

明庶子與喪主異廬也。未葬已然，則既葬可知矣。

君既葬，王政入於國，既卒哭而服王事。大夫士既葬，公政入於家。既卒哭，弁絰帶，金革之事無辟也。

所謂王政入於國，公政入於家，皆謂金革之事也。天子徹守在諸侯四方，有故不得不命諸侯，以敵愾四郊多壘，卿大夫之辱。疆埸有警，不得不用卿大夫以守禦。舍此則王政公政皆有常經，無所爲入於國、入於家也。孔子曰：「昔者魯公伯禽有爲爲之也。今以三年之喪從其利者，吾不知也。」

禫而從御，吉祭而復寢。

禫後使婦人從而御事，吉祭後始復内寢也，「孟獻子禫，比御而不入」，即此義。蓋使比次侍御而不入居内寢也。鄭氏謂「御婦人」，杜預謂「從政而御職事」，皆未安。蓋未復寢，則尚在殯宮，或居外寢，無御婦人之道。諸侯大夫既卒哭已服王事，君事既練，已謀國政家事，不待禫後始從政御職事也。○疏間傳大祥居復寢者去堊室，復殯宮之寢，大記「禫而從御，吉祭而復寢」者，謂禫後得御婦人，必待吉祭，然後復寢。果爾，則將於殯宮御婦人乎？既御婦人，而不入寢，是放飯流歠而問無齒決也。

期居廬，終喪不御於内者。父在爲母爲妻齊衰期者，大功布衰九月者，皆三月不御於内。

先王制禮，非重妻而輕伯父、叔父、兄弟、子姓也。古者士大夫備媵妾，觀歷代侯王傳誌，生子動至數十，可知貴者子姓易繁，上而世叔父母，中而兄弟，下而子姓兄弟之子，使一斷以終喪不御於内，設族大支繁而死喪相繼，必至曠絶人道，而人情亦有不能强止者。若妻則一人而已，諸侯不再娶，卿大夫非宗子娶亦不再，皆媵妾以次攝内政，故於禮可伸。且古人之於妻也責之嚴，故待之不得不厚，三月而後反焉。婦道微缺則遂出之，非以狎昵爲愛也。其能成婦順，則可與祀先祖、養父母、托幼孤。故始則冕而親迎，卒則爲之終喪不御於内，所以厚人倫、美風俗也。何以不言祖父母？母與妻疑爲父在而屈者也，祖父母之伸，則不待言矣。○曰「齊衰」，而又曰「期」者，以齊衰之有三月也。曰「大功」，而又曰「布衰九月」者，以大功中殤七月也。高曾正體，喪期雖殺，禮宜加隆，而無别焉，何也？古者男子三十而娶，既受室，而有曾大父之喪者鮮矣，故禮文弗虚設也。○子路有姊之喪，過期而服不除，故孔子禁之。若寡兄弟者，於食肉、飲酒、御内之類，雖過禮以伸恩，無害也。

婦人不居廬，不寢苫。喪父母，既練而歸。期九月者，既葬而歸。

喪禮最嚴御内，而食肉飲酒次之。既葬，君食之，大夫、父之友食之，不辟粱肉，而復寢則祥禫之後猶不忍也。蓋食粱肉而中心惻愴者，猶或有之。若男女居室，則哀敬之心絶矣。非獨御内不可，非時見乎母也不入門。蓋恐與妻妾相見，而暫易其哀敬之心，則居廬寢苫皆文具耳。女子既嫁，若使遽反夫家，則婿哀妻之親屬，不能久而不怠，故非練後葬後不得歸。此聖人所以立人之道，而盡其性也。秦漢以後，禮教不明，女子能終父母兄弟之喪者鮮矣，此滅天理、縱人欲之最大者，而習而不察，可痛也。○婦人宜深宫固門，故不居廬寢處，不可苟簡，故不寢苫，示身之不可輕也。

公之喪，大夫俟練，士卒哭而歸。

公者，天子畿内公卿，故其屬有大夫士。

大夫士父母之喪，既練而歸，朔日忌日則歸，哭于宗室。諸父兄弟之喪，既卒哭而歸。

果爾，則既練居堊室者獨適子，經不宜没其文。雜記君之喪，邑宰之士既練而歸，朝廷之士與大夫同次公館以終喪，況子致其哀於父母，而可以適庶别乎？此必春秋、戰國有違禮任情而爲此悖行者。世儒不察，而誤記之也。

父不次於子，兄不次於弟。

以尊者而次於其宫，則其婦其子當勤於供養，而不得致其哀。故但居己之外寢，以畢不御内之期。

於大夫外命婦，既殯而往。

古者夫人有弔大夫、外命婦之禮，必君之伯父、叔父、兄弟，故喪紀不可廢。若異姓之臣，或君之甥舅與宫卿世婦。○君於外命婦，既加蓋而往，夫人於大夫、外命婦既殯而往，是之謂天理之節文。

見馬首，先入門右。

注「迎不拜爲君之答己」，非也。凡弔喪，賓不答拜，況君於臣下乎？君之臨爲死者，非爲己也，故必俟君之見殯而後拜稽顙。若拜迎，則嫌於君之臨己耳。

巫止于門外。

巫以桃茢驅鬼，故止於門外，以示在路祓除，而非爲死者設也。楚子之喪，强魯君以親禭，故魯亦以非禮報之，而巫先祓殯。荆人始不能辨，既乃悔之。

夫人弔於大夫士。

周官士甚多，夫人豈能一一往弔？此以知爲同姓親屬也。

婦人即位于房中。

疏謂「前記君臨大斂，主婦尸西東面，以哀深故不辟君。此既殯哀殺，故辟」，非也。大斂與殯同時，哀心豈得遽殺？以附於身者必誠必信，正在斂時，主婦不容不視。今已在殯，則婦人無爲列位於堂上耳。

其君後主人而拜。

君與鄰國賓客加禮於己之臣，適見其來，不可竟不爲禮。故俟主人拜命拜賓之後，然後更拜，以展己敬，以示非爲喪主也。此亦衰周慝禮。士不與家僕雜居齊齒，而君有命，四鄰賓客禮焉，必陪臣執國命以後事也。然即此可證曾子問有司莫辨，謂辨公與衛君不當拜，而非謂季康子不宜拜矣。

君弔，見尸柩而後踊。

如君有朝會、征伐，既葬而後弔於其家，則不復踊。以此知弔有哭踊，亦感發於中心，而非徒外之儀節也。○大小斂則見尸殯後則見柩，雜記「無柩者不帷」謂葬後也，見殯即見柩，不得以加塗而謂之不見。○殯者，先置棺於肂，而後奉尸以入棺，無禮柩而使人得見時。

君殯用輴，欑至于上，畢塗屋。大夫殯以幬，欑至于西序，塗不暨于棺。士殯見衽，塗上。帷之。

注天子諸侯之欑木廣，而去棺遠，大夫欑狹而去棺近，所塗者僅僅不及於棺，非也。欑外加塗，不論内之廣狹，塗無及棺之理。不暨於棺，乃對君畢塗、士塗上而爲言。暨猶既也，天子諸侯四面盡塗，大夫塗三面貼序壁，西面不塗，則所塗不遍於棺。士則棺在肂中所塗，惟上蓋而已。自君至士，皆欑外加塗，塗外復有帷帳以蔽之。君四注，其形如屋，故名屋。大夫三面，名幬。士覆棺而下被於衽，故名帷。「畢塗屋」者，盡塗之而外加幄也。注謂欑木形似屋，誤矣。士大夫欑外有帷帳，不應君反無。雜記「素錦以爲屋」、「葦蓆以爲屋」，即幄也。○注謂「輴當爲載，以輇車之輇」，非也。檀弓記「天子龍輴而椁幬，諸侯輴而設幬，爲榆沈，故設撥」，則載柩以輴明矣。周官巾車「小喪共匶路」，則大喪即用在殯之龍輴，而别無載柩之車明矣。小喪尚稱匶路，則遂匠所納之車乃臣下所用明矣。王后闉壙用蜃，則遂師所共蜃車之役，或以載蜃，無以見其必爲載柩之車。而士喪禮記「遂匠納車於階間」，但言納車，亦無以見其必爲蜃車也。古禮散亡，惟漢爲近古，故後儒墨守康成之説，而按以經傳，實多不合，不可不察也。

熬：君四種八筐，大夫三種六筐，士二種四筐，加魚腊焉。

棺旁用熬，穀、魚、腊，豈穿壙時以引蟻蟲，迹其窟穴而掘去之，而非下棺後所用與？

士葬用國車。

庶人葬具與鄰里共之，士不能如大夫用其命賜之車，又不可下同於庶人，故用公家之車，即遂匠所納是也。

禮記析疑卷二十四

祭法

周人禘嚳而郊稷，祖文王而宗武王。

禘非圜丘之祀，朱子既據大傳以絀之，而郊與明堂，先儒之說猶樊然散亂。竊意嘗禘郊社，尊無二上。圜丘祀天，惟以稷配。明堂享帝，惟以文王配。四郊迎氣，各祭其帝，與其官惟大旅乃合祭五帝與五官，蓋歲事之常。則天地四時宜分，有故而旅，則上下四方之神祇不容不合也。圜丘祀天，則天神從祀焉。方澤祭地，則地示從祭焉。而四郊與明堂則無天神從祀，蓋皇天后土式臨，則百神皆宜備降，而四時功各有持，明堂精意以享，不宜汎及群神。且歲事之常，天神、地示各以其時，其事其地專事之，故圜丘、方澤而外，無爲別有從祀也。祖文王而宗武王謂二世室不祧，與明堂無涉。舊説郊祭一帝，明堂祭五帝，小德配寡，大德配衆。又謂明堂兼祀武王，宋以後諸儒又謂歷世皆以父配，不惟於古無徵，亦非心理之同。

大凡生於天地之間者皆曰命，其萬物死皆曰折，人死曰鬼，此五代之所不變也。

鳥獸蟲魚多死於斬割，雖植物亦必刈伐，故曰折。人則全而歸之，故曰鬼。董子曰：「人受命於天，超然異於群生。明於天性，然後知自貴於物。」觀此，亦可見矣。獨言五代者，唐、虞之後，義類始大明。上古渾樸，人物之死，尚未辨其名也。

七代之所更立者，禘、郊、祖宗，其餘不變也。

「七代」宜作「四代」。本記自有虞氏始，國語亦然，舊語俱不可通。

設廟祧壇墠而祭之，乃爲親疏、多少之數。

親疏、多少之數，即下「親者祭多，疏者祭少」之謂也。廟祧壇墠之多少，義亦得兼。但記曰「設廟祧壇墠而祭之」，則宜主祭之多少。方氏以有昭、有穆、有祖、有考爲親疏之數，而屬之親親之殺，以或七、或五、或三、或二爲多少之數，而屬之尊賢之等，似未安。

是故王立七廟，一壇一墠，曰考廟，曰王考廟，曰皇考廟，曰顯考廟，曰祖考廟，皆月祭之。遠廟爲祧，有二祧，享嘗乃止。

五廟月祭，後儒傅會之説也。禮之嚴重者莫如祭，自天子以及公卿百執事，皆散齊七日，致齊三日。祭之明日又繹，而賓尸倘月舉之，民治將爲之不詳矣。記所據蓋周語「日祭月祀」之文，不知所謂日祭者，在喪朝夕上食也。畿内諸侯即公卿大夫，朝夕上食與執事焉，故曰「甸服者祭」。所謂月祀者，朔望喪奠也。侯服以時至者，則與執事焉，故曰「侯服者祀」。此記誤會國語，而韋昭注周語「日祭祖考，月祀高曾」，又因此記而誤也。必欲曲爲之説，豈月朔朝廟亦有奠饋，而非若正祭之備禮與？長樂陳氏謂月祭爲薦新，薦新有時，不聞每月而一舉也。○張子謂「兄弟數人代立，止當一世，雖親廟不害爲數十廟」，非也。特祭七廟、五廟尚苦獻酬難遍，況數十廟乎？以義權之，兄弟數人共爲一世，則共一廟，亦如祫祭合享也。朱子曰：「宗之數雖無定，恐亦止始爲宗者，特立一廟，後皆祔焉。」蓋廟有定址，若以時增，則每立一宗，以下親廟皆當更造。先王制禮，不若是之煩擾也。

禮記析疑卷二十五

祭義

春，雨露既濡，君子履之，必有怵惕之心，如將見之。

舉雨露，則秋可知。雨露通春夏，故必舉首時。霜露與悽愴實相感召，故曰「非其寒之謂也」。春日載陽，雨露華滋，萬物欣欣，恒情多爲之舒暢，惟君子感時而思親，則怵焉惕焉。哀親之不得見，而如將見之，所以怵惕也。荀卿子曰：「人之歡欣和合之時，則夫忠臣孝子亦悼詭而有所至矣」，即此義也。

致齊於內，散齊於外。

於內不出齊宮也，於外猶日出而聽政於路寢，或有事於國中、近郊。君知所以爲尸者，則自下之是也。

思其所樂，思其所嗜。

樂以事言，嗜以物言。

出户而聽，愾然必有聞乎其歎息之聲。

謂佐食闔牖户後也，與篇末「宿者皆出，其立卑静以正，如將弗見然」及祭之後「陶陶遂遂，如將復入然」義正相發。

致愛則存，致慤則著。

慤，愛之篤也。存，如見其親也。著，親之形聲志意無微不著也。愛與慤存，與著有淺深而無彼此。觀下文「著存不忘乎心，則安得不敬」及篇内致其慤，而慤與敬信並列，則慤非以敬言可知矣。三不忘皆致愛致慤之事，見乎其位，三者皆存著之事。陳氏以分解存著，誤矣。

君子生則敬養，死則敬享，思終身弗辱也。

思敬養之義，則知非身之誠，不可謂順於親。思敬享之義，則知非慎行其身，不遺父母惡名，不可謂能終，是謂思終身不辱也。

惟聖人爲能饗帝，孝子爲能饗親。

受於天者，惟聖人能全而歸之，而天地所生成，莫不有以盡其性，所以能饗帝也。受於親者，惟孝子能全而歸之，而父母所愛敬，莫不有以充其類，所以能饗親也。

饗者，鄉也，鄉之然後能饗焉，是故孝子臨尸而不怍。

聖人之心，自曰明曰旦，以至民胞物與，無時而不鄉乎帝也。孝子之心，自慎行其身，以至齊家睦族，無時而不鄉乎親也。惟其平日如此，所以臨尸而不怍。言孝子之不怍，則聖人之對越在天者可知矣。

其親也慤。

「親」當作「視」。

濟濟者，容也，遠也。

謂風度之遠也，故曰「容以遠」。

薦其薦俎，序其禮樂，備其百官，奉承而進之。於是諭其志意，以其恍惚以與神明交。「庶或饗之，庶或饗之」，孝子之志也。

百官奉承而進，或諭乎孝子之志意，而孝子獨致其恍惚以與神明交也。舊説總以屬助祭者，誤矣。上記「薦其薦俎，序其禮樂，備其百官」，君子致其濟濟漆漆，夫何恍惚之有乎？明助祭則無所用其恍惚也。此曰「以其恍惚以與神明交」，則謂主祭者明矣。「諭其志意」，即詩「奏格無言，時靡有争」之義。

盡其慤而慤焉，盡其信而信焉，盡其敬而敬焉。

慤者，思親之篤也。信者，反身之誠也。敬者，即事之恭也。於慤、敬外别言信者，春秋傳稱范武子其祝史陳信於鬼神無愧辭，晏子對齊侯其祝史薦信，是言罪也，其蓋失數美，是矯誣也。蓋古者祭祀，祝史必陳主祭者之德美以告於神，所謂薦信也。慤敬者，即事齊肅之心。信者，平日誠身之事。〇臨祭亦有信，文王之祭也。思死者如不欲生，倘祝以孝告，而主人無愛存慤著之實，則拜獻之節、肅敬之容，皆不信也。

日出於東，月生於西，陰陽長短，終始相巡，以致天下之和。

日月之行，有冬有夏，陰陽迭爲消長，或晝長而夜短，或晝短而夜長，然後寒暑分、四時平，運而歲功成，故聖人之報天主日，而配以月也。○致天下之和，絪緼化醇而百物生也。

致和用也。

服物、采章之用，各得其宜，然後尊卑、上下之分誼無不和，故曰「致物用以立民紀也」。

致反始以厚其本也，致鬼神以尊上也。

致反始，慎終追遠之類，故曰「厚其本也」。致鬼神，謂天地、社稷、百神之祀在民，上者猶震動恪敬以奉之，則民當嚴上可知矣。

氣也者，神之盛也。魄也者，鬼之盛也。合鬼與神，教之至也。

盛者，著見之義，神不可見，而人之有氣，即神之著見者也。鬼不可見，而人有魄體，即鬼之著見者也。天道至教，以人之一身而爲鬼神之所會合。明乎此，則知二氣之精、五行之秀凝於人，而萬理畢具。曰明曰旦，聖賢事天之學所由立也。陰爲野土，發爲昭明，存其精，而一氣相感，愛存慤著，子孫追遠之禮所由生也，故曰「教之至也」。○在天，風雨霜露，在地，庶物露生，無非教也。而莫若人之一身兼會鬼神之體，最爲切著，故曰「教之至」。或曰：「合即合漠之義，魂魄離散而有報氣、報魄之禮，聚生者之精神，以合鬼神於幽冥之中，所以爲教之至也。」

其氣發揚于上，爲昭明，焄蒿，悽愴，此百物之精也，神之著也。

百物之死，泯然澌盡。惟人之死，其氣焄蒿，而見者悽愴，傳所謂喪氛是也。此神之著見者，百物之精，猶云萬物之靈。言百物中惟人得此氣之最精，而其神可識也。

因物之精，制爲之極，明命鬼神，以爲黔首，則百衆以畏，萬民以服。

古民愚芚，視人之死猶百物之澌盡而已。惟聖人知鬼神之精狀，因物之精，制爲祭祀，以彰仁義之原而立人極，明命鬼神，使民知追養繼孝之道以爲之則，是以無不畏服。畏者，凛於義之當然。服者，愜其心之同然也。

聖人以是爲未足也，築爲宮室，設爲宗祧，以别親疏、遠邇，教民反古復始，不忘其所由生也。衆之服自此，故聽且速也。二端既立，報以二禮，建設、朝事、燔燎、羶薌，見以蕭光，以報氣也，此教衆反始也。薦黍稷，羞肝、肺、首、心，見閒以俠甒，加以鬱鬯，以報魄也，教民相愛，上下用情，禮之至也。

始制祭祀，不過獻奠於新死者。聖人以爲未足，故築宫室、設宗祧，以别親疏、遠邇。教民追思古始，則其事益詳矣。又建設朝事、饋食之禮，以分報氣與魄，則其義益備矣。祭祀之終，獻酬交錯，教民相愛，上下用情，則文益周、澤益洽矣，故曰「禮之至」，言無以復加也。○主人、主婦、嗣子、兄弟、賓長獻爵，尸必酢。主賓獻酬，大小以徧，貴賤有俎，畀及翟閽，所謂「教民相愛，上下用情」謂此。

及歲時齊戒、沐浴，而躬朝之。

歲時將祭，君必齊戒沐浴，召養獸之官，而躬朝之，訊察犧牲之中用者，以待卜也。「朝」與曲禮「朝諸侯」、春秋傳「朝國人而問焉」同義。舊説「獸官躬朝」，未安。

君皮弁、素積，卜三宫之夫人、世婦之吉者。

天子則卜三宫之夫人，諸侯則卜世婦也。首舉天子、諸侯，故中以君包之。

世婦卒蠶奉繭以示于君，遂獻繭于夫人。

獻繭之禮，舉世婦，則三宮之夫人獻繭於天子及后視此矣。

夫人繅，三盆手，遂布于三宮夫人、世婦之吉者。

夫人親繅，則后視此矣。后布於三宮之夫人，侯國之夫人布於世婦，故下總之曰「君服以祀先王先公」也。不舉后以見夫人，何也？如曰「后繅三盆手，遂布於三宮夫人、世婦之吉者」，則似后布於王宫之夫人、世婦，而不見侯國夫人之布於世婦矣。或曰：「當是后夫人繅，簡偶闕。」

大孝尊親。

尊親不獨嚴父配天也，使國人稱「願以爲君子之子」亦近之。

先意承志，諭父母於道。

先意承志，凡有深愛者皆能之。諭父母於道，則必本於反身之誠，而先意承志，亦有助焉。蓋父母既感動於子之躬行，而又諒其深愛篤敬，則凡有過行，必隱度其子之心，以爲病而不敢言，又不忍不言，則潛移而默化者必多矣，是之謂諭父母於道也。

敬可能也，安爲難。

莊嚴儼恪，未嘗非敬也，而父母或爲之不自適。蓋所難者，父母之安也，與「恭而安」之義異矣。

仁者，仁此者也。

於父母而仁恩不篤，則外此無可推矣。

禮者，履此者也。

凡禮之存乎書策者，皆可以率而由之。惟事父母之禮，則視於無形，聽於無聲，不可以言傳。能履此，則知凡禮之行，皆所以著誠而去僞矣。

義者，宜此者也。

義可直行，惟事父母之義，則難得其宜，故曰「孝子惟巧變，故父母安之」。能宜此，然後知凡事之義皆宜，「禮以行之，孫以出之」也。

信者，信此者也。

於父母，而愛敬慤誠不能盡其信，則百行無一能信者矣。

强者，强此者也。

親之存，竭力盡誠，而無瞬息之懈。親既殁，尊仁安義，而不遺父母之羞。非自强不息，未足與於此。

刑自反此作。

五刑之屬三千，而罪莫大於不孝，是刑之作由不孝者始也。人而不孝，則忘身殉欲，凡可以入於刑者，無不爲矣。

尊仁安義，可謂用勞矣。博施備物，可謂不匱矣。

當是「博施備物，可謂用勞矣。尊仁安義，可謂不匱矣」。備物以養口體而已，博施而族姻皆贍，然後父母之心安，所謂養志也。

天之所生，地之所養，無人爲大。

董子曰：「人受命於天，超然異於群生。」其義本此。明於天性，然後知自貴於物，明善誠身之本也。

有虞氏貴德而尚齒。

注謂「燕賜有加於諸臣」，疏謂於有德者又校其齒，俱未安。「貴」與「尚」其事各别，所施之地亦殊，牽合而言之，其義轉晦矣。

八十九十者，東行西行者弗敢過，西行東行者弗敢過，欲言政者，君就之可也。

不敢過者，遇諸塗必下車而問勞之，雖齊民亦然。若有道有德，則經其閭必就見焉。其所居遠，或老疾不能行，聞王時巡而欲言政者，其國之君就見之，而以其言達可也。敬老之禮至於此極者，以壽耇則能稽謀古人之德，審察政治之變也。蓋自有虞氏以來，士之頑讒者，則有侯明撻記之法。三代益詳，簡不帥教者，則有移郊、移遂、寄棘之法。庶民之有罪過爲患於鄉里者，則有坐諸嘉石、收之圜土之法。終不能改，則甚者殺戮，次亦放流。其各守職業，以至篤老者，自士以上，皆修飭自好之君子，即庶人、工、商亦謹身無慝之良民也。是以君長禮之，儼如師友鄉黨，敬之次於事親，至於天子巡行而不敢過國，君就見以傳其言。後世有學校而教不行，有令長而政不修，則所謂老者宜投遠方，終身不齒之，士宜入圜土，明梏有加之，民溷其中者，實過半焉。概加體貌，則彰善癉惡之謂何？往者江南大府初至，有以耆民公辭革除弊蠹者，其後渫惡之老所在結黨成群。其地有訟獄，則索賂聚衆升堂，顛倒黑白，有司不敢主斷，久之，鄉民持魚蔬、擔薪柴入城求售者，停交衢，列路旁，群老日夕要索地租，故并記之。俾有天下國家者，知萬事得理，必由本正。課士以文章，而不考其德行。責民以租賦，而不問其禮俗。其敝也，至用先王憲老乞言之典法，而害及於民，不可以不察也。

慤善不違身，耳目不違心，思慮不違親。

慤善不違身，謂平日。耳目不違心，謂臨祭。惟耳目不違心，故僾然如見其形，肅然如聞其聲。若視聽他用，則心亦偷而自行矣。○慤善兼思親之篤，反身之誠，即前所云「盡其慤」、「盡其信」也。耳目不違心，即前所云「盡其敬」也。思慮不違親，即前所云「思其居處」及「入室僾然必有見乎其位」二節之義也。祭之本義盡於是矣，故以結通篇。

禮記析疑卷二十六

祭統

統者，總也，緒也。篇中所論祭之大體，義理之總會也。三重十倫之類，節文之條緒也。○此記惟篇首「心怵而奉之以禮」二語似古賢遺言，其餘義甚膚淺，辭亦冗漫多疵。如言祭，而曰不求其爲，言齊而曰不齊則於物無防嗜慾無止，言銘先祖，而曰知足以利之，皆害義傷教之甚者。觀其舉衛孔悝之銘以爲準，則陋可知矣。獨末節可徵周公踐阼之誣。蓋記者見春秋書魯郊禘，不能辨其爲僭，而以爲成康所賜。然曰周公既殁，成王康王追念周公之勳勞，而賜魯以重祭，則二戴以前，絶無周公踐祚之説可知也。然則明堂位乃劉歆輩所僞作，而文王世子及史記、荀卿之書有言「周公踐阼」者，皆歆所增竄決矣。其實魯之禘自閔公幼而慶父當國始，郊自僖公始，謂成王賜、伯禽受，皆妄也。詳見魯頌閟宫篇解。

夫祭者，非物自外至者也，自中出，生於心者也。

凡祭而怠於禮與僭於禮者，皆以禮爲物自外至者也。知悽愴怵惕生於心，則知怠爲虚其祭矣。知愨敬誠信生於心，則知僭爲誣於禮矣。

言内盡於己，而外順於道也。

内盡於己者，春秋霜露，悽愴怵惕之心也。外順於道者，尸賓族姻，敬讓親睦之教也。

順於道，不逆於倫，是之謂畜。

殷高宗典祀獨豐于昵，魯躋僖公立煬宫，皆不能順於道、不逆於倫者也。

養則觀其順也。

啜菽飲水，盡其歡，斯之謂孝，惟其順於道也。上記「内盡於己，外順於道」。日用三牲之養，猶爲不孝，惟其不順也。語大，則慎行其身，不遺父母惡名，以至立身行道，揚名於後世，以顯父母，皆順也。語小，則苟訾苟笑，以至殺一獸，斷一樹，不以其時，皆不順也。

八簋之實。

伐木，天子燕食之樂歌也。曰「陳饋八簋」，又以儀禮「士二敦，大夫四敦」推之，故知天子之禮八簋，以賓祭禮多同也。

防其邪物。

謂「君子必齊，乃防其邪物」，陋矣。

然後會於大廟。

以是知散齊期内，君有王事、國事，可以出齊宫，獨不得入内宫與夫人嬪婦接耳。

大宗執璋瓚，亞祼。

上言夫人會于廟，下言夫人薦盎薦豆，則夫人親祼不待言矣，故舉大宗之攝以互相備也。攝祼則並攝薦盎薦豆，不待言矣。周官大宗伯「凡大祭祀，王后不與」，則攝而薦豆籩，外宗、王后薦豆羞齍，及獻皆贊。王后不與，則贊宗伯。其不於薦盎豆，舉攝以包前，何也？使於祼舉夫人於薦盎豆，舉大宗之攝，則似夫人主祼，大宗主薦盎豆，而無以見其爲互相備矣。

宗婦執盎，從夫人薦，涚水。

郊特牲云「祭齊加明水」，蓋凡齊獻時，必旋加明水。此不云「薦盎齊明水」者，盎齊前已涚於清酒，而至是又加明水。云「薦涚水」，然後前後之事義皆明，且可以見諸齊涚與加明水之通例。若云「薦盎齊明水」，則似分薦二物，而事義爲之蔽隱矣。○「從」字當屬下句。

及入舞，君執干戚，就舞位。

樂歌，瞽矇所習。樂舞，童者所執。而君獨親就舞位，何也？天子必能張皇六師，四征不庭，然後能合萬國之歡心，以事先王。諸侯必能敵王所愾，立武保疆，然後能得百姓之歡心，以事先君。舞莫重於武宿夜，總干山立，武王之事。故嗣天子帥而行之，而諸侯賜樂，皆得執干戚、就舞位，以明彰此義。周官「舞用成均之學士」，以與君並列舞位也。漢代相沿，賤者之子猶不得入舞列。

此與竟内樂之之義也。

上言「與天下樂之」、「與竟内樂之」，此獨舉竟内，何也？舉天下，則似冕而總干，乃天子之禮，而非諸侯所得用。覆舉而並出，則於文爲贅矣。

凡三道者，所以假於外，而以增君子之志也，故與志進退。志輕則亦輕，志重則亦重。輕其志而求外之重也，雖聖人弗能得也。

前云「祭者非物自外至者也」，謂先王制禮，非以强人，乃生於孝子之本心也。然無其心者，雖興物不能强致其情，而有志之君子，則又可假於外以增之。蓋祼鬯以求神，則先王先公如在其上，而可增繼述纂承之志矣。升歌清廟，則愀然如見文王，而增其秉文之德，丕顯丕承之志矣。就武宿夜之位，則知先王順天應人，止戈爲武，而增其禁暴戢兵、保大定功、安民和衆、豐財之志矣。若無其志，則外舉重禮，而内懷輕心，是謂薄於德於禮虚者也。而求外之重，豈可得哉？○三重之禮，祭所必用，使君心不以爲重，則人亦輕之，此魯之灌後，孔子所以不欲觀也。

是故尸謖，君與卿四人餕。君起，大夫六人餕，臣餕君之餘也。大夫起，士八人餕，賤餕貴之餘也。士起，各執其具以出，陳于堂下，百官進徹之，下餕上之餘也。

士大夫之祭，主人不與餕，而君則與卿同餕。蓋君至尊，疑禮絶於人臣，而不可餕尸之餘。故與卿同餕，以彰爲子爲臣之義，而比於嗣舉奠也。大夫士之祭也，必特筮一賓，而國君所獻，惟卿大夫士，是不立賓也。蓋立賓者，求賢德以爲親榮也。在諸臣則奉君之祀事，義不得爲賓，在君則以示所與共國者，無非賢德，而不專於一人，仁之至、義之盡也。大夫之嗣爲上餕，以有承家之道，故上不敢同君，而下以别於士也。卿大夫之餕有數，而獻無數，以退老者，雖無所共之職事，必陪位也。七十不與賓客之事，至八十乃不與齊喪之事。侯國三卿五大夫，而餕之數有加焉，則退老者必與祭明矣。○注謂「進」當作「餕」，以既各執其具陳於堂下，則無爲復進徹，宜爲餕之而徹其器也。據本文，則似士之餕者各執其具以出，而疏謂所司徹之，蓋以公食大夫禮賓自執醬黍以降，因饌具皆爲已設也。祭之饌具爲神與尸設，而君卿大夫餕之，士爲末餕而已，理宜有司徹之，此禮之各以義起者。

凡餕之道，每變以衆，所以别貴賤之等，而興施惠之象也，是故以四簋黍見其修於廟中也。廟中者，竟内之象也。

餕之道每變以衆，自卿大夫以至有司，莫不與焉。蓋周人之祭，自朝至闇，凡執事者皆不免饑渴矣。先王制禮，餕以廣神惠，亦以充其饑也。酬以洽人情，亦以解其渴也，故曰「惠術也，可以觀政矣」。蓋禮修於廟中，無一人不飽其德，即政行於竟内，無一人不被其澤之象。祭之末有畀、煇、胞、翟、閽者，以各守其局，未得與於餕與旅酬，而不敢遺也。

外則教之，以尊其君長。内則教之，以孝於其親。

禮行於宗廟，則凡與於祭者，皆觀感興起，而外知尊君敬長之義，内篤事親之恩，疏義未安。

盡其道，端其義，而教生焉。

盡其道者，躬致愛慤誠信之道也。端其義者，正明尊君孝親之義也。

是故君子之事君也，必身行之。

此言國君之祀事，而忽及君子之事君，必身行之，何也？國中無在君之上，而爲君所尊事之人，惟在廟中，則全於臣、全於子，故事尸之禮一同於事君，所謂「身行之者」，此也。所以然者，必能事人，然後能使人，故世子入學而與群士齒。太學之禮，雖詔於天子，無北面。國君與卿並餕尸之餘，皆使身行事上之事，以庶幾無惡於下也。○此篇義多膚淺，辭亦散漫，而就中推尋，時得奥義。蓋七十子所傳已有淺深、醇雜。數傳之後，漢初諸儒衍之，益失其真，而先王之典法、先聖之格言，猶有存焉，在學者慎思明辨而已。

鋪筵設同几。

陳氏集説「生則形體異，死則精氣無間，故不設女尸而同几」。陳氏謂「人道貴别，神道貴親」，皆非也。虞有女尸，以在寢且獨設之也，於廟則非儀，況爲女尸必爲男尸者之婦而後可。后夫人一身承祭，尚或以故不得親四時之祭。設尸甚多，尸必以孫，孫必與婦偕，何可備也？况大祫乎？先王制禮，乃緣人情、究事理，不得不然。過而求之，斯失之矣。

尸飲五，君洗玉爵獻卿。尸飲七，以瑶爵獻大夫。尸飲九，以散爵獻士及群有司。皆以齒，明尊卑之等也。

至祭之末，雖强有力者，亦以終事不怠爲難。故飲與食必上下同之，餕則徧於百官，獻則下逮於群有司是也。又必分時異地節文，乃得終遂，故諸臣之獻，則於晝於堂階，宗人之燕則於夕於寢也。

古者，明君爵有德而禄有功，必賜爵禄於太廟，示不敢專也。故祭之日一獻，君降立于阼階之南，南鄉，所命北面。史由君右，執策命之。

注「一獻，一酳尸也」，疏謂其節當在尸飲五獻卿時，又引周官大宗伯「王命諸侯則儐」，以爲天子命群臣則不因常祭，特假於廟，皆非也。祭禮獻酬交錯，所以和通神人之際，其事相因，其意相續，不宜獻飲未終，而爵命群臣以問之。惟特假于廟，故簡其禮而用一獻，天子諸侯之所同也。下文於禘發爵賜服，亦謂舉行於禘祭之後耳。

夫人薦豆，執校執醴，授之執鐙。

上記宗婦執盎以從夫人，則執醴者亦宗婦也。周禮惟大宗伯可攝王后之祼獻，而籩、豆、敦、鉶以授后者，皆婦官。記云非喪非祭，不相授器。祭之相授器，惟外宗之徹，當傳致於有司耳。此記蓋言婦人以器相授，亦不相襲處。繼言夫人與尸獻酢亦然，末言雖夫婦致爵亦然，以漸而深，示男女之別如此其嚴耳。觀此，又可徵夫人所獻惟尸，與主婦異，蓋大夫以下之賓侑朋友也。即祝與佐食，非族姻必公士也，故主婦親獻之。國禮則自卿以下，與事者皆群臣也。君親獻之而下，逮於有司，禮意已厚矣。夫人則不宜與臣下相獻酢。又五廟之主各畢應獻之數，而四尸又相與舉酬，宗人又於是夕也燕，則亦無暇與賓、侑、祝、佐食爲禮矣。

夫婦相授受，不相襲處，酢必易爵。

按，特牲饋食禮主婦致爵於主人，席於户内。禮畢，主婦出，反於房。主人致爵於主婦，席於房中，南面。「夫婦相授受，不相襲處」，謂此。蓋授爵、受爵，易地不相襲耳。

惠均則政行，政行則事成，事成則功立，功之所以立者，不可不知也。

莊周曰：「嚴乎若國之有君，其無私德。」若優貴而簡賤，昵近而忘遠，於同等之中惠有逮有遺，則群下必私憾其不均，而政之行，無實心以應之。傳所載羊斟子公之事尤可懼也。則事何由成？功何由立哉？故人君不可不知也。然惠不可以不均，而事則不可以不辨，故周官之法必以事之繁簡、劇易，共事者之敏鈍、勤惰，月稽歲考，以上下其爵禄，增損其稍食。蓋均其惠於廟中，以象仁之公。核其事於官中，以示義之正。故曰：「禮樂刑政，其極一也，所以同民心，而出治道也。」

凡賜爵，昭爲一，穆爲一。昭與昭齒，穆與穆齒。凡群有司皆以齒，此之謂長幼有序。

昭與昭齒，穆與穆齒，謂諸父、兄弟之燕也。群有司皆以齒，謂繼士之後而得獻者，故統曰「賜爵」以包之。疏謂獻時不以昭穆爲次，故注云「酬」，蓋未達於諸侯之禮。祭之日，衆兄弟與賓無旅法。凡賓、侑、祝、佐食、衆賓、衆兄弟旅酬，皆在繹而儐尸時。

古者，不使刑人守門。

周官墨者守門。以義度之，不過倉府、廄庫、苑囿之守，未可以概朝廟也。

禘者，陽之盛也。嘗者，陰之盛也。

陽主於進，其盛在終，以天地歲功言之。至辰巳月，然後相見於離，百物皆昌，故夏爲陽之盛也。陰主於退，其盛在始，助陽成歲功，皆在申酉之月。過此，則積於空虚不用之地，故秋爲陰之盛也。

明其義者，君也。能其事者，臣也。

能其事，即祭事也。百官各承其事，然後主祭者得致其恍惚，以與神明交。

不明其義，君人不全。不能其事，爲臣不全。

不明於祭之義，則凡政教皆明不能周，誠不能達，故君人之道不全。不能於祭之事，則凡職業，皆昏而不能辨，怠而不能守，故爲臣之道不全。

其德薄者其志輕，疑於其義而求祭，使之必敬也，弗可得已。

此承上文而言，君之德厚，則祭之義章。雖或有故，不能親莅，而使人攝，其人必震動恪恭而不敢慢。若君之德薄，其志本以祭爲輕，則群下懷疑不知其義之重。如是而求所使攝祭承事之人必敬，豈可得哉？○周官祭僕職「掌受命於王以眡祭祀，而警戒祭祀有司，糾百官之戒具。既祭，帥群有司而反命，以王命勞之，誅其不敬者」，蓋王以喪疾不得親莅，故列此職也，可與此記之義相發。

六月丁亥，公假于太廟。

注「至於太廟，以夏之孟夏禘祭」，蓋以此證一獻一酳尸之説，其實非也。曰「假於太廟」，正以見特至，而非常祭耳。若常祭，則宜曰「有事於太廟」。

興舊耆欲。

「耆」音「旨」，義訓致，興起舊勳，而致其所欲效於國家也。春秋傳「撫弱耆昧」，亦訓致。

作率慶士。

慶士謂善士，用之而國有慶者也，猶尚書立政篇所謂吉士。

禮記析疑卷二十七

經解

此記中間所述多荀卿語，疑出於漢之中葉，傳荀氏之學者爲之也。三代盛時，國不異政，家無殊俗，詩、書、禮、樂，布在庠序，以爲四術。降至春秋，王道雖微，而周禮未改，孔子贊易、作春秋，其徒守之。陵夷至於戰國，百家放紛，儒術大絀焉，有一國而專立一經以爲教者哉？遭秦滅學，至漢景、武之間，諸老師各抱一經以授其徒，於是齊、魯、燕、趙、鄒、梁之學興。承其學者，復以教於鄉邑，各自爲方，不能相通，而其人之性質行能，亦漸摩於經説，而别異焉。記者既列教之所由分，並其説之有所失，而又念一道德而同風俗，非群儒之私教所可冀也。所以養君德、施政教、正俗化，莫急於禮，而禮非天子不能行。禮之興，然後君德可成，而百官得其宜，萬事得其序，和仁信義得其質，宗廟朝廷得其秩，室家鄉里得其情。禮之廢，則君臣、父子、夫婦、長幼，恩薄道苦，序失行惡，其亂百出，而不可禁禦。凡此皆荀氏之學，所謂原先王、本仁義，禮正其經緯蹊徑。不道禮憲，而求之於詩、書，不可以得之之本指也。夫六經火於秦，並出於漢，而禮之廢，則自漢始。河間獻王獻古邦國禮五十六篇，武帝不用，而沿襲秦故，以定宗廟百官之儀。其士禮之僅存者，亦未布頒以爲民紀。自是以來，學者循誦易、詩、書、春秋之文，而虚言其義。有得有失，一如記所稱。而禮則湮沉殘闕，每至郊廟大議，衆皆冥昧，而莫知其原。閭閻士庶喪、祭、賓、婚，蕩然一無所守，而競於淫侈。記所云以舊禮爲無用而去之者，意在斯乎？學者可習其讀而弗察與？○經本無弊，解者失其意，而愚誣賊亂之弊生。此篇别其教，並著其失，故以經解名。

屬辭比事，春秋教也。

春秋屬辭，必與其事相比，故義皆曲當，有得於春秋之教者亦然。

詩之失愚。

詩可以興，但性情之感發，或樂之過而溺於所愛，哀之過而毁以滅性，憂懼之過而懾隘以傷生，則其失也愚。

書之失誣。

通達事理者，或强不知以爲知；遠慕上古之事，或以後世爲可復行；是之謂誣。

樂之失奢。

玩心於歌舞，則凡可以娱情志、悦耳目者，必備致而後慊，則漸流於侈肆而不自覺矣。

禮之失煩。

記者意主於禮，故言禮之失與諸經異。蓋諸經義失，則人心或爲所蔽，陷。禮則人之儀則所當服行，雖過於煩，無他害也。

春秋之失亂。

辭與事比，事同而辭異，則義必異矣。若妄起義例，而失聖人之本指，則大亂經常之道，如公羊氏，祭仲知權，不以父命辭王父命之類是也。○秦以易爲卜筮之書而不焚，則自秦以前，未有國立易教者明矣。春秋絶筆於獲麟，又二年，而孔子殁，即七十子有傳之。其徒者，孔子不及見也。况與詩、書、禮、樂並立爲教，而一國之人性質，皆爲之移易哉。爲此記者，乃西漢武、宣以後之老儒明矣。

天子者，與天地參，故德配天地，兼利萬物，與日月並明，明照四海，而不遺微小。其在朝廷，則道仁聖禮義之序，燕處則聽雅、頌之音，行步則有環佩之聲，升車則有鸞和之音。居處有禮，進退有度，百官得其宜，萬事得其序。詩云：「淑人君子，其儀不忒。其儀不忒，正是四國。」此之謂也。

荀子曰：「學至乎禮止矣。禮者，法之大分，群類之綱紀也。」是謂道德之極。此記上言諸經之失，惟禮無大疵，以下則極言禮爲道德之極、群類之綱紀也。天子當立人極，與天地參，必德配天地，利兼萬物，明並日月，然後可，而非禮無由致此也。居處言動，一式於禮〔一〕，然後身可正。正身以正朝廷，正朝廷以正百官，正百官以正萬事，詩所云「其儀不忒，正是四國」，隆禮、由禮之謂耳。○德配天地，利兼萬物，聖人之仁也。與日月並明，明照四海，聖人之智也。然非以禮檢身，無一不式於度，亦不足以爲表儀。而正四國，即身能秉禮，而所以治百官、制萬事者，毫末不在於禮，亦不能盡得其宜、得其序。此與論語所云「知及之，仁能守之，莊以莅之，而動之不以禮，猶未爲善」，義可相發。

〔一〕「一」，底本磨滅不可識，今據庫本補。

發號出令，而民説，謂之和。上下相親，謂之仁。民不求其所欲而得之，謂之信。除去天地之害，謂之義。義與信，和與仁，霸王之器也。有治民之意而無其器，則不成。信、義、和、仁之本在知仁，而其實用在禮。最上者如聖人之德配天地，明並日月，動容周旋中禮，以爲民極。其次，必知信、義、和、仁，非禮無以達之，而謹禮以爲正國之器，是猶執權衡而不可欺以輕重，陳繩墨規矩而不可欺以曲直方圓也。最下者，則以舊禮爲無所用而去之，則亂人紀、敗國維，如大防之隳，坐視奔流之潰敗決裂，而不可振救矣。○康成鄭氏曰「義、信、和、仁，皆存乎禮」，是也。號令有禮，然後順於民心。政教有禮，然後上下相親而各得所欲。兵刑有禮，然後天地之害可除。○荀子書多並舉王霸，故記者因之。

禮之於正國也，猶衡之於輕重也，繩墨之於曲直也，規矩之於方圜也。故衡誠縣，不可欺以輕重；繩墨誠陳，不可欺以曲直；規矩誠設，不可欺以方圜；君子審禮，不可誣以姦詐。荀子曰：「禮之所以正國也，猶衡之於輕重也，繩墨之於曲直也，規矩之於方圓也。」又曰：「繩墨誠陳，則不可欺以曲直；衡誠縣，則不可欺以輕重；規矩誠設，則不可欺以方圓；君子審禮，則不可欺以詐僞。」

是故隆禮、由禮，謂之有方之士，不隆禮、不由禮，謂之無方之民。敬讓之道也。方猶所也。萬事百物準以天理，皆有一定之方。所即物之則、心之矩也。不知有禮，則其心之所嚮、身之所處傾側反覆，而無方所之可求矣。荀子曰：「隆禮雖未明，法士也。不隆禮，雖察辨，散儒也。」又曰：「不法禮、不足禮謂之無方之民，法禮、足禮謂之有方之士。」○「敬讓之道也」，上應有闕文。

以舊禮爲無所用而去之者，必有亂患。

春秋之末，列國君臣皆以舊禮爲無所用而去之，戰國益甚。及秦，遂盡廢先王之禮，故大敗天下之民俗，未有如秦，而君臣身受亂亡之禍，亦未有如秦者。蓋禮既亡，則縱橫權變，姦詐百出，而不可窮，而一時君臣皆不知有禮，故無從而辨之也。

故昏姻之禮廢，則夫婦之道苦，而淫辟之罪多矣。

廢，非謂六禮之不備也。將嫁，教於公宫、宗室，既昏三月而後廟見，婦之去留一聽於舅姑，而子之宜與否，不得以自專。夫是以家節正，而子婦皆安以和也。廢禮而任情，則婦或無道，以苦其夫。夫或無道，以苦其婦，而入於淫辟者必多矣。

喪祭之禮廢，則臣子之恩薄，而倍死忘生者衆矣。子之不忘兄弟、族姻，以父母之恩不可倍也。臣之不忘嗣君民社，以先君之恩不可倍也。觀春秋所書，列國臣子之薄於君父者衆矣，前此胡未之聞也，以先王之禮教尚未盡廢也。

易曰：「君子慎始，差若豪氂，繆以千里。」此之謂也。禮與法皆所以禁民爲非，然使任法而不由禮，則風教之所積，民氣之所感，差若豪氂，繆以千里矣，故君子必慎其始。

禮記析疑卷二十八

哀公問

「然後以其所能教百姓，不廢其會節。」

己能老老，然後教民以孝。己能長長，然後教民以弟。不廢其會節，因事而爲之節文也。

「有成事，然後治其雕鏤、文章、黼黻以嗣。」

經綸大經，立綱陳紀，既有成事，然後治其服物、采章以繼之也。

「卑其宫室，車不雕幾，器不刻鏤，食不貳味，以與民同利。」

人君不能躬行節儉，居處服用少自便安，則不能與民同利。利之不同，則所制喪祭之禮，雖詳明周浹，民且以身不能備，而蓄愠於君，尚安望其觀感而興起乎？

「固民是盡。」

朱軾曰：「固，專固也，務欲竭盡民財而後已。」

「百姓之德也。」

君念及於人道，則德將及民，而民之德亦可興矣。

「敬之至矣，大昏爲大。」

君臣、父子之敬，人所共知也，惟夫婦居室易狎而難敬，故必夫婦能敬，而後爲敬之至。「君子之道，造端乎夫婦」，蓋慎獨主敬，必始乎此。匡衡説關雎之詩所謂情欲之感，無介於容儀；宴私之意，不形於動静。必如此，然後爲敬之至，聖德之極功也。○公問行三言之道，而孔子獨言大昏，觀唐宋之末有劫於悍婦、溺於寵嬖以悖父子之恩、失君臣之義者，然後知聖人告君以是爲本，其義深、其慮切矣。○記稱哀公爲妾齊衰，孔子蓋早見其微矣。

「親之也者，親之也。」

家語作「親迎者，敬之至也」，下「親之」宜作「敬之」。

「是故君子興敬爲親，舍敬是遺親也。」

興敬，其親乃正而可常。舍敬，則爲私愛，而小者瀆、大者傷，是遺棄所親愛之道也。

「以繼先聖之後。」

哀公以冕而親迎爲已重，蓋視昏禮爲男女燕昵之私，故孔子不曰「先君」，而曰「先聖」，以示公乃文王、周公之裔，不可不自敬其身。而欲敬其身，以興敬於民，則必自妻子。始公問爲政，而孔子首言夫婦於父子、君臣之上，蓋早知公之溺於愛而不能敬也。

「以爲天地、宗廟、社稷之主。」

凡夫人不與外祀，而曰「爲天地、社稷之主」，蓋粢盛必親舂，服冕絲物必親繅也。疏謂「大宗伯攝」，未知何據。經傳所載，后夫人所共，無非内祀者。

「物恥足以振之，國恥足以興之。」

惟敬足以抑人之邪心，惟恥足以作人之敬心。魯自襄、昭以來，外屈於晉、楚、齊、吴，所謂國恥也；内偪於三桓相欺相奪，受閔忍詬，所謂物恥也。至於哀公，强臣覿面而相陵侮，孔子不忍斥言，故舉物恥於國恥之上，以隱動君心，使知振之興之。非修政無由，而禮之不先，政無其本，身之不敬，禮不能行。念及此，尚可溺於嬖幸，以失臣民之望乎？此聖人就君心之所明，而苦言以相感發也。

「妻也者，親之主也。敢不敬與？子也者，親之後也，敢不敬與？君子無不敬也，敬身爲大。身也者，親之枝也，敢不敬與？不能敬其身，是傷其親。傷其親，是傷其本。傷其本，枝從而亡。」

不能敬妻子，以恒情觀之，過之小者耳。然究其本原，則爲不能敬其身。不能敬其身，則傷其親，而禍至於亡其身，乃理勢之相因而必至者。○李光坡曰：「哀公不用釁夏之言，立公子荆之母爲夫人，荆爲太子，國人始惡之。孔子或先覺其微，或時已嬖幸，而以是儆之，皆未可知，而公卒由此失國。惜哉！」

「三者，百姓之象也。」

象猶表儀，言身與妻子，百姓所則而象也。

「君行此三者，則愾乎天下矣。」

祭義「出户而聽愾然，必有聞乎其歎息之聲」。愾，言其氣之感通震動也。

「君子過言則民作辭，過動則民作則。」

左傳「季康子死，公弔之，降禮」，杜注「不備禮」，非也。方是時，魯君如小侯，卑於三桓之家，敢不備禮乎？蓋降君臨臣喪之禮，而用同列相弔之儀也。無論降爲自貶爲不備禮，而皆爲過動。三桓無君久矣，間隙已成，孟孫彘至面侮公，謂郭重肥，而公他日忽問彘曰：「余得死乎？」故傳言三桓患公之妄，則公平日之過動、過言必多矣，故以是切告之。

「君子言不過辭，動不過則，百姓不命而敬恭。如是，則能敬其身。能敬其身，則能成其親矣。」

晉欒書、中行偃弑其君，迎立悼公。年十四，始見諸大夫於清原。言即有倫，用人行政，次第井井，國人信服，而書、偃之姦心自戢。晉霸復興，是之謂能敬其身、能成其親也。哀公長君，季氏自康子嗣位，非若宿與意如之横悖難制也。使公能謹言慎行，何至孟孫彘借戲郭重以面侮公？孔子所言，皆哀公之針石也。

「古之爲政，愛人爲大。不能愛人，不能有其身。不能有其身，不能安土。不能安土，不能樂天。

不能樂天，不能成其身。」

此非氾論爲政成身之道，乃哀公當日所宜審處之時義也。蓋民不知君數世矣，自季孫宿以後，務以私惠自結於隱民，而民所苦之事則盡委於公，以離公於民。如築囿、帥師、朝霸、主會、强國之類。故昭公孫齊，傳稱「國人如釋重負」。齊侯取鄆以居公，而鄆民旋潰，皆爲季氏所愚也。哀公此時非愛人之心大信於民，將不能有其身矣。安土者，隨所遇而安也。樂天者，知其不可奈何而修身以俟命也。其後，哀公不忍季氏之詬，而隱身於越，則不能安土樂天而無以保其身。孔子已見其端倪矣。○自古蒙難而安土樂天、身以光亨者，文王也；艱貞守道以成其身者，箕子也。哀公若身具文王之德，或能用孔子，則魯國之亂，可撥而反之正。即不然，苟能敬身守禮愛人，終身無過言、過動，則民望所歸，季氏之姦心自不能逞。保邦繼序，以有待於後，亦可謂成其身。用此，知能行聖人之言，則無不可處之變，而如公之不寤，何哉？

公曰：「敢問何謂成身？」孔子對曰：「不過乎物。」

物則即身而具，不過乎物，則身成矣。恐公以成身爲難，或不知所用力，故示以約而易守之道也。○過言，則民作辭，過動，則民作則，已前陳之矣。猶懼公以爲偶然之言，動而忽之也。故因問成身，而言不過乎物。凡附於吾身者，日用酬酢，物之小者也。綱常名教，物之大者也。小物或過於身，必有所虧，而況夫婦、父子、君臣之間，有物有則，身之成敗恒於斯，而可以或過乎？

公曰：「敢問君子何貴乎天道也？」孔子對曰：「貴其不已，如日月東西相從而不已也，是天道也。不閉其久，是天道也。無爲而物成，是天道也。已成而明，是天道也。」

「不閉其久」三句皆以天道之化育，言造化之功，皆既成而後燦然有迹。其未成之先，所以轉運密移者，不可得而見也。○不已，則久於中，而其徵不可掩矣，所謂「不閉其久」也。惟不閉其久，故無爲而物成。惟無爲而物成，故已成而明。○哀公於孔子之言，亦未嘗不心知其善，特所知者淺，其明易蔽，是以不能設誠而致行。故夫子勗以自强不息，如天道之不已，繼明日新，如日月之相從也。不閉其久在天道，則秋冬之閉凍也固，而春夏之發生也。盛在君德，則至誠之久而徵也。無爲而物成，在天道，則轉運密移，不見其所爲，而時行物生。在君道，則篤恭而天下平也。即以哀公之時位言之，信能敬身愛民，無一言一動之過，則其感國人之心，繫諸侯之望，而閉强臣之姦，自有不見其所爲，而默以成之者矣。已成而明在天道，則歲功既成，生長收藏之迹，顯然可見。在君道，則「巍乎其有成功，焕乎其有文章」，而後衆著於堯之則天也。即如晉悼公之承國，其艱危亦不異於魯哀，而用賢訓官，息衆保鄰，不動聲色，而臣民效順，諸侯威懷，然後知其善收操柄，動皆中乎機會，亦中主之所謂已成而明也。聖人之言，窮高極遠，而不闊於事，情守正道，常而可該乎萬變，學者宜於此類求之。

「仁人不過乎物，孝子不過乎物，是故仁人之事親也如事天，事天如事親，是故孝子成身。」

不過乎物，既前陳之矣。及公欲聞切要之言，復以此進者。仁孝乃人道之總會，百政之根源也。凡前所陳敬身成親，愛人正物，皆具於是矣。苟過乎物，則爲不仁不孝之人，豈惟不能成其身？將欲有其身，而不得矣，可不念哉？○父母全而生之，子全而歸之，孝子之志也。盡其所受於天而無缺，非仁人不能此，小大之辨也。○張子西銘蓋本此記而推廣言之。

禮記析疑卷二十九

仲尼燕居

「使女以禮，周流無不徧也。」

先王制禮隨時隨事，運天理而取其中。人之行身遇物，能以禮周流，則大中之理無不徧矣。即一貫之指。以禮言之，乃其顯而易見者。

「子産猶衆人之母也，能食之，不能教也。」

孔子以求仁爲教，而曾子謂「子張難與爲仁」。仁者，天德之首也。子産過於慈仁，猶失政體，如母之不能教。而張也過於矜高，則不能反求諸身，而無進德之基矣，故切言以警之。若不及，則勉之而已，故不復言。

「敢問禮也者，領惡而全好者與？」

「領」字之義，或取承領，祭義「領天下國家」，賈誼陳政事疏「誰與領此」是也。或取統領，楊惲報孫會宗書「統領從官」，魏相傳「統領庶職」是也。或取率領，左傳「鄢將師爲佐領」，晉書職官志「中領軍」是也。惟此記及樂記領父子、君臣之節，注皆以治訓，未知所據。以文義推之，此記宜以祛而去之爲義。樂記則以統領爲義，但於古書未得其徵。

「郊社之義，所以仁鬼神也。」

老莊以禮爲華而亂道，荀卿以禮爲化性而起僞，皆不知禮之生於仁也。仁以體事，故明無不照。仁以感物，故誠無不通。明於郊社之禮、禘嘗之義，則治國如指諸掌，職是故也。此「仁鬼神」獨於郊社舉之者，禘嘗之爲仁，顯而易見。

「是故以之居處有禮，故長幼辨也。以之閨門之内有禮，故三族和也。以之朝廷有禮，故官爵序也。以之田獵有禮，故戎事閑也。以之軍旅有禮，故武功成也。是故宫室得其度量，鼎得其象，味得其時，樂得其節，車得其式，鬼神得其饗，喪紀得其哀，辯説得其黨，官得其體，政事得其施，加於身而錯於前，凡衆之動得其宜。」

上五者第曰禮，原禮之所以制也。此五者曰「以之」，以人之用禮言也。○禮所以決嫌疑、别同異、明是非也。知禮則得失、從違判若白黑，故辯説得其黨。○凡此皆所謂好也，惟有禮故能全。

子曰：「禮者，何也？即事之治也。君子有其事，必有其治。」

先王緣人情而制禮，依人性而作儀，原其體之所以立也。君子有其事，必有其治，究其用之所以行也。原其所以立，則知心有所不容已。究其所以行，則知道不可須臾離。事無其治，則性命之理不順，此精粗本末所以一貫也。

「若無禮，則手足無所錯，耳目無所加，進退、揖讓無所制。是故以之居處，長幼失其别，閨門三族失其和，朝廷官爵失其序，田獵戎事失其策，軍旅武功失其制，宫室失其度量，鼎失其象，味失其時，樂失其節，車失其式，鬼神失其饗，喪紀失其哀，辯説失其黨，官失其體，政事失其施，加於身而錯於前，凡衆之動失其宜，如此則無以祖洽於衆也。」

凡此皆所謂「惡」也。惟無禮故無以領而去之也。○如侍於君，足如履齊，頤霤垂拱，視下而聽上，視帶以及袷，聽鄉任左之類。如不知此，則無所錯、無所加矣。○其儀法多見曲禮。苞始受戴記，先兄曰：「汝口誦其文，必心惟其義。凡曲禮、少儀、玉藻、内則所載，不獨事父母、君師也，即長幼、朋友、賓客，往來酬酢，少不由禮，則於心不安，而人情亦不能順，故張子曰：『禮儀三百，威儀三千，無一事非仁』，又曰：『仁體事而無不在，不知此，則雖能記誦，不可謂之學禮。』」

「禮猶有九焉，大饗有四焉。」

李光坡曰：「入門，一也；升堂，二也；升堂樂闋，三也；升歌下管，四也；陳其薦俎，五也；行中規、旋中矩，六也；和鸞中采齊，七也；客出以雍，八也；徹以振羽，九也。」

「樂也者，節也。」

春秋傳曰：「先王之樂，所以節百事也。」

「君子無理不動，無節不作。」

不惟宗廟、朝廷、閨門、鄉黨之際會，非禮有常經，不敢輕動也。即尋常無事，一舉足、一發言，非理所當然，亦不敢動。必如是，而後謂之致禮以治躬。不惟祭祀、賓客、射鄉之樂歌，非比物飾節不敢輕作也，即燕居退息、御琴瑟、調磬管，非適會其節，亦不敢作。必如是，而後謂之致樂以治心。

「不能詩，於禮繆。」

古者於旅也語多，賦詩以見志。不能詩，則聞人之歌，而不達其義。如誦茅鴟，而慶封不知。或答人之賦而不應其情，如高厚歌詩不類。故於禮繆也。

「不能樂，於禮素。」

明於樂，然後從容和順之意，周浹於拜跪、揖讓之中。野人相敬，直樸無文，則爲素而已。

「薄於德，於禮虚。」

無如斬、如刿之隱痛，則衰麻哭踊皆虚。無守道致身之實心，則拜稽恭順皆虚。

「言而履之，禮也。行而樂之，樂也。」

凡人之言，或汎論事理，或評議他人，未有不依乎天理者。若能身履之，則禮之實在是矣。凡人之行，必合乎天理，當乎人情，然後返之於心而安且樂焉。其然，則樂之道具是矣。○子張志意高廣，則檢身或疏，故示以反身之要，以抑其過也。身之所履，必自顧其平日之言。事之欲行，必先察乎人心所樂，則無無實之言，無虚高之行，而政必宜人矣。

「萬物服體。」

萬物皆範圍於禮體之中，而無不服從，即下文「貴賤、長幼、遠近、男女、莫敢相踰越」是也。

禮記析疑卷三十

孔子閒居

「志之所至，詩亦至焉。詩之所至，禮亦至焉。禮之所至，樂亦至焉。樂之所至，哀亦至焉。」

君子爲民父母，則愷悌之心所以經其衣食，拯其災危者，無所不至。而所至有廣狹、久暫，則感於德化，而形諸風謡者，亦應之爲純駁、淺深，故曰「詩亦至焉」。觀二南之風，則一一可驗矣。君子之德化，至形於風謡，則比、閭、族、黨、冠、婚、喪、祭、射、鄉、酺、蜡所以成其禮俗者非一日矣，故曰「禮亦至焉」。詩即樂之章也，禮既修，則正聲雅樂必隨時而興作矣。樂者，樂也，君子樂民之樂。如此，則凡事之與民同憂者，亦無所不至可知。不曰「憂」，而曰「哀」者，哀之義足以包憂，憂之義不足以包哀也。

「夙夜基命宥密，無聲之樂也。」

成王日夜敬德於幽獨，而升聞於天，以爲祈天永命之基，亦猶樂之和順積中，無假於器數、音容，而足以感動天神、地祇、人鬼也。

「無聲之樂，氣志不違。無體之禮，威儀遲遲。無服之喪，内恕孔悲。無聲之樂，氣志既得。無體之禮，威儀翼翼。無服之喪，施及四國。無聲之樂，氣志既從。無體之禮，上下和同。無服之喪，以畜萬邦。無聲之樂，日聞四方。無體之禮，日就月將。無服之喪，純德孔明。無聲之樂，氣志既起。無體之禮，施及四海。無服之喪，施于孫子。」

方氏所論五起之序甚善，所未備者曰不違，曰既得己之志氣也。曰既從，曰既起，人之志氣也。從者與人無忤，而已起則善端興起，化及於人也。〇五至、三無、五起，俱不似聖賢之言，而精語亦間出，蓋漢儒述其所聞，而不能無失也。

「天有四時，春、秋、冬、夏，風、雨、霜、露，無非教也。地載神氣，神氣風霆，風霆流形，庶物露生，無非教也。」

天地之化不可得，而分風、雨、霜、露，皆地氣所藴蒸，而於天言之者。風行天上，雨及霜露降自天，其迹顯著也。風霆之起於地，迹亦顯著。又動萬物者，莫疾乎雷，撓萬物者莫疾乎風，故於庶物露生舉之。

「耆欲將至，有開必先。」

耆，致也，謂致其所欲也。祭統曰「興舊耆欲」，疑古語有之。注訓王天下之期，疏謂「王位聖人所貪」，誤矣。孟子曰：「廣土衆民，君子欲之。欲非必不善也。」此節蓋因天道至教，而言人事之與天地相感通，以申「昭格遲遲，上帝是祇」之義也。言人果清明在躬，則志氣如神，所欲致者，若將可得，則必有開其先者，如時雨將降，而山川出雲，自然之理也。嵩嶽降神，生申甫以輔周，乃文武之德所遺，此王者所以必奉三無私以勞天下也。○家語作「有物將至，其兆必先」。「有」與「耆」、「其」與「有」，形近而譌也。「物」與「欲」，音近而譌也。「兆」與「開」，疑亦剥蝕，形近而譌。

禮記析疑卷三十一

坊記

篇中多引春秋、論語爲證，可見非孔子之言，如文中子書曰「子云」，弟子各子其師，非孔子也。

「故君子禮以坊德。」

張子以德爲逸德，尚未盡。仁之過，則近於愚。義之過，則入於刻。恭之過，則流爲諂。儉之過，則趨於吝。以禮坊之，然後有以全其天德之美也。

「使民富不足以驕，貧不至於約。」

至春秋之末，晉絳之富商，財足以「金玉其車，文錯其服，而韋藩木楗以過於朝」，顔子之貧，尚有負郭之田以給簞食瓢飲，自安於陋巷，則周公制禮以爲民防者遠矣。

「貴不慊於上。」

貴慊於上，則病下者多矣，乃亂之所由生也。

「上酌民言，則下天上施。上不酌民言，則犯也。下不天上施，則亂也。故君子信讓以莅百姓，則民之報禮重。」

違於義理，逆於衆心，皆所謂犯也。讓即酌民言之謂。古人有大事，謀及庶人，疑獄與衆共之，庶人傳語，皆不敢争勝，於民讓道也。

「爾卜爾筮，履無咎言。」

記者之意，似謂卜筮無咎之言尚不敢自專，而稱他人也。

「君子弛其親之過，而敬其美。」

舊説以弛爲棄忘，不藏記其親之過，非也。過已成矣，爲子者不復藏記於心，安得爲孝？弛者，使其過有所解而人不忍攻，幹蠱之義也。禹能灑沉澹災，三代命祀，鯀亦列焉。且曰：「禹能以德修鯀之功，而與舜同爲以死勤事，則鯀之過弛矣。」仲弓列德行之科，冀缺復嗣宗職，世人不復引繩批根，以瑕疵其父，則二父之過亦可謂弛矣。

子云：「長民者，朝廷敬老，則民作孝。」

「長民者」三字疑衍。

「故食禮，主人親饋，則客祭。主人不親饋，則客不祭。」

敵客無不親饋之禮，其諸侍食於長者與？曲禮：「侍食於長者，主人親饋，則拜而食，主人不親饋，則不拜而食。」蓋父兄爲客，則主人於子弟容不親進饌也。

「故堂上觀乎室，堂下觀乎上。」

事尸於室中者，主人主婦也。待事於堂上者，長賓、長兄弟也。觀禮於堂下者，衆賓衆、兄弟也。長賓三獻，賓長、長兄弟，有加爵，皆獻尸於室中，故觀主人、主婦之愨誠，而致其嚴恭。衆賓、衆兄弟升堂受爵，則觀長賓、長兄弟之肅雍，而用自檢飭。

子云：「賓禮每進以讓，喪禮每加以遠。浴於中霤，飯於牖下，小斂於户内，大斂於阼，殯於客位，祖於庭，葬於墓，所以示遠也。殷人弔於壙，周人弔於家，示民不偝也。」子云：「死，民之卒事也，吾從周。以此坊民，諸侯猶有薨而不葬者。」

喪禮每加以遠者，恐愈遠而哀愈亡，故每加設禮節以爲之紀也。自浴於中霤，至葬於墓，每節皆有哭泣、辟踊、祭弔之禮，所以示遠而不可怠也。故卒哭之弔宜於家，正爲民之卒事，不嫌於過厚耳，故曰「以此坊民，諸侯猶有薨而不葬者」，歎喪紀之薄，告薨而鄰國不會葬也。舊説以檀弓即遠之義詁，似不可通。

「故君子有君不謀仕，惟卜之日稱二君。」

既有君，則不謀仕於他國，或謀得美仕，惟筮仕之初未決所從，則可稱二君以決之。如畢萬筮仕於晉，或與他國並占，而於晉得吉卜，則決意仕晉也。

「父母在，饋獻不及車馬，示民不敢專也。」

未仕者不敢饋人，則已仕者得饋矣。然父母在，而饋獻及車馬之重，則太專，故不敢。

「故君子於有饋者弗能見，則不視其饋。」

雖在喪，人饋之酒肉，亦無不受之禮。注「不視猶不内」，非也。蓋有喪疾則不親受，是謂弗能見受之者，其意不可虚也。而有喪疾，則不可食，既不可食而視之，則似有欲食之意，故不視耳。或曰：「弗能見，即不能食之，譌也。」

「大夫不坐羊，士不坐犬。」

李光坡曰：「坐羊、坐犬，殺食而坐其皮也，皆言不盡利之道。」

「故大饗，廢夫人之禮」。

疏謂侯伯以下非祭不交爵，王饗上公，上公相饗，后夫人親祼，非也。大行人乃周初典禮，陽侯、繆侯，則哀周之事耳。

「以此坊民婦，猶有不至者。」

女不至，如鄭子明路遇親迎者而奪之是也。吾既冠，後聞比郡中有女在塗，而自盡於籃輿中，至壻家始知之者。若能守先王之禮，姆與女同車，則無此情變矣。

禮記析疑卷三十二

表記

子言之："歸乎！君子隱而顯，不矜而莊，不厲而威，不言而信。"

孔子將歸老於魯，慮二三子因道之不行而自弛置，故告以君子不得志於時，果能修身以見於世，尚可以化及於人也。隱者，身之晦也。顯者，道之明也。身可晦，而道不可不明。道明，則教可傳，人可化。不矜而莊，則人望其容貌而不生慢易焉。不厲而威，有過者畏其聞知，"小人見之而厭然"是也。不言而信，曾子避寇而沈，猶武城人皆諒之，小邾人重季路之要言是也。○君子之道闇然而日章，闇然故隱，日章故顯。不矜、不厲、不言，隱也。而莊、而威、而信，則顯矣。

"君子不失足於人，不失色於人，不失口於人。"

不失足於人，孔子之不見陽貨是也。不失色於人，王勃然變乎色，而孟子不爲之變是也。不失口於人，不與王驩言是也。○樂正子從子敖之齊，齊諸臣就右師之位而與之言，是謂失足於人。足容不恭，失之小者耳。

「是故君子貌足畏也，色足憚也，言足信也。」

君子之貌色，豈惟不可失於人？苟能一依於禮，且可以抑人之邪心。其於言也，平生無諾責，則雖遇變故，而不能復，亦不害爲足信也。

「祭極敬，不繼之以樂。」

祭之終，獻酬，笑語衍而易弛，故以樂爲戒。

「篤以不揜。」

篤則所行皆實，不必自揜飾。○李光坡曰：「篤實行道，險夷一致，不可困迫，非光輝之謂也。」君子之德輝，未有不著於外者，然皆篤實之不可揜，非有意於自表著也。

「恭以遠恥。」

傲惰則或承之羞，屈諂則反以召侮，故惟恭爲能遠恥。

「君子不以一日使其躬，儳焉如不終日。」

莊敬日强，則作德日休，無時而不泰然。安肆日偷，則從欲心勞，馳騖追逐，儳焉如不終日。故君子不敢一日而安肆也。○周官廛人注：立而市物者爲儳。坐列販賣乃可久待，立而求市，勢不可以終日也。

「仁者，天下之表也。」

仁者，人心所同鄉，「一日克己復禮，天下歸仁焉」，故曰「天下之表」。

「報者，天下之利也。」

利者，義之和也。喪服自世父母、叔父母以下多曰「報」。蓋彼此互致，其所當致，則恩義洽而無睽乖，利莫大焉，況人事之酬酢乎？

「以德報怨，則寬身之仁也。」

恕者猶以德報，則物莫之傷，而身之所處寬然矣。然意主於寬，身則非仁之正也，故謂之寬身之仁。

「厚於仁者薄於義，親而不尊。厚於義者薄於仁，尊而不親。」

此謂氣質有偏勝者。

「考道以爲無失。」

至道者，於道知之盡、行之至也。義道者，能因事而制其宜也。下此則於道未有聞，亦不能真知事之宜而制之。但或監於成憲，或稽於衆言，而不敢大悖於義，故爲無失而已。

子言之：「仁有數義，有長短、小大：中心憯怛，愛人之仁也；率法而强之，資仁者也；詩曰：『豐水有芑，武王豈不仕？貽厥孫謀，以燕翼子』，數世之仁也；國風曰：『我躬不閱，遑恤我後』，終身之仁也。」

仁自親親之殺，以至仁民愛物，各有分數，而不可混淆。若妻子之愛，上同於父母，恩及禽獸，而功不加於百姓，則反有害於仁。義之長短、小大，則必以所處之時位與所值之事變權衡焉。

取其大者、長者，而毋以小者、短者害之。○中心憯怛，與率法而行，資力淺深之數也。數世之仁與終身之仁，功施久近之數也。

「仁之爲器重，其爲道遠，舉者莫能勝也，行者莫能致也。取數多者，仁也。夫勉於仁者，不亦難乎？是故君子以義度人，則難爲人。以人望人，則賢者可知已矣。」

此言君子自待宜厚，責人宜輕也。蓋必天理純固，而後謂之仁。一時一事所行得宜，即可謂之義。義之難，不若仁之難也。然君子欲盡人道，則仁雖任重道遠，而不可不勉爲其難。至於度人，苟律以義之精、義之全，則難爲人矣。惟以衆人望人，則一事偶合，猶賢於無一合者。少依於義，猶賢於背而馳者。荀卿云：「君子度己則以繩，接人則用紲」，亦此意也。

子曰：「中心安仁者，天下一人而已矣。大雅曰：『德輶如毛，民鮮克舉之。我儀圖之，惟仲山甫舉之，愛莫助之。』小雅曰：『高山仰止，景行行止。』」子曰：「詩之好仁如此，鄉道而行，中道而廢，忘身之老也，不知年數之不足也。俛焉日有孶孶，斃而后已。」

引詩見中心安仁者，雖不可企及，苟能如詩人之好仁，日有孶孶，斃而后已，雖利仁之事，終亦可以至於安仁也。○當作「中道不廢」，文誤也。

「仁之難成久矣，人人失其所好，故仁者之過易辭也。」

此承上二章，言即不能日有孳孳，死而后已，但不失其所好，而有志於仁，則雖有過，必不至於大惡，而人亦易諒，示人不可畏其難成而不好也。

「信近情。」

凡事以情實，則近於信矣。曰「近信」者，如言或以實，而不能復，然其道自可復也。

「是故聖人之制行也，不制以己，使民有所勸勉愧恥以行其言。」

使聖人制行以己，則中人之不能行者，不知其可恥。惟制法以民，然後衆有所勸、有所愧也。

「衣服以移之，朋友以極之。」

游惰之士垂緌五寸，不齒之人玄寇縞武，所謂衣服以移之也。鄉論秀士而升之司徒，則與選士爲群。司徒論選士之秀者而升之學，曰俊士，則與國子爲群。其不率教者，則簡右鄉移之左，簡左鄉移之右，不變移之郊，移之遂，屏之遠方，終身不齒，所謂朋友以極之也，此所以使民勸勉愧恥而行有壹也。

「耻有其德而無其行。」

世豈有有其德而無其行者，是非君子之言也。或曰：「義理之明於心亦德也，然遭變而毁其行者多矣，如揚雄之類是也。」

詩云：「維鵜在梁，不濡其翼。彼其之子，不稱其服。」

國君以治官而擇人，猶漁人以捕魚而畜鵜也。小人任官而職不舉，如鵜在梁，而翼不濡，可耻孰甚焉？儒者服其服，而容辭德行不足以實之，與夫衰絰端冕甲胄而色不稱，皆此類也。

「君子之所謂義者，貴賤皆有事於天下。」

下文獨舉天子諸侯，蓋貴極於人君，義不可以無事，則臣下不待言矣。若士、農、工、賈而棄其業，則謂之罷士、罷民，先王之世，罰必及焉。

子曰：「下之事上也，雖有庇民之大德，不敢有君民之心，仁之厚也。」

孔子之時，齊之陳氏、魯之三桓、晉之三族，皆以私恩小惠自結於民，以傾其君，乃亂賊之心，不可復以仁義責之矣。等而上之，則齊桓、晉文少立勤王之功，遂有屬服群侯之志。孔子蓋深痛僭亂之由，而發此嘆。故舉舜、禹、文王、周公以爲事上之準則，而孟子則明著其義，而曰：「五霸者，三王之罪人也。」齊桓、晉文之盛，身没，而争奪篡弑之禍興，其國終奪於强臣，以視舜、禹、文王、周公之受福於天者，何如乎？而況三桓、三族、田氏專務回邪，而欲以惡德求福乎？受方國，獨舉文王者，舜、禹、周公所事，皆聖賢之君，而文王所事者紂，遭君臣之變，以新天命，而厥德不回其所爲，良獨難耳。

「后稷，天下之爲烈也，豈一手一足哉？惟欲行之，浮於名也，故自謂便人。」當作「名之浮於行也」，蓋后稷之烈至矣，而未嘗自尚其功。而世人動自謂有功於人，惟欲名之浮於行耳。

「凱以强教之，弟以説安之。」先王之教，其順而易者，固無所用强。至如喪期之禁食色，戰陳之忘軀命，任負之代長老，明知爲人情所難，而取必焉，未始非强教也。謂之凱者，鼓之舞之，如戰期必勝，而以凱入也。説安獨舉弟者，君父之事，雖服勤犯難，人心所安，不必有以説之。若事兄事長，已所勤施人，亦以此致於己，故喪服於旁親皆曰「報」。記曰：「禮得其報，則樂知人」，亦以此致於己，則説而安之矣。

「命之於民也，親而不尊，鬼尊而不親。」

三代以前，誓師而外，教令無不平易近人者。盤庚遷殷，民不適有居，在位者胥動以浮言，而諄復化誘，如父兄之語子弟。言及斷棄用罰，則稱高后及其祖父以臨之，可徵古民之畏鬼神過於教令矣。

「賊而蔽。」

李光坡曰：「謂以煩文縟節相督責，而昧於情理之宜。」

「殷周之道，不勝其敝。」

非殷周之道有敝也，俗之敝，立法以禁之，而法之中又生敝焉，則終無以勝之矣。

「有忠利之教。」

上思利民忠也，以忠於利民爲教，故入人深。

「事君，大言入則望大利，小言入則望小利，故君子不以小言受大禄，不以大言受小禄。」

利者，利於國、利於民也。事有大小，而言隨之，故所望亦異。所入者大言，而君加以小禄，則終不能行其言，而道有所屈矣，故不可受，而當引身以退。其曰朝廷不辭賤者，百官隨分以効功。不以大言受小禄者，君子爲道而自重也。

「事君不下達。」

待君之求，不自干進，或因人以求進也。

「邇臣守和，宰正百官，大臣慮四方。」

侍御僕從，朝夕君側，必能可否相濟，然後君德正。宰正百官，則内治修。大臣慮四方，則外患弭。宰非不慮四方，大臣非不各正其官屬也，而職任所專，則不可混。唐虞百揆，亮采惠疇，四岳賓諸侯，成周一相治内，二相分陝，蓋古制如此。

「事君三違而不出竟，則利禄也。」

去國無至於三之理，蓋諫謀屢不用也，此謂羇旅之臣，必出境以明義。若父母之邦，則歸禄與政焉可也。

「君子不以辭盡人。」

人有虛言而無實用者，又或訥於口而明於心，皆不得以辭盡之。

「天下有道，則行有枝葉。」

行有枝葉，如事父兄、接賓旅、睦親黨，其儀節益詳也，惟有道時乃能然。生民狹隘，使民酷烈，則救死而恐不贍，奚暇治禮義哉？

「是故君子於有喪者之側，不能賻焉，則不問其所費。於有病者之側，不能饋焉，則不問其所欲。有客不能館，則不問其所舍。」

不能賻、不能饋、不能館，而漫爲是問，是飾爲枝葉之言，而聽者亦將薄之。

「君子淡以成，小人甘以壞。」

水惟淡，故味不變。醴則甘，而易敗也。

「是故君子與其有諸責也，寧有己怨。」

初有怨而後解釋，怨猶可已，若負諸責，則怨望無已時。

「昔三代明王皆事天地之神明，無非卜筮之用。」

雖圜丘、方澤，牛亦須卜，故曰「無非卜筮之用」。

「不敢以其私褻事上帝。」

大饗不問卜，舊説專指季秋明堂之饗。以事義揆之，惟圜丘、方澤期日一定，大司樂有明文。若當冬夏日至，王喪未殯，祭亦宜廢。既殯則嗣王越紼而往，故無所用卜。若四郊迎氣之日，或王有微疾不能行禮，或期功重喪未殯，不能致其誠壹，則不宜以此而廢郊，必俟疾愈，喪期少遠，而後卜日，所謂不敢以其私褻事上帝，謂此類耳。明堂、大饗以季秋之月，而無定期，禮宜卜日與祀五帝同。群言紛亂，經傳無徵，惟以事理爲衡，以俟後之君子可也。

「不犯日月。」

李光坡曰：「不犯日月，恐是遭喪後，當郊社常祭之日，自啓至反哭，避此日，非他祭卜日之謂也。」

「諸侯非其國，不以筮卜宅寢室。」

卜宅寢室，主國卜之也。客不筮，恐人疑。主國卜宅寢室以處之，所以愛敬客也。卜重於筮，注云「不以筮，恐人疑」，卜之人轉不疑乎？天子道以筮，諸侯乃道以龜乎？天子不卜處大廟，亦所至之國不卜耳。

「君子敬則用祭器，是以不廢日月，不違龜筮。以敬事其君長，是以上不瀆於民，下不褻於上。」

此人臣膳君之禮，天子適諸侯，或諸侯燕於諸臣之家，則用祭器。卜日而請之，春秋傳陳敬仲飲桓公酒曰：「臣卜其晝」，蓋古有此禮。若天子諸侯禮朝聘之賓雖用祭器，而無卜日之禮，且不宜曰「以敬事其君長」。

禮記析疑卷三十三

緇衣

「禹立三年，百姓以仁遂焉。」

人君不仁，則不能厚生以正民德，彰志以明其教。禮俗並敗，則閨門之内，男女、少長相乖相怨，而不能和。親族姻、鄉黨之中，强弱、知愚相脅相欺，而不能和順。百姓雖有仁心，而不能自遂矣。遂者，通達也，必王道四達而不悖，然後民情欣暢而交通也。

「可言也，不可行，君子弗言也。可行也，不可言，君子弗行也。則民言不危行，而行不危言矣。」

老莊之志，太古可言而不可行也。北宫之女不嫁，以養父母，陽城兄弟相愛，皆終身不娶，可行而不可言也。「危」當作「違」，以音同而誤。

「君子道人以言，而禁人以行。」

禁人以行，蓋身爲之，則管子所謂「禁勝於身，則令行於民」也。

「故言必慮其所終，而行必稽其所敝。」

言雖善，必慮其所終。老莊欲人爲太古之無事，而不知其終不可行。行雖善，必稽其所敝。晏子國奢示儉，而不知其敝至於偪下。

「長民者，衣服不貳，從容有常，以齊其民，則民德壹。」

朱軾曰：「言衣服，則一身容貌兼之矣。鳴鳩『其帶伊絲，其弁伊騏』是也。」○從容有常，其儀一也。儀之一，由心如結，此民德之所由壹也。

「爲下可述而志也。」

人臣圖利徇私，則其事不可以告人。苟爲上爲德，爲下爲民，則皆可述而志也。

「不援其所不及，不煩其所不知。」

不及，己之才所不及也。行人子朱不能其職，而以當御爭，殷浩以北伐爲己任，援其所不及也。不知者，君所不當知也。書曰「庶獄庶慎，文王罔敢」，知于兹，若每以煩君之聽則瀆矣。其辭同，而别以己與君者，援則自己而言之也，煩則不可自己而言之也。

「政之不行也，教之不成也，爵禄不足勸也，刑罰不足恥也。」

人君必能行其政、成其教，然後爵禄當，而民知勸，刑罰當，而民知恥。若無政無教，則爵及惡德，刑枉無辜，民且有疾心，而何由勸且恥乎？

「故上不可以褻刑而輕爵。」

荀卿曰：「刑當罪則威，不當罪則侮。爵當賢則貴，不當賢則賤。」故上不可以褻刑而輕爵也。

「大臣不治，而邇臣比矣。」

古者侍御僕從大臣，皆得進退死生之，此君德所以不荒，庶政所以無壅也。若大臣不能治身，則必與邇臣比矣。不能治官，則無以禁邇臣之相比矣。不能治者，不可使居其位，故居其位者，不可以不敬也。○周官王之侍御僕從無一人不統於冢宰，大臣不能自治，則便辟側媚者無所畏忌，故邇臣比也。

「故大臣不可不敬也，是民之表也。邇臣不可不慎也，是民之道也。」

大臣以富貴之過而忠衰於君，則百姓且爲之不寧，可用爲民表乎？此不能敬之過也。邇臣能探君之情，移君之計，庶士庶民皆視其趨嚮而争赴之，是之謂民之道也，而可不慎乎？「道」與「道之以政」同義。

「毋以内圖外。」

「圖」如「我儀圖之」之圖，度也，議也。内謂左右近習也。人主於外臣多好與左右近習私議之，是非所以失實而多蔽也。若與廷臣之正直者公議之，不得謂以内圖外。

「大人不親其所賢，而信其所賤，民是以親失，而教是以煩。」

端人正士非不知其賢也，以其防己之欲，而不能親。便嬖側媚非不知其賤也，以其便己之私，而不覺相信。此民所以失其親上之心，而視教令爲具文也。

「德易狎而難親也。」

水之德，居常則日涉而無患，故易狎，遇險則一陷而不可脱，故難親。

「夫民閉於人而有鄙心，可敬不可慢，易以溺人。」閉於人，謂其情不得上達。有鄙心，謂怨惡其上。閉於人，則有鄙心，所以不可慢也。然有鄙心，而上卒無由知，以陷於大患，故曰「易以溺人」。

「下之事上也，身不正、言不信，則義不壹、行無類也。」身不正，則言不見信於上。義不壹、行無類，身不正之實也，義所陳於上也，行所發於身也。所陳之義二三，而退而考其行，則駁雜而無類，欲上之信其言，得乎？○君子比類以成其行，或出焉，或入焉，則無類矣。

「故君子多聞，質而守之。多志，質而親之。精知，略而行之。君陳曰：『出入自爾師虞，庶言同』，詩云：『淑人君子，其儀一也。』」多聞多識，而質以人心之同，以精吾心之知，似可不疑於所行矣。然以之治己，則身所處之時位不同，以之治人，則世所因之俗變各異。苟拘於所聞所見，而一一以求其合，則不能隨時隨事以處中。故必略而行之，所謂擬議以成其變化也。蓋惟所知者精，然後能取其大略，而左右逢其原。觀顏子「博學於文，約之以禮」，孟子於井田、學校，惟粗舉其大要，可知「略而行之」之義。○引君陳證「多聞」二句，引詩證「精知」句。

「私惠不歸德，君子不自留焉。」

「私惠」，注謂以小物相問遺。則曹僖負羈，盤飧置璧之類是也。但其義甚狹，如彌子以衛卿爲餌，而孔子嚴拒之，齊王欲以萬鍾養弟子，而孟子遂行，皆所謂不自留也。

「苟有車，必見其軾。苟有衣，必見其敝。人苟或言之，必聞其聲。苟或行之，必見其成。葛覃曰：『服之無射。』」

此喻言行之出於身者不可揜也。車之有軾，喻大體之顯見也。衣之有敝，喻微疵之難匿也。衣雖美，少有污毁，人必見之。故君子於公言大節自持必嚴，即恒言細行自檢必密也。必聞其聲，義與車之見軾相發。必見其成，義與衣之見敝相發。「服之無斁」，喻謹言慎行，終吾身不可懈惰也。

「言從而行之，則言不可飾也。行從而言之，則行不可飾也。」

「從」訓「順」，「則行不可飾也」句與上文義不協，當作「虚」字。○行發於身，雖偏戾莫之能禁也。從而言之，則其不善，或雖善而不能得其宜、盡其分，皆不可飾矣。

禮記析疑卷三十四

奔喪

望其國，竟哭。

竟哭，終不止也。過國，他國也。至竟，至本國之界也。望其國，望見國都也。過國至竟哭，盡哀而止。望見國都，則行哭，至家不止也。

至於家入門左，升自西階。殯東西面坐，哭盡哀。括髮袒。降，堂東即位，西鄉哭，成踊，襲絰于序東，絞帶，反位。

襲絰于序東，陳氏集説謂「掩其袒而加要絰」，非也。初袒至是襲，初括髮，至是加首絰，下絞帶乃要絰也。若絞帶即襲絰之絰，則不宜覆舉矣。下節襲絰、絞帶、即位連而及之，可見絰乃首絰。○陳氏謂襲絰爲加要絰，蓋以又哭、三哭尚括髮，疑此時不宜先加絰也。不知小斂環絰，小斂後奉尸夷堂，襲絰帶踊，是括髮後加絰，絰後仍可括髮也。疏謂惟斂殯時括髮，不當斂殯，大夫加素弁，士加素委貌於括髮之上，得之。蓋環絰即加弁與委貌之上，及斂殯袒踊時，稅弁與委貌，仍然括髮也。即以此記證之，聞喪不得行，成服而後奔者，至家括髮，則絰後不礙括髮明矣。○首絰腰帶同謂之絰，對帶而言，則首絰也，此節「襲絰於序東，絞帶」是也。對免而言則腰絰也，「奔母之喪，襲免絰於序東」是也。

婦人奔喪，升自東階。殯東，西面坐，哭盡哀。東髽，即位，與主人拾踊。

疏謂「男子免於東序，故知婦人亦髽於東序」，非也。婦人迎客、送客不下堂，主人位在東序。齊衰以下，奔喪者復免於此，外賓屬耳目焉。而婦人於此變容飾，可乎？其不言髽於東房者，婦人變飾必於房中，不必言耳。

奔喪者不及殯，先之墓，北面坐，哭盡哀。主人之待之也，即位於墓左，婦人墓右。成踊，盡哀，括髮。東即主人位，絰絞帶。哭成踊，拜賓，反位，成踊。相者告事畢，遂冠。歸入門左，北面，哭盡哀，括髮袒，成踊。東即位，拜賓，成踊，賓出，主人拜送。有賓後至者則拜之，成踊，送賓如初。

葬日袒，不得親葬事，哀痛中迫，不宜反不袒。蓋除喪而後歸於墓猶袒，則不及殯者不必言矣。○於墓不言送賓，以下齊衰送賓，則斬衰送賓不必言也。不及殯與不得奔喪者，皆言五哭，而及殯者不言，義亦如此。

齊衰以下不及殯，先之墓，西面，哭盡哀，免麻于東方，即位。與主人哭成踊，襲。有賓則主人拜賓，送賓。賓有後至者，拜之如初。相者告事畢，遂冠。歸入門左，北面，哭盡哀。免，袒，成踊。東即位，拜賓，成踊。賓出，主人拜送。

奔喪至家，子則西面，齊衰以下則北面。于墓，子則北面，齊衰以下則西面者。攢於西序，葬於北方，子皆正鄉，齊衰以下皆旁鄉也。言襲，則袒可知。葬日，主人袒，衆主人否。不及殯而之墓，齊衰以下皆袒者，過禮以志痛也。然曰「遂冠，歸入門左」，又曰「拜賓，成踊」，則惟同宮之親乃然。○主人北面，適長及衆子皆然，故齊衰以下不得踐主人之位。○知生者弔，此賓與奔喪者相識，故聞其歸而來弔也。拜賓、送賓必主人，喪無二主也。主人與賓哭踊，則奔喪者亦如之。

賓出，主人拜送于門外。

獨此送賓於門外者，非殯所也。若殯所，則非君夫人弔，無送於門外。特言主人者，獨主喪者一人拜送，餘則否。

於五哭，拜賓、送賓如初。

奔喪及殯者不言五哭，既及殯則一循其常節，不待言也。不及殯，則曰于五哭。相者告事畢，蓋既逾卒哭之期，故特明五哭後即止，無算哭踊，是之謂事畢也。此舉五哭，拜賓、送賓如初，恐疑聞喪不得奔，於常節有變耳。注疏乃謂迫公事哀殺，不復有朝夕哭，繆矣。聞喪而不得奔，則哀親倍切，自痛倍深，何故反殺初喪？既無算哭踊，並止朝夕哭。設歸不及殯，則五哭而畢事矣。除喪而後歸，則於家不哭矣。先王制禮，乃拂人情、悖事理如是乎？然則事未畢，不過將事之日輟哭耳。其餘日哀至則哭，孰禁之者？而曰哀殺哭，可止旅寓他邦所居，乃彼國之館也。而曰館舍，賓所專有，可以作廬，亦弗思之甚矣。

遂除於家，不哭，主人之待之也。無變於服，與之哭，不踊。

服除於墓，至家不哭，與養有疾者不喪服同義。蓋世父、叔父同居，或大父母尚存，即吉已久，忽衰絰而哭，或心以爲忌也。主人之無變於服，其義亦然。與之哭哀，生者遭大故，而身不得親也。不與之踊，以前既要節而踊，凶禮不可再舉也。袒踊之節，豈外加之文哉？

凡爲位，非親喪，齊衰以下，皆即位，哭盡哀，而東免絰。即位，袒，成踊，襲。拜賓，反位，哭成踊。送賓，反位。相者告就次。三日五哭，卒，主人出送賓。衆主人、兄弟皆出門哭，止。相者告事畢，成服，拜賓。若所爲位家遠，則成服而往。

此當爲諸父、昆弟死於他國，而本國宗親爲位以哭之禮。主人應主其人之喪者，或以親或以長也。告就次者，聞喪不入内，雖一夕必有次也。若所爲位家遠，則成服而後往者，近則爲位而哭之，次日即可以往，不必待成服也。首言非親喪者，若親喪在外，無論遠近，即日奔迎，無爲位而哭之禮也。舊説此以私事出未奔者，果爾，則於他國爲位，不應有衆主人兄弟，故復還就其説。謂既奔喪，至家，則喪家之主人爲之拜賓、送賓，衆主人、兄弟亦謂在喪家者，於文義事情俱不可通。○「成服拜賓」句當在「三日五哭卒」下。舊説五哭之明日，然後成服，誤矣。定制三日成服，五哭而告事畢。今併五哭於三日内，以亟赴喪家，故變而就近也。若緩成服之期，何不三日成服，而從容以畢五哭乎？父母之喪三日成服，而群喪乃以四日，於義何居？且服尚未成，安得告事畢？必錯簡也。○此出送賓，亦以殯不在也。舊説人臣奉君命以出，非聞父母之喪不得爲位，亦可爲聞外喪之證。

凡爲位不奠。

張子云：「爲哭位亦有神位不奠，非不祭也。不如喪奠之久設，以新易舊耳。」竊疑喪奠之久設，以魄體在柩，仍以生人之道事之，不知親之饗也何時耳。既葬之後，祭於宗廟，然後以鬼神享之。聞喪於異地，爲位而哭在喪所者，自設朝夕之奠於尸柩前，而遥設祭奠，不亦虚乎？宗廟正祭，惟適長主之，衆子不得私祭。而聞旁親之喪，各設祭奠，不已濫乎？如此類，注疏終不可破。

大夫哭諸侯，不敢拜賓。

諸侯以朝聘薨於異國，世子、國卿當出迎柩。在國，卿大夫當次於公館，朝夕哭臨。於朝異國之臣，有聘問或過賓者，聞其國君喪，未有不入唁者。大夫哭諸侯，不敢拜賓，蓋謂此也。如舊説，則其文當曰「大夫哭舊君」。○知子必出迎者，世子君行則守，而曾子問君出疆而薨，其入也，子皆從柩，必聞訃而出迎也。知在國卿大夫哭臨者，君雖未知喪，臣服矣，則哭臨不必待子之歸，但不敢拜賓耳。

諸臣在他國爲位而哭，不敢拜賓。

聘禮使者在他國，君薨，赴者未至，則哭於巷，衰於館。赴者至，則衰而出，無受弔之禮。此云「不敢拜賓」，蓋主國君臣及他國同爲聘，使者必相唁也。

與諸侯爲兄弟，亦爲位而哭。

與諸侯爲兄弟，鄭注謂「親族婚姻在異國者」，正義引小記「與諸侯爲兄弟者服斬」，證此爲異姓，皆非也。在禮，非爲後者不敢拜賓，故重耳。對秦使，稽顙而不拜，況兄弟乎？服斬與不敢拜賓並行不悖，未足爲證也。

所識者弔，先哭于家，而後之墓。

「知生者弔，知死者傷」，齊衰以下不及殯，先之墓，情迫於見死者之窀穸也。所識者弔，則先哭於家，意主於通生者之情款也。

凡喪，父在父爲主。

雜記「父爲長子杖，則其子不以杖即位」，小記「父不主庶子之喪」，則孫以杖即位可也。言禮之常，此記乃衆子無子禮，以窮而變者。蓋尊者來弔，父不得不爲之主。即弔，賓卑亦不得使其兄弟爲主，嫌於自尊而不與爲禮也。

父没，兄弟同居，各主其喪。

鄭注「各爲其妻子之喪爲主」，非也。父雖在，不主衆子、庶婦之喪。父既没，各主妻子私喪，不待言矣。此承上文而言，衆子之無子者，父没，則同居之兄弟得各主其喪也。蓋慮兄弟衆多，或徙家異國，或同國異居，或遠出不返，必待異居之長適來主其喪，則祭葬之事不可舉，故使同居者主之，此禮之以權制者也。

親同，長者主之。不同，親者主之。

此二句皆謂主兄弟無子者之喪，如適長異居、同居者四三人，民俗之偷，或有以同母爲更親，而越次主其喪者，故禮經具此，以示天顯不可紊也。古者，大功同財，若期大功同居，則必以親者主之。

拜賓則尚左手。

逸喪禮言吉喪者，雖聞喪，而已在喪期之外也，惟小功緦麻則然。

凡奔喪，有大夫至，袒，拜之，成踊而后襲。

此聞喪不得奔喪於異國，受弔唁之禮。當袒之時，而大夫至，則袒而拜之，非特爲大夫袒也。

禮記析疑卷三十五

問喪

惻怛之心，痛疾之意，傷腎、乾、肝、焦、肺。

有人遭兄之喪，腹中若豸蟲之動，自丹田之右逆上達左脅，轉而右旋，偏於胸膈，以藥石攻之不效。醫士楊芳初聞之曰：「此喪禮傷腎、乾、肝、焦、肺也。起自丹田之右腎，氣逆也。達於左脅，肝病也。旋偏於胸膈，肺病也。故先王制禮，辟踊袒號，以動體安心下氣。」叩之果以父母在，不敢號踊，以相感動哽咽而致此。當其時，不知用此，故成痼疾。惟熊經鳥申，久而後可漸減也。其人因學導引之術，微有瘳氣結，而不通者終其身。

三日不舉火，故鄰里爲之糜粥以飲食之。

喪事充遽，親者致其哀，内外御者各有執事，無暇舉火，故鄰里爲之糜粥。庶民則五家之鄰可共，庶士則二十五家之里始足以周事。先王教民以厚，自死喪相恤始，故感人者深而成俗易也。糜之厚以食朋交姻亞承事者，粥之薄以食三日不食以下旁親及孝子之疾病者。三日水漿不入，惟士大夫可勉。若庶人身自執事而後行，則亦不能不食粥矣。

故哭泣辟踊，盡哀而止矣。

止謂附身附棺之事皆畢，更無可以致愛於親，惟自盡其哀而止耳。雖心絶志，悲無如之何，故不得已而以鬼享之也。

冠至尊也，不居肉袒之體也，故爲之免以代之也。

居如考工記「居材」、「居角」之居，安置之義也。言冠爲服之至尊，不可安置於肉袒者之身，故爲免以代冠也。○以此知賓祭之袒露裼衣而不肉袒也。親始死，悲哀志滿氣盈，故袒而踊之，以動體安心下氣。若賓祭割牲，則露裼衣，以示敬可已。冕旒而肉袒，非所以爲儀也。郊特牲「君袒而割牲」，明堂位「君肉袒迎牲於門」，割牲以薦神，尚不肉袒，而肉袒以迎牲於門，何義乎？明堂位莽、歆所僞造，未可據也。

然則秃者不免，傴者不袒，跛者不踊。

禿者不宜廢袒、踊，餘皆然。注有一疾則并廢其二，似不若陳氏集説爲安。下文云「不可以備禮」，則非全廢明矣。

「免者以何爲也？」曰：「不冠者之所服也。」禮曰：「童子不緦，惟當室緦。」緦者，其免也，當室則免而杖矣。

李光坡曰：「怪成人袒時須著免，今非成人袒，亦著免，故問之。不冠者之所服，謂童子未冠，故著免也。緦者，其免謂爲族人緦者，由爲父母著免也。」

禮記析疑卷三十六

服問

有從有服而無服，公子爲其妻之父母。

公子於期大功降以爲尸也，外祖父母、妻之父母服輕，且外喪無妨於爲尸而不服，何也？君在爲母練冠，君没大功，而服母妻之族，則推之無本矣。女君之子不降其私親，以於母得遂也。公子之妻服公子之外祖父母，以於姑得遂也。

爲其母之黨服，則不爲繼母之黨服。

此與「父在爲母期」同義，皆以義之重而奪恩也。蓋母出則繼母父之配也，宜奪因母之恩而服繼母之黨。若母死，則父有受於考妣，祔於祖廟之初配矣。故不服繼母之黨，以明其義，而繼母之服仍一同於因母，以篤其恩，所以義盡而仁至也。

麻之有本者，變三年之葛。

期之葛，則麻同兼服之，不得言變。變三年之葛者，練後葛帶未除，遇大功新喪，則以麻帶易之，所謂麻葛重也。

世子不爲天子服。

「繼世以立諸侯，象賢也」，雖先君既薨，必三年之喪畢，類見而命於天子，然後得嗣國。若爲世子而不終，則庶人也，安得遽以重服服天子乎？大夫之適子則教於成均，舍不帥教而屏之遠方，鮮不爲士者，故得爲君夫人大子如士服。

雖朝於君，無免絰，唯公門有稅齊衰。

古者，大國不過三卿、五大夫，王事邦交國政，豈容弛置？既葬之後，入圖公事，不得不朝於君。先王制禮，期之喪有稅衰而無免絰，三年之喪衰絰而朝，使爲人君者知臣以國事而不得遂其父母、兄弟之恩，所以視臣如手足也。爲人臣者，知雖迫國事，而仍不奪其父母、兄弟之恩，所以視君如腹心也。且知圖國事尚衰絰於君前，則歸至其家，居處、飲食、哭泣、思慕、容貌、言語有一不稱其服，自覺仰愧於天，俯怍於人，又所以使之内省其哀誠也。

禮記析疑卷三十七

間傳

朝一溢米，莫一溢米。

有人居兄之喪，父母憫之，臨視而食以肉，因不敢要節哭踊，痞結膈噎，逾年不能飲食。高淳張彝歎曰：「先王之節喪食，非獨哀死，亦以衛生也。哭泣辟踊，所以動體安心下氣，非愚陋邪淫之人而抑其哭踊，强以肉食，患必生。爲人父母者，宜知之。」

始食肉者，先食乾肉。

山陰鍾畹母喪，既禫以未葬，不肉食者。又數月及食肉，輒腹疾，乃食乾肉。久之，乃復常。禮之無微不達如此。

又期而大祥，居復寢。

大祥居復寢，謂外寢齋喪所居也。禫而從御，吉祭而復寢，謂燕寢婦人進御之所也。喪服傳「既練舍外寢」，謂堊室也。

斬衰三升。齊衰四升、五升、六升。大功七升、八升、九升。小功十升、十一升、十二升。緦麻十五升，去其半。有事其縷，無事其布，曰緦。

舊説惑於雜記大夫士異服之謬，而曲爲之説，曰「衰同而布之粗細異」，不知五服中既分爲十一等。若更於其間增減升數，以爲天子、諸侯、卿、大夫、士、庶人之别，則每等中又分爲數等，不惟煩碎難得其宜，而縷數所争無幾，其精粗亦不可復辨矣。若升數同，則生麻爲縷，更無術以别精粗。蓋未知雜記此數條，皆莽、歆所僞亂也。

斬衰三升，既虞卒哭受以成布六升，冠七升。爲母疏衰四升，受以成布七升，冠八升。大功以上有受服者，古者衰不脱，非易衰不能服，以終喪也。小功以下無受服者，喪期近，而衰布密緻不必易也。

期而小祥，練冠縓緣。

朱軾曰：「至大祥麻衣，反不黄裏。縓緣者，大祥去衰，非若練衣爲承衰中衣也。」又期而大祥，素縞麻衣，中月而禫。

親喪外除二十四月畢，二十五月之首舉大祥之祭。既祭服素縞麻衣，至此月之末，或逾月之首舉禫祭。自祥至禫中間一月，所謂中月而禫也。如此，則與二十五月而畢，及逾月則其善也，俱不相悖。

既練，遭大功之喪，麻葛重。

服問曰：「麻之有本者，變三年之葛。」練時前喪首絰，既除又變腰葛爲麻，是重麻也。又曰：「三年之喪既練，期之喪既葬，則帶其故葛帶，絰期之絰，大功亦如之」，是既葬又重葛也。注據此爲義。以記本文推之，包者以新麻，加舊葛之外也，兼服亦然。蓋斬衰初喪，至既虞卒哭未久也。雖輕者亦不可去，惟以後喪之麻包之。齊衰之喪，既虞卒哭，而遭大功之喪，其義亦然。惟斬衰既練，遭大功之喪，而重麻，則竟脱去斬衰之葛。蓋以後喪既葬，仍反前喪之葛，故葛帶可暫脱。又雖加絰易帶，而前喪之衰不易也。此記雖舉斬衰，以服問參之，「爲母齊衰三年，易葛反葛」之節亦然。服問「殤長中變三年之葛，終殤之月筭，而反三年之葛」。所謂易服易輕者，麻之有本者變三年之葛，即以包爲變易，非脱去也。所謂反三年之葛，即以除後喪之麻爲反。

齊衰之喪，既虞卒哭，遭大功之喪，麻葛兼服之。

疏據男子以婦人齊衰，終喪不葛帶也。蓋爲父母、舅姑恩義本重，故卒哭後不易要之麻絰。○兼服知非首腰，皆加大功之麻者，以下曰「服重者，則易輕者也」。

兼服之服重者，則易輕者也。

知易輕爲包，而非變者。以上斬衰之喪，既虞卒哭遭齊衰之喪，輕者包、重者特也。

禮記析疑卷三十八

三年問

「別親疏、貴賤之節，而弗可損益也。」

貴賤謂義服，篇中第言父母之喪者，按喪服四制曰：「資於事父以事君而敬同」，故爲君亦斬衰三年，以義制者也。明於以恩制者，則以義制者準此矣。

「故人於其親也，至死不窮。」

窮，盡也，止也。夫鳥獸哀其群匹，至於越月逾時，鳴號躑躅而盡矣，止矣。人之於親，則致孝之道，至死不窮。春雨秋霜，僾見愾聞，思慕追養之不窮也。慎行其身，不遺父母惡名，以至「立身行道，揚名於後世」，大孝尊親之不窮也。蓋兼父母之死與子之死，别記曰：「非終父母之身，終其身也」，即至死不窮之義。

「將由夫患邪淫之人與？」

此篇自荀子禮論摘出，本文「愚陋邪淫之人」。

「先王焉爲之立中制節，壹使足以成文理則釋之矣。」

「焉」字衍。

「至親以期斷。」

凡以期斷者，皆至親也，惟父母加至再期。

「然則何以三年也？」曰：「加隆焉爾也，焉使倍之，故再期也。」「由九月以下，何也？」曰：「焉使弗及也。」

「焉」當作「爲」，讀去聲。篇中「焉」、「爲」雜出，形相近，故傳寫誤也。爲恩義隆，而使倍之，故再期。爲恩義殺，而使不及，故由九月遞降也。

「上取象於天，下取法於地，中取則於人。」

日月星辰，光有顯微，行有遲速。山陵川澤，位有高卑，域有廣狹。子臣弟友，恩有淺深，義有輕重。故喪禮之爲隆、爲殺、爲閒，取法象而明物則焉。

禮記析疑卷三十九

深衣

短毋見膚。

豈袂之長短，反詘之及肘，即所謂短無見膚與？

續衽鉤邊，要縫半下。

續衽謂衣衽與裳相接續也。朝祭之衣長而覆裳，深衣取其弗費，故裳與衣續。知然者，要縫半下以衡縫言之也，惟衣裳相續乃有衡縫。

負繩抱方者，以直其政，方其義也。

負繩以示直躬，乃人道之正也。抱方，示義以方外，抱義而處，矩不可逾也。

可以爲文，可以爲武，可以擯相，可以治軍旅。

擯相禮服治軍旅，戎服無著深衣以莅之之禮。深衣，蓋著於戎服禮服之内者，故無施而不可也。古人夕深衣，蓋無外事不與衆接，乃弛其上服。

純袂、緣、純邊。

「純」即「緣」也，「緣」字疑衍。曰「純邊」，則包裳下齊。呂氏列爲三事，恐未安。

禮記析疑卷四十

投壺

又重以樂。

疏仍以樂賓爲義，音義以樂，或音岳是也，即指下命弦者奏貍首及鼓節。

賓再拜受。主人般還曰：「辟。」主人阼階上拜送。賓般還曰：「辟。」

不言賓所立者，主人在阼階，則賓在西階可知。賓先言「受」，後言「辟」，倒文也。其實先還辟，而後拜受也。據文義，「主人阼階上拜送」二句應在前，而倒之者，以下節「已受拜矢」。若承賓再拜受之後，則疑受者賓也。

已拜，受矢。

主人初奉矢，賓主交拜時已授贊者矣，故於此復云「受矢」。贊者授矢於賓，主人於阼階拜送，已拜乃自「受矢於贊者已拜」句斷。

遂以奇算告曰：「某賢於某若干純」，奇則曰：「奇」，鈞則曰：「左右鈞。」

一算爲奇，奇耦之奇也，遂以奇算告，奇零之奇也。假令餘算九，當云「四純一奇」。疏曰「九奇」，似未安。

正爵既行，請徹馬。

罰爵、慶爵並稱正者，對無算爵而言也。

「毋幠，毋敖。」

「幠」當作「呼」，音同而譌也。投者及旁觀者多喜喧呼，以助其勢。勝者或色傲，故用爲戒。曰令弟子者不敢言，戒賓衆而借主黨之童子以爲辭也。

禮記析疑卷四十一

儒行

「儒有衣冠中。」

傳記所稱有高冠長佩以自異者，有短衣厲飾以自雄者。儒者則循禮隨俗，而不使見者怪詫，所謂中也。

「其大讓如慢，小讓如僞。」

大讓如慢，如不受爵禄、君大夫請見而謝不可之類。小讓如僞，如每飯必先告飽、待侑然後加、投壺之禮、賓必再辭之類。

「大則如威，小則如愧。」

莅大事則方嚴肅厲，故如威臨。小事則畏抑謙下，故如愧。

「淹之以樂好。」

人於嗜慾，暫或自閑，久與爲緣，將不復能持，故必淹之以樂好，然後可以察所安也。

「鷙蟲攫搏不程勇者，引重鼎不程其力。」

此謂儒者見義必爲，非謂其材勇之過人也，如赴君父之難，豈可程勇量力而後進哉？

「往者不悔，來者不豫。」

儒者之行，身一安於義命，故雖遭危困，而往事一無可悔。來者不豫，素位而行，無入而不可以自得也。

「流言不極。」

極，抵也，至也。凡事有其實，則言有歸。宿儒者即時被流言，而禮義不愆，流言應時而自息矣。

「儒有可親而不可劫也，可近而不可迫也。」

衆人之情，親之則可劫以非義，以内無特操也。近之則可迫而狎焉，以外無廉隅也。儒者以義理自防，故免此。

「其過失可微辨，而不可面數也。」

李光坡曰：「微辨，細核也。面數，明指也。其過失之小，僅可細核，無可明指，所以謂之剛毅者，非不屈於欲，無由寡過如斯，所謂自勝者强也。諸解似失之。」○如冉有之與原思之辭、晏嬰之儉，辨義至精微，始覺少過，若可面數之過，則惡也。儒者不應有此。

「儒有忠信以爲甲胄，禮義以爲干櫓。」

甲胄、干櫓，皆所以自衛，而非求勝於人也。忠信者，周身之防，禮義者，應物之節，故義各有取。

「雖有暴政，不更其所。」

暴政如楚王戊胥靡申公、竇太后使轅固生刺豕之類，獨舉暴政以處此極難。若横逆之，加則惟三自反而已。

「上答之，不敢以疑。」

急於求進者多以疑事嘗試於君，君子無苟得之心，故咨以計謀，不敢以理所未信陳也。委以職事，不敢以材所不宜任也。○或曰：「既見答，則正言不諱。不敢以身家之私患自疑慮也。」

「儒有今人與居，古人與稽。」

雖與今人居，不敢同流合污，必以古人自處之道與己所行相稽考。

「雖危起居，竟信其志，猶將不忘百姓之病也。」

危起居，謂縶纍、囚奴、流放，起居不得自由，而安之若素，困而不失其所亨，是謂竟信其志也。身之危若此，而猶不忘百姓之病。蓋所憂者大，所思者遠也。讒諂之民比黨以危君子，則患必及民，而憂在君國，故志終不奪，此古人與稽後世爲楷之實德也。

「上通而不困。」

學不足以應上之求，則上通而困矣，非達不離道之謂。

「禮之以和爲貴，忠信之美，優游之法。」

以者，用也，猶「生死以之」之以。守禮者多不能和，君子則禮之用而能以和爲貴。忠信者多直，遂而不能優游。君子則忠信爲美，而又能以優游爲法。

「毁方而瓦合。」

瓦形正方以微倨，故可規而爲圓，而體之方自若也。儒者内方以自守，外微曲以和衆，類此。

「儒有聞善以相告也，見善以相示也。」

友以輔仁，故必欲其自强於善，一與己同。見親於聞，示切於告，其平居相砥勗如此，則爵禄相先、患難相死，自有不能自已者。

「静而正之，上弗知也。麤而翹之，又不急爲也。」

静而正之，謂格君心之非，止邪於未形，故君不知。麤而翹之又不急爲者，務潛移默化，而不急以口舌争也。

「不臨深而爲高，不加少而爲多。」

以衆人之卑下，自矜行誼之高，臨深以爲高也。以衆人之寡陋，自騁學問之博，加少以爲多也。

「儒有合志同方，營道同術。」

方，所向也，故於志言之術路也，故於道言之。志分善利，專於善，故所向之方同。道有小大，取其大，故所由之路同。

「聞流言，不信其行。」

韓子引此，以「不信其行」爲句，按之文義亦安。

「敬慎者，仁之地也。」

敬爲德之聚，諸德諸行必以敬慎承載之，然後静而安動而順，故曰「仁之地也」。○或曰：「禮卑者業廣，必敬慎，然後有基可據。」

「不充詘於富貴。」充者，既得而自滿也。詘者，患失而氣餒，莊子所謂「操之則慄」，春秋傳載程鄭求降階而然，明以爲將死而憂是也。

孔子至舍，哀公館之。觀此，則疏謂「哀公就見孔子而命席」，誤矣。

禮記析疑卷四十二

冠義

凡人之所以爲人者，禮義也。禮義之始，在於正容體、齊顔色、順辭令。容體正、顔色齊、辭令順，而後禮義備，以正君臣、親父子、和長幼。君臣正、父子親、長幼和，而后禮義立。故冠而后服備，服備而後容體正、顔色齊、辭令順，故曰：「冠者，禮之始也。」

曰「禮義備」者，虚言其理也。曰「禮義立」，以附於人身者言之也。○自十年學幼儀、容體、顔色、辭令，已無日不使之習矣。然幼所習手容、足容、行容、立容之常而已。至成人則事君、事長、接賓、承祭、躬身、俯仰、步武、疾徐，各當其品節，而後謂之正。幼所學事親、事兄、承師、承長之色而已，至成人則在廟、在朝、治軍、臨下、有喪、有憂、弔死、問疾之色，咸得其分際，而後謂之齊。幼所學，將命傳言之辭而已。至成人則聘頫、享覿、會盟、征伐之辭，無一不合其機宜，而後謂之順。蓋始學其儀，即求其所以正、所以齊、所以順之禮義，然必至於能正、能齊、能順，而後禮義始備也。故制冠禮，至是而後責其備，則自十五入大學以後，必盡志於此時自警惕，而惟恐其不備矣。

見於母，母拜之。

古者，君於臣、父於子、舅姑於婦，皆有拜禮。蓋責之者厚，望之也深，故禮之不得不重也，而各有節會焉。子之冠，母拜之，始爲成人。又以所執者，廟中之脯也。父於冠不宜答子之拜，故子冠後，亦無拜父之禮。婦見舅姑、舅姑饗婦，則不惟姑答拜，舅亦答焉。婦饋，則姑酳之拜，而舅無拜，蓋盥饋者，婦職之常也。見與饗則將授之室，而使爲主，非饋比也。父之於子則冠無拜，而嚳於廟中有拜。蓋始教以成人之禮，未知其果克家也。舉奠而嚳，則以宗祊託焉。且與長兄弟俱，故至是始有拜禮也。若非適嗣衆子之拜，更無答禮。至於國君，則大夫以上答拜，而士非其臣亦答焉。天子則在喪答拜，而朝覲、會同皆無之，獨屈體於師保。臣於君必稽首，而大夫之臣則無之，乃聖人運用天理至極，而不可移易者也。○母拜之，肅拜也。按，少儀婦人吉事，雖有君賜肅拜。平時，子拜，母坐受之，或立受而不答，重冠禮，故肅拜以答也。唐人禮，父坐受子拜，母立受。○周官九拜惟稽首、頓首至地，其曰空首者，手至地而頭至手，即記所謂手拜也。所謂肅拜者，俯手近地，如今之揖也。覲禮三揖及司士王揖群臣，則推手小下之耳。喪大記「君拜卿大夫於位，於士旁三拜」，康王受顧命於群臣之拜，無不答，而春秋傳則曰「二王之後，天子有事膰焉，有喪拜焉」，其説參差相抵而不合。嘗通論之，稽首非君父無所施，春秋傳盟於蒙，孟武伯曰「非天子，寡君無所稽首」是也。而在喪亦用於敵者，雜記鄰國來弔，子拜稽顙，孔子曰「稽顙而後拜，頎乎其至也。三年之喪，吾從其至者」是也。然則國君平時答卿大夫以肅拜，在喪及饗、食、燕、射以手拜。天子平時答公、卿、侯、伯以揖，在喪則以手拜。答二王之後，則以頓首也。惟成王之於周公、太甲之於伊尹，皆拜手稽首。蓋先王舊臣師保之尊，不可以常禮論，如「太公授丹書，武王北面」，皆以義起，而偶一行之。

遂以摯見於卿大夫、鄉先生。

晉語趙武冠備，見諸大夫、卿大夫、適子，有此禮。

將責爲人子、爲人弟、爲人臣、爲人少者之禮行焉。

如傳所稱魯昭公習儀以亟禮，與辭足觀，與魯論所云「論篤，色莊，色取仁而行違者」，其於爲人子、爲人弟、爲人臣、爲人少者之禮文，非不能合也。而夷考其行，則實與禮悖。爲責四者之行於人，故必敬其事、重其禮，以使之興於行也。

可以爲人，而後可以治人也。

冠用士禮，不惟士大夫之子成人以後，有服官治人之責。即庶人之子受室成家，身不行道，不行於妻子，故必可以爲人，而後可以治人也。

禮記析疑卷四十三

昏義

再拜奠鴈。

李光坡曰：「按，儀禮『賓升北面，奠鴈，再拜稽首』，鄭注云：『主人不答，明主爲授女耳』，似此鴈爲壻見女之贄。郊特牲所云：『執贄以相見』，指此節也。」

厥明，舅姑共饗婦以一獻之禮，奠酬。

李光坡曰：「舅洗於南，洗酌獻婦，婦拜。受姑薦脯醢，婦飲畢，酢舅，更爵酌酢，自薦脯醢於舅席。舅飲畢，姑洗於北洗。酌，先自飲畢，更酌以酬婦。婦拜受奠於薦左，所謂舅獻姑酬共成一獻也。此疏似酬亦是舅，恐誤。」

婦順者，順於舅姑，和於室人，而後當於夫。

不能順於舅姑、和於室人，而當於夫，則燕昵之私也。子甚宜其妻，而禮則出者此類也。○注室人謂女姑、女叔諸婦。聖人制禮，夫之姊尊以姑之稱，夫之兄尊以公之稱。婦明於此義，則知敬順宜亞於舅姑矣。爲兄公、女姑者，顧名思義，可不勤於教育，而忍爲譏慝乎？

是故婦順備，而後内和理，内和理，而後家可長久也。

微獨士庶人之家，必婦順備而後家可長久。三季以來〔一〕，亂亡之禍無不起於家不和理，家不和理無不由於婦之不順，而欲婦順之成必由身教。孔子告哀公「自古明王必敬其妻子有道」是也。

是以古者，婦人先嫁三月，祖廟未毁，教于公宫。祖廟既毁，教于宗室，教以婦德、婦言、婦容、婦功，教成祭之，牲用魚，芼之以蘋藻，所以成婦順也。

女將嫁，則父母之教成矣。而復教於公宫、宗室者，重其事，而使之震動恪恭於所教也。以先嫁三月爲期，非教之三月也。教成者，試而不違則禮成，非謂至於公宫、宗室而後所教乃成也。

〔一〕「三季」，疑當作「三代」。

天子聽男教，后聽女順。天子理陽道，后治陰德。天子聽外治，后聽内職。

聽男教、女順者，章其教也。理陽道、陰德者，修諸身也。聽外治、内職者，治其事也。○理陽道、治陰德，所以本身而燮理乎陰陽也。聽男教、女順、外治、内職，所以治人而整齊乎人紀也。細而别之，則聽男教、女順，所以正其德也。聽外治、内職，所以程其事也。

適見於天，日爲之食。

後世推筭日月食度，分毫不爽，其實皆本周髀，而經傳則以爲適見於天。周公、孔子不易其説，蓋以天子、王后苟或恣情悖義，更無能禁遏而懲創之者。惟使知適見於天，禍殃莫逭，庶幾有所畏憚耳。兩漢曆志惟有推月食之術。章和中，劉洪改四分曆，始言日食，而後漢書不載也。至晉志，始載太史令韓翊推筭日食之説，蓋踵洪術而精之。愚者皆謂星官巧筭超越前古，不知此正有司淺見，大臣無識，不能辨義，而抑止之耳。新安程廷祚作論，辨之甚詳。

禮記析疑卷四十四

鄉飲酒義

鄭注鄉大夫飲國中賢者，「鄉」宜作「卿」。周官鄉大夫興賢能之後，退以鄉射之禮五物詢衆庶，乃所以終前事，爲後舉張本，不得爲飲國中賢者。尹吉甫飲御諸友，而張仲在焉，公父文伯飲南宫敬叔酒，以路堵父爲客，是爲卿大夫飲國中賢者，所以别爲一禮也。

不慢不争，則遠於鬬辨矣。不鬬辨，則無暴亂之禍矣。

古者，祭祀、鄉射皆獻酬交錯，俾族姻、鄉黨時時聚會，以通其歡忻，則争慢無由生，而鬬辨自遠矣。末世暴亂之興，皆由於鬬辨，然後知先王之禮，乃所以消禍於無形也。

故聖人制之，以道鄉人、士君子。

士君子，秀民也。鄉人兼樸者而言也。聖人制此禮，所以開導鄉人之秀者、樸者，使觀感而興於行也。秀者見禮，則樸者慕矣。○「故聖人制之」句。

賓主象天地也，介僎象陰陽也。

賓以義立，主人以仁接，故以象天地之對。待介以輔賓，僎輔主人，故以象陰陽之流通。

讓之三也，象月之三日而成魄也。

月行正當日下，則明掩而爲晦，漸遠則明生，是月與日相讓而後明生也。明生而後魄可見，故曰「三日而成魄」。朱子以疏義爲非，但以既望而生魄爲義，不當曰「三日而成」。○李光坡曰：「曆家以朔及前後二日爲食限，此時月切於日，渾然是魄，所謂三日成魄也。謂之讓者，朱子解月幾望爲陰盛亢陽，則成魄非讓乎？」

禮以體長幼曰德。

鄉飲酒之禮，衆賓、衆子弟壹以齒爲序，而不論其身與父兄之爵等。則少者或以爲屈，而老者亦爲之不安。賓介與衆賓，壹以德行道藝爲準，並不論其齒之少長，則立於階下者，或不能平，而席於堂上者，亦爲之不適。聖人制禮使與於斯者，各自體認其爲長爲幼之道，知尚齒貴德並行而不相悖，乃天理之自然，人心之同，然事習而心安，故謂之德也。

故曰：「古之學術道者，將以得身也。」

鄉飲酒之禮，凡在列者皆士也。農、工、商不與焉，故專以學術道者爲言。不惟賓、介、三賓以德行道藝爲衆所推，是謂得身。凡與於斯禮者，有所觀感興起，皆以求得其身也。

鄉飲酒之禮，六十者坐，五十者立侍，以聽政役，所以明尊長也。六十者三豆，七十者四豆，八十者五豆，九十者六豆，所以明養老也。民知尊長養老，而后乃能入孝弟。民入孝弟，出尊長養老，而后成教，成教而后國可安也。君子之所謂孝者，非家至而日見之也。合諸鄉射，教之鄉飲酒之禮，而孝弟之行立矣。

此節爲黨正屬民飲酒以正齒位之禮無疑，但宜退置篇末，則節次分明，而義意相貫。蓋鄉飲酒之爲國政者，鄉大夫興賢能，一也；州長習射謂之鄉射，而興賢能之後，亦用此禮，以詢衆庶二也；黨正正齒位，三也。自篇首至故曰「吾觀於鄉，而知王道之易易」，專言興賢能之禮，一人之所記也。鄉射有賓無介，則黨正之正齒位及蜡飲可知矣。自鄉飲酒之義，至禮之大參，又一人所記也。其釋賓、主、介、僎位，鄉與前記有同有異，則非前人所記明矣。此節則因興賢能而及正齒位，又曰「合諸鄉射」，所以補前記之闕也。或即前人所記，或出一人，皆不可知。然必如是，而後鄉飲酒之施於國政者備。若卿大夫飲同官及國中賢者，則私家之事又别無異義，故弗之及耳。○前因三賓而推之國立三卿，以爲政教之本，此因養老而合諸鄉射以爲教成、國安之本，辭意相應，似出一人之手。豈編次者誤置於前，或簡錯與？○儕伍之長尚宜尊，而況天顯之義乎？他人之老尚宜養，而況生我之恩乎？鄉大夫、州長、黨正在民上者，猶且尊養，其所治之民，而況父母、諸父、諸兄爲己所怙恃承奉，少小保抱相攜持者乎？故必知尊長養老，而後能設誠於孝弟也。○野人椎魯，與父兄耦居雜處，或至勃谿，見上之人尊長養老，則孝弟之心油然而生矣。

一人揚觶，乃立司正焉。

李光坡曰：「一人揚觶，在未歌之前，立司正在既歌之後。記者以類相從，故連言之。」

賓酬主人，主人酬介，介酬衆賓，少長以齒，終於沃洗者焉。

李光坡曰：「旅酬畢後，使二人舉觶。賓、介、主、僎徹俎降，脱屨升堂，行無算爵。少長以齒，終於沃洗者，在無算爵節内。鄉飲酒記所謂『主人之贊者不與，無算爵然後與』是也。本二節，而記者一之。疏云：『因旅酬遂連言無算爵，見無不周徧。』」

鄉飲酒之義。

此下乃別一人所記，其中有前記所未備者，故後儒並存之。疏謂「覆明上記之意」，非也。

主人者造之，産萬物者也。

造，造於東方也。主人之造於東方，以主人養賓，亦有産物之義也，非造作飲食之謂。

禮記析疑卷四十五

射義

内志正，外體直，然後持弓矢審固。持弓矢審固，然後可以言中，此可以觀德行矣。

内志正，則無分雜，故觀之審。外體直，則無懈惰，故握之固。然其正、其直，非可以旦夕矯强而合也，故可以觀德行。

騶虞者，樂官備也。

騶牧、虞衡皆得其職，則賢才衆多，而任舉審當可知矣。注以「一發五豝」爲義，似未安。

故明乎其節之志，以不失其事，則功成而德行立。

明乎其節之志，故德行立，不失其事，故功成。

是故古者，天子以射選諸侯、卿、大夫、士。

選以助祭也，倦怠跛踦不可以行禮，射以辨之，必强有力而能比於禮樂，始得與執事焉。下獨言試士者，諸侯、卿、大夫雖不預執事，廟有定位。若諸侯所貢士射不中，則不得與祭也。知然者，朝會之期，群侯咸在，不能盡與執事。卿大夫或老耄不能執事，或形體不完，如晉郤克眇，衛孫良夫跛，而爲正卿，宗廟大事豈容不莅？祭義「君牽牲，卿大夫序從」，蓋雖不與執事，必在序從之列也。

故事之盡禮樂，而可數爲以立德行者莫若射。

自卿大夫以下雖有禮事，不得用樂，即從君賓祭，不過禮容寓於目，樂聲入於耳，不能人人身其事而盡其志也。惟射則要節而行儀，雖慎而猶恐其或失，循聲而發，聽雖審而猶恐其有違，故曰「盡禮樂」。蓋禮與樂交動於一時，而人人盡志於此，可以立德行也。郊廟、朝廷之事，雖禮樂具備而不可數舉。惟射則無地無時不可以習，故聖王務此，以政教可即此而通也。

諸侯歲獻貢士於天子。

千八百國所貢之士，王朝豈能盡用？以義揆之，凡試之而得與於祭者，必使入太學。三年大比，留王朝者不過十之一二，而餘歸其國，以備上士二十七人之選。蓋惟成國之卿，乃命於天子，使大夫、庶士一任其自置。設遇回遹昏庸之君，專任宵壬，則民受其病，故必試於王朝，教之成均，以習知其才行，而後備官於其國。司士又以三年稽侯國之士任，而進退其爵禄，所以能使天下爲一家、中國爲一人也。○歲獻，每歲職貢也。貢士雖以三歲爲期，而必與每歲歸職貢者偕，是當歲獻之時貢士也。漢制，上公車者與計吏偕，蓋其遺制。

此天子之所以養諸侯，而兵不用，諸侯自爲正之具也。

自爲正者，正身以正其國也。射以繹己之鵠不中，則反求諸身。如是，而臣不肅、民不安者，未之有也，以善養人恃有此具耳。

賁軍之將、亡國之大夫與爲人後者不入。

後大宗、小宗，乃先王經禮，故注謂宗族既爲其人立後，而此人復求爲之後。然禮無二後，雖末世無此，況風教盛隆之世乎？與繼父同居，繼父無主後同財，而祭其祖禰，因爲之服期，此之謂爲人後耳。

蓋屬有存者。

公罔之裘所語，鄉黨自好者尚可勉而至。若好學不倦，則智識日進於高明；好禮不變，則操行不易於危險。耄期稱道不亂，則年高德劭，而教澤及人。視之裘所語者益難，故能自信者尤少也。

射不中，則不得爲諸侯。

屢讓屢削地絀爵，即不至於易位，亦不可以爲成國矣。必如是，然後君臣盡志於習禮，竭心於擇士，所以野無遺賢、萬邦咸寧也。

已射於澤，而后射於射宫。

古者，辟雍、泮宫必近水澤而爲之，則澤乃學宫也，宜在近郊。射宫宜在國中，近於公宫，爲君與群臣國子習射之地。雖於傳無徵，理則宜然。

若夫不肖之人，則彼將安能以中？

此道其常，蓋亂賊姦宄則每有過人之技勇，不可以羿與逢蒙之善射爲疑也。

禮記析疑卷四十六

燕義

冠、昏、鄉、射、聘五篇皆首揭本義，不應此篇於篇首漫引周官庶子之文，且終篇言燕群臣，並未及公與族燕之禮，而篇首特言庶子之職，何義乎？蓋因篇末有獻庶子之文，注家引周官以證，而編者誤置篇首耳。

古者，周天子之官有庶子官。

李光坡曰：「周官諸子乃下大夫王朝之庶子也。儀禮燕禮獻之在士舉旅之下，與内小臣等侯國之庶子也。」案，秋官朝大夫每國有庶子，都則每都有庶子，在府史之下。蓋庶人在官，掌都家士庶子之徵令禁戒者，不得與於燕。燕禮所獻，庶子則周官諸子職會同賓客，作以從王之群子。春秋傳同盟於戲，從鄭伯之門子，蓋國子及其倅，非庶子之官也。侯國庶子之官宜包群士中。○曰「古者，周天子」，可見是漢儒解經之文。

職諸侯、卿、大夫、士之庶子之卒。

庶子之卒，謂衆子之副貳於適子者。周官卿大夫元士之適子，或入太學，或居虎門而學於師氏、保氏，其衆子則諸子掌之，仍學於鄉學。

司馬弗正。

司徒所起戎士，則司馬正之，庶子所致，國子則正於太子。太子從曰「撫軍」，守曰「監國」，皆使公、卿、大夫、士之子與之俱，所以恩義周浹，而國勢深固也。

凡國之政事，國子存游卒。

「國子」當爲「諸子」，文誤也。蓋國子司馬不正其倅，則甲兵之事猶聽於司馬。惟凡國之政事，如力役、社田、追胥之類，諸子之官得存游卒，而使之修德學道也。謂之游者，以其學道術而無職事也。周官師氏職「凡國之貴游子弟學焉」，春秋傳鄭人游於鄉校，皆此義。

是以上下和親，而不相怨也。

人臣虛受爵禄，而不思竭力盡能於國事，則君必惡之。人君虛取十一，而不能明正道以道民，則民必憾焉。故必上下各盡其道，然後和親而不相怨也。

禮記析疑卷四十七

聘義

介紹而傳命，君子於其所尊，弗敢質，敬之至也。

質，謂樸質而無文，即「七介以見，不然則已慤」之義。

盡之於禮，則内君臣不相陵。

禮意篤，邦交固，則强臣巨族不敢有輕上之心，故曰「内君臣不相陵」也。周衰，强臣柄國，皆私自結於霸主、强鄰，而其君之邦交反不及焉，然後顯背其君，而無可如何。魯季孫意如，衛孫林父，陳慶虎、慶寅之徒，皆是也。禮之止邪也於未形，觀此亦可見矣。

日莫人倦，齊莊正齊，而不敢解惰，以成禮節。

疏以質明行事，日幾中而禮成，謂聘享是也。以日暮禮成，決此節爲射禮則固矣。記者總言聘射，聘兼享燕，几設而不倚，爵盈而不飲，惟享禮則然。日暮人倦，則燕射之所同也，專以屬射事，義俱不可通。

以正君臣，以親父子，以和長幼。

疏以三者屬射，亦非也。親父子、和長幼，並以旅酬言。古者，伯叔父可稱父，兄弟之子即謂之子。聘禮有燕則有旅酬，安得專以屬射？且受享於廟，禮辭多稱先君、嗣君，繼世友邦交，聘親其父以及其子，正聘之本意也。

孚尹旁達，信也。

孚，信也。尹，正也。石蘊玉，光必外見，言玉之德信正於中，則其光澤必旁達於外，而識者能辨之，故曰「信也」。

禮記析疑卷四十八

喪服四制

凡禮之大體，體天地，法四時，則陰陽，順人情，故謂之禮。天地之生人，本有疏戚，故喪服以恩制而有隆殺，所以體之也。天地之設位本有高下，以義制而有重輕，所以體之也。事理顯著，且別見於經記，故不復發揮。而下所覆鮮者，惟陰陽、四時、人情也。

喪有四制，變而從宜，取之四時也。

舊説四制謂恩、義、節、權，名篇之義則然。此四制，則謂三日而殯、三月而葬、期而小祥、再期而大祥也。若以恩、義、節、權詁，則恩義二制不可謂變而從宜。殯而食、葬而沐、小祥而除服、大祥而聽音，變而從宜也。四時之變以漸，故曰「取之四時」。

凡此八者，以權制者也。

記於以節制後，別言父母之愛同而服異，此以權制之最重且大，而爲衆情所疑惑者，故更端而首列之。此節婦人童子不杖二也，扶而起三也，面垢四也，秃者五也，傴者六也，跛者七也，老病八也。賈疏闕庾氏「父在爲母期」之説，而以應杖不應杖爲一杖而起爲一，恐未安。應杖不應杖，義各有當，不得爲權。若以此爲權，則凡禮中有無隆殺之節，孰非以權制者？至以杖而起爲權制之一，尤不可通。以上有扶而起，下有面垢，故不得不並舉杖而起者，以見其差等，猶欲言婦人、童子不杖而先舉授杖之制，與其義也。若父在爲母期，乃權制之最大，而所包尤多。凡厭降之服，皆統於此。不屬之權制，則於上三制無可附者。〇杖者，中制也，扶而起與面垢者俱授杖，則非權制可知。

比終兹三節者。

喪之節四，而獨舉其三者，曰「終以久言也」，故不數三日之殯。